Inselwanderungen

Dieter Graf

Samos Patmos Ikaria Kalymnos & Sechs Nachbarinseln

Agathoníssi
Arkí
Astipálea
Foúrni & Thýmena
Ikaría
Kálymnos & Télendos
Léros
Lipsí
Pátmos
Sámos

Wandern und Baden für Inselspringer
50 Wanderwege auf zehn Griechischen Inseln

Edition Graf

Die Benutzung dieses Bildwanderbuches

RGZ bedeutet **Reine Gehzeit** – ohne jegliche Pausen! Sie dient der eigenen Kontrolle, ob die im Buch durch **Fettdruck** hervorgehobene Wegabschnitte etwa in der angegebenen Zeit erreicht wurden.
Die tatsächliche **Gesamtdauer** einer Wanderung ist etwa doppelt so lang wie die RGZ und ist im Vorspann in Stunden angegeben. Diese Angaben berücksichtigen jedoch keine Busfahrten oder überlange Pausen. Im Vorspann findet man auch Angaben zu **Streckenlänge, Höhenunterschied** und **Schwierigkeitsgrad der Wanderung.**
Streckenfotos dienen der besseren Orientierung, zum Befragen von Einheimischen und als Anregung. Sie sind im Text jeweils von [1] bis [4] zu finden.
Die **Wegskizzen** sind nach bestem Wissen angefertigt, haben aber keinen Anspruch auf Vollständigkeit.
GPS-Punkte sind in Text und Karten als **P** angegeben. Kartendatum WGS84.

Für verwertbare Informationen über **Änderungen** von Wegen und Ähnlichem bedanken wir uns bei Ihnen gerne mit einem Buch der überarbeiteten Ausgabe.
Aktualisierte Informationen finden Sie im Internet.

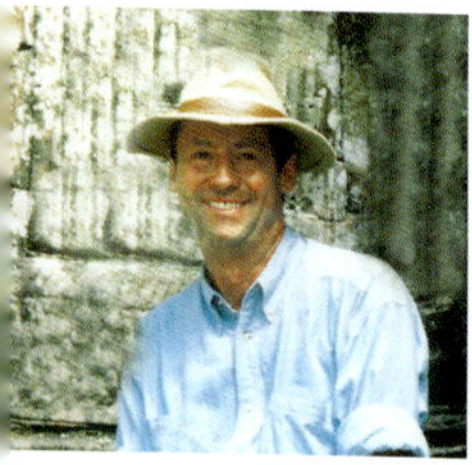

Der Autor **Dieter Graf** ist Architekt und hat die ganze Welt bereist. Die Inseln der Ägäis kennt er seit den Anfängen des Tourismus und kann sich zu den intimen Kennern der Inseln zählen.

Edition Dieter Graf, Elisabethstr. 29, 80796 München
Tel. 0049-(0)89-271 59 57, Fax 0049-(0)89-271 59 97
www.graf-editions.de

Satz: Michael Henn, Reichenschwand · Karten: Kurt Zucher, Markt Indersdorf

Englische Version »Samos, Patmos, Ikaria, Kalymnos & Six Neighbouring Islands« (ISBN 978-3-9814047-6-0)

Umschlagfoto: Pátmos, Kapelle nahe der Chóra ⑯

ISBN 978-3-9814047-8-4

Inhalt

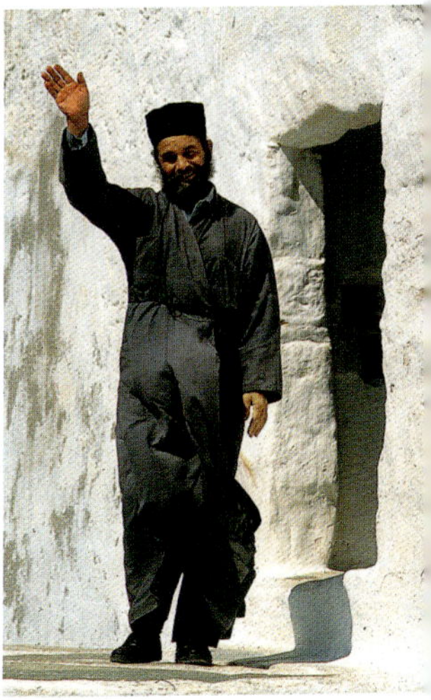

* Weitere 16 Wanderungen im Sàmos-Wanderbuch; siehe Seite 48

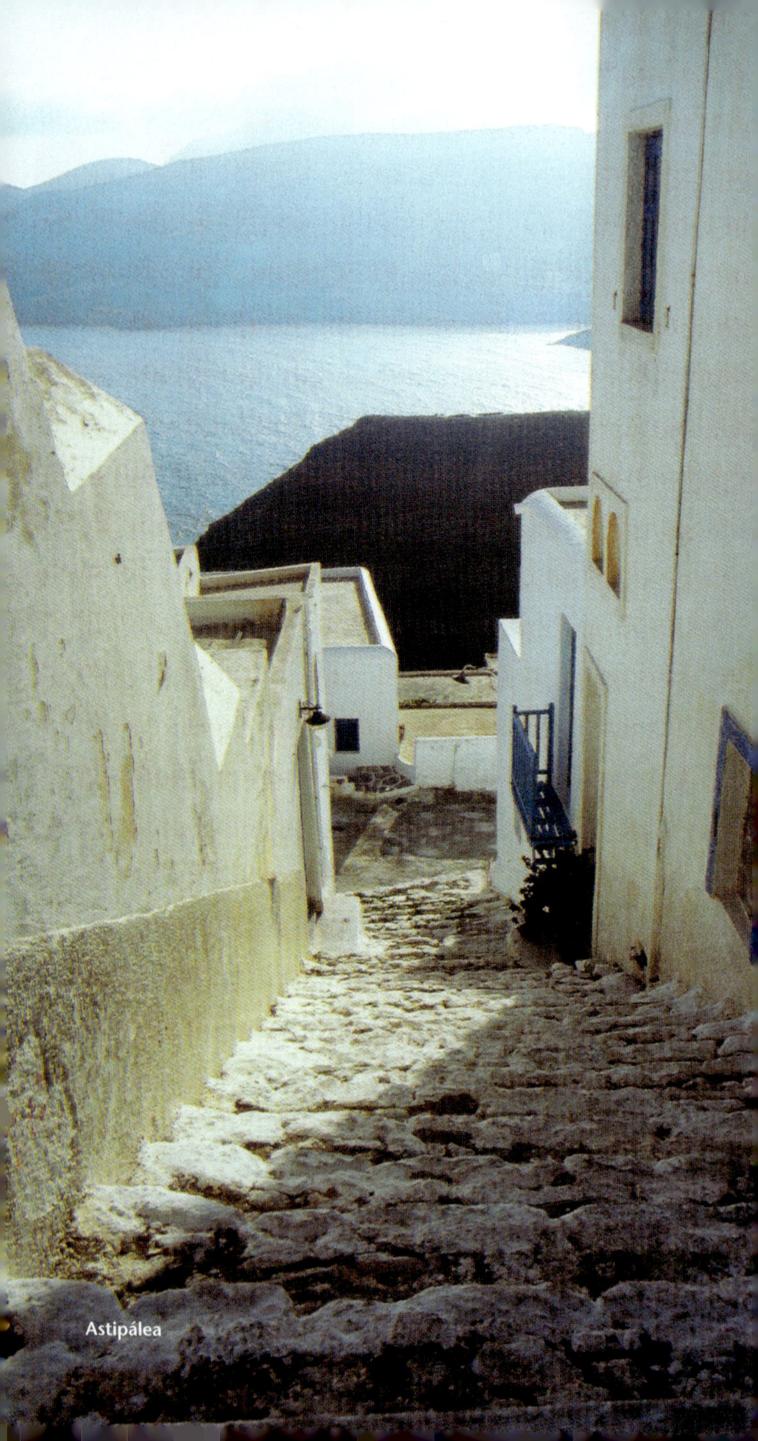

Astipálea

Sámos und der nördliche Dodekánes

Sámos zählt zu den beliebtesten Reisezielen der Ägäis. Die Insel gehört zur Inselgruppe der *»Südlichen Sporaden«*, den »zerstreuten Inseln«, die im Süden bis Rhódos reicht. Südlich von Sámos werden die Inseln auch *»Dodekánes* – Zwölf Inseln« genannt. Sámos ist wegen der guten Schiffsverbindungen die Drehscheibe für Wandertouren auf die umliegenden Inseln. Dieses komplett überarbeitete und erweiterte Wanderbuch beschreibt zehn Inseln davon, vier davon ausführlicher.

Die große, üppig grüne Insel *Sámos* bietet dem Wanderer Wälder, Weinberge und orientalisch anmutende Bergdörfer. Archäologische Stätten ersten Ranges bezeugen die Insel als Geburtsort der griechischen Kultur.

Ikaría liegt gleich daneben, ist ebenfalls waldreich, bleibt dem Fremden aber stets etwas verschlossen. Eine Reihe alter Eselswege haben die Zeiten überdauert und durchziehen die Insel.

Pátmos zählt schon zum Dodekánes. Pilger von weither besuchen die religiösen Stätten und die mittelalterliche Chóra, ein Weltkulturerbe. Einfache Wanderungen führen durch die abwechslungsreiche Hügellandschaft und zu einsamen Stränden.

Kálymnos wird neuerdings von Kletterern aus der ganzen Welt besucht. Wanderer entdecken alte Pflasterwege durch die fruchtbaren Täler und Felslandschaften der eher kargen Insel.

Daneben werden sechs kleinere Inseln beschrieben: Das zerklüftete *Foúrni* mit seinem wunderschönen Hafenort und die wenig bereisten Inseln *Arkí* und *Agathoníssi. Lípsi* hingegen wird von einer steigenden Zahl von Individualreisenden besucht, während *Léros* ihnen eher die kalte Schulter zeigt. Das abseits gelegene *Astipálea* fordert dem Inselspringer etwas Zeit ab, was er aber nicht bereuen wird. Die dort typischen kubischen Würfelhäuser lassen schon die nahen Kykladen erahnen.

Wo immer Sie auch landen mögen, auf den Wanderungen werden Sie von warmer Meeresluft und würzigem Geruch von Kräutern umgeben sein. Zum Baden finden Sie versteckte Buchten, in den Dörfern werden Sie noch immer das ursprüngliche Griechenland mit seinen freundlichen Menschen und deren Gastfreundschaft, der »filoxenía«, erleben. Auch in diesen schweren Zeiten.

Dieses Buch soll Sie auf alten Eselspfaden durch die bezaubernde griechische Landschaft leiten, in der man noch das Einfache und die Stille erleben kann.

Gute Reise *Kaló taxídi*!

Wandern auf Griechischen Inseln

Die Südlichen Sporaden erfreuen sich Dank der Lage vor den kleinasiatischen Küstengebirgen ausreichenden Niederschlags. Entsprechend grün ist die Vegetation, die diese Inseln zum idealen Wandergebiet macht.

Der Wanderer findet dort immer noch intakte alte **Eselspfade.** Ihre seitlichen Trockenmauern machen sie zum Charakteristikum der griechischen Landschaft. Die schmaleren *Monopátia* (s.S. 49) nutzten die Bauern über Jahrhunderte für die Bestellung ihrer Felder, bis vor 30 Jahren bildeten sie ein dichtes Wegenetz. Daneben entstanden bis zu vier Meter breite Pflasterwege, die *Kalderímia,* die für den Warentransport und als Pilgerwege zu den Klöstern angelegt wurden (s.S. 21). Diese bis zu 1000 Jahre alten Wege waren oft mit Marmor gepflastert.

Die Motorisierung ging auch an den Inseln nicht vorüber. Statt der Esel verwenden die Bauern heute Pick-ups, die breitere Fahrwege benötigen. So wurde das alte Wegenetz zerrissen, indem man oft die charakteristischen seitlichen Trockenmauern beiseite schob und viele Eselswege übermäßig stark verbreiterte, subventioniert mit Mitteln des EU-Regionalfonds. Die Reste der ursprünglichen Wege sind jetzt überflüssig, sie verfallen und werden von der Bevölkerung allmählich vergessen. Mittlerweile stellt der Leader-Fonds der Europäischen Union Mittel bereit, um für den Tourismus einige der Eselspfade wieder herzustellen. Statt jedoch in die Breite zu wirken und das verbliebene Wegenetz zu erhalten, werden nur einzelne Pfade überperfekt restauriert. Die Wanderer greifen daher oft zur Selbsthilfe und bauen Steinpyramiden um die Pfade zu markieren, manche haben sogar Gartenscheren im Rucksack. Dieses Buch möchte zur Benutzung der noch vorhandenen alten Eselswege anleiten, und sie dadurch vor dem Verfall schützen. Sie können jedoch, vor allem im Frühjahr, etwas zugewachsen sein!

Die **beschriebenen Wege** sind kurz vor Drucklegung nochmals begangen worden. Mit einer durchschnittlichen Kondition sind sie gut zu bewältigen und teilweise auch für Kinder geeignet. Besondere Trittfestigkeit ist nicht erforderlich. Die ↙-Markierungen im Text betreffen nur äußerst höhenängstliche Menschen. Bei längeren Strecken sind Abkürzungen angegeben. Wegen der Aussicht führen die Touren normalerweise vom Berg ans Meer – also Badesachen mitnehmen. Für Bergbesteigungen sollte man sich unbedingt einen schönen Tag aussuchen, da die Gefahr plötzlicher Nebelbildung besteht und es in den Bergen selbst im Som-

mer regnen kann. Andererseits besteht im Sommer erhöhte Waldbrandgefahr. Auf Sámos verbrannte beim großen Feuer von 2000 ein Drittel des Waldes.
Falls man allein unterwegs ist, ist es ratsam, eine Information – etwa im Hotel – zu hinterlassen und die Hotel-Nummer auch im eigenen Handy zu speichern. Die erste Viertelstunde der Wanderung sollte man geruhsam beginnen, um den Kreislauf auf Touren zu bringen, und später während der Tour regelmäßig essen und vor allem trinken, auch wenn man kein Bedürfnis verspürt. In den Streckenkarten sind am Wege liegende Quellen und Brunnen eingezeichnet. Der Sonnen- und der Windschutz dürfen ebenfalls nicht vernachlässigt werden.
Als **Streckenmarkierung** sind oft farbige Punkte zu sehen. Sie decken sich jedoch nicht unbedingt mit den Beschreibungen in diesem Buch. Daneben gibt es Holzschilder und rot-weiße Blechschildchen griechischer Organisationen. Neuerdings kann man in Buchhandlungen auch gute **Wanderkarten**, etwa von den griechischen Verlagen Skaï-Terrain, Orama und Anavasi kaufen. Manchmal sind jedoch auch Pfade eingezeichnet, die kaum auszumachen sind. Die Karten sind auch außerhalb Griechenlands zu kaufen. Will man nach Arki, Lipsi oder Agathonisi gibt es die Terrain-Karte, die diese drei Inseln zusammenfasst.
Da weiterhin neue Fahrwege entstehen, könnten einzelne Wegbeschreibungen teilweise nicht mehr aktuell sein, so dass es zu Orientierungsproblemen kommen kann. Einheimische sollte man in diesem Fall besser nach dem »Monopáti« fragen, da man sonst auf Fahrstraßen geschickt wird. Meist muss man sich deshalb alleine helfen. Auf abseits liegenden Pfaden führt Eselsdung sicherer weiter als Ziegenlosung, weil Ziegenwege irgendwo im Gestrupp enden, während die Bauern mit ihren Eseln die Hauptpfade benutzen und stets zum Stall zurückkehren. Feldmauern oder Weidezäune aus Baustahlmatten kann man am besten mittels aufgehäufter Steine übersteigen. Manche Gatter werden an der Seite mit zwei senkrechten Stäben geöffnet. Dass Durchgänge wieder geschlossen werden, ist man den Bauern, deren Land man betritt, natürlich schuldig. Der Zugang zum Meer ist in Griechenland grundsätzlich erlaubt.
Die meisten der Start- und Endpunkte werden auch in der Nebensaison von öffentlichen Bussen angefahren. Falls kein Bus fährt, kann man auf Taxis umsteigen. Bei Rundwanderungen bietet sich die Nutzung der relativ günstigen Mietwagen oder Leihmopeds an. Überdies nehmen sowohl fremde als auch einheimische Autofahrer gerne mal ermüdete Wanderer mit.

Die Wanderausrüstung sollte umfassen: Tagesrucksack, Schuhe mit guten Sohlen, alte Socken, lange Hosen oder Zipp-Hosen*, Mobiltelefon, Trillerpfeife, Fernglas, kleine Taschenlampe und Picknicksachen. Im Frühjahr und Herbst kann ein Regenschutz nützlich sein. Ein GPS-Gerät oder ein Kompass wäre gut, ist aber bei einigermaßen gutem Orientierungsvermögen nicht erforderlich.

*Falls Zipp-Hosen auch senkrechte Reißverschlüsse haben, lassen sich die »Beine« zu einer Badeunterlage zusammenzippen.
Oder sogar zu einem schicken Rock für Klosterbesuche!

Klima und Wanderzeiten

Auf den Südlichen Sporaden herrscht gemäßigtes Mittelmeerklima mit heißen Sommern und milden, regenreichen Wintern. Die maximale **Lufttemperatur** liegt bei 32 °C im August (nachts 22 °C). Im Februar sinkt die Temperatur auf 13 °C (6 °C). In Höhen über 1000 m kann ein- bis zweimal pro Jahr Schnee fallen.
Die **Wassertemperaturen** sind mit 16 °C im Februar am niedrigsten und erreichen im August fast subtropische 25 °C. Baden kann man ab Ende Mai bei 19 °C bis in den Oktober (22 °C).
Die Gebirge Kleinasiens verhelfen den vorgelagerten Sporaden zu mehr **Regen** als den übrigen Inseln. Die Regentage verteilen sich aber sehr ungleich: Im Dezember und Januar fällt die Hauptregenmenge: Es regnet ungefähr an 14 Tagen im Monat. Im Mai muss man noch mit drei Regentagen rechnen, während von Juni bis August Trockenheit herrscht. Der Oktober hat statistisch wieder sechs Regentage, die jedoch noch nicht sehr ergiebig sind. In den Bergen kann es allerdings auch im Sommer regnen.
Die Zahl der täglichen **Sonnenstunden** ist entsprechend. Im Dezember und Januar scheint nur an etwa 4,5 Stunden die sehr kräftige Wintersonne. Im Mai erwarten den Wanderer schon 10,1 Sonnenstunden und im August muss der Badegast mit 12,1 Stunden fertig werden. Der Oktober ist mit 7,8 Stunden wieder angenehm für Herbstwanderungen.
Charakteristisch für die Inseln der Ägäis sind starke **Nordwinde** mit drei bis vier Beaufort im Jahresmittel. Eine Ursache dafür liegt im Luftdruckgefälle zwischen dem Azorenhoch und dem Hitzetief über dem Persischen Golf. In den Übergangsjahreszeiten, besonders im April und Mai sowie im Oktober und November, herrscht der Boréas, ein feuchtkühler Nordwind. Im Sommer (Mai – September) blasen oft tagelang die berühmten Etesien, die Meltémia (aus dem Türkischen »meltem«, die Brise) genannt werden.

Der Meltémi bläst tagsüber mit einer Stärke von fünf bis sechs bei wolkenlos blauem Himmel gleichmäßig aus Nord bis Nordost. Die Luft kann dann trüb sein. Gegen Abend hin flaut er normalerweise ab, kann aber auch, bei größerer Stärke, tagelang wehen.
Seltener, vor allem im Frühjahr, weht der Schirokko. Er kommt aus der heißen Sahara, nimmt Feuchtigkeit über dem Mittelmeer auf und erreicht dann feuchtwarm die Ägäis von Süden her.
Auf den griechischen Inseln gibt es verschiedene **gute Zeiten zum Wandern**. Wer das Auge verwöhnen möchte, wandert um die Osterzeit. Es kann zwar noch etwas kühl und der Boden sogar matschig sein, aber die Landschaft ist grasgrün, mohnrot und ginstergelb, die Häuser und Gassenbeläge sind frisch geweißelt. Allein die Vorbereitungen zum griechischen Osterfest zu sehen, ist eine Reise wert. Allerdings sind einige Hotels und Tavernen noch geschlossen. Im April kann es kurzfristig regnen. In der von den Griechen benutzten Dreiteilung des Jahres wird diese Zeit »Blüte- und Reifezeit« genannt.
Im Mai und Juni ist die Blüte zwar schon teilweise vorüber, da es aber schön warm ist und sich die Zahl der Touristen noch in Grenzen hält, ist das zum Wandern wohl die schönste Zeit. Ab Ende Mai hat das Wasser eine angenehme Temperatur.
Die Touristenhochsaison im Juli und August ist wegen der Hitze zum Wandern nicht unbedingt zu empfehlen. Es ist die griechische »Trockenzeit«. Die stetig wehenden Nordwinde machen die Temperaturen jedoch erträglich, mittags empfiehlt sich aber ein schattiges Plätzchen unter einem Baum. Ab Juli beginnt die Erntezeit. Am 15. August, Mariä Himmelfahrt, in der Ostkirche die »Entschlafung«, finden überall große Feste mit Hammelbraten, Musik und Tanz statt.
Ab Anfang September ist die Hitzeperiode vorüber und bis Ende Oktober ist das Baden immer noch sehr angenehm. Jetzt lassen sich wieder ausgedehnte Touren unternehmen, wegen der kürzeren Tage allerdings nur noch bis etwa 18 Uhr. Das Land ist gelb und braun geworden, überall trifft man freundliche Bauern bei der allerletzten Ernte. Allmählich schließen Lokale und Hotels und manche Besitzer ziehen in ihre Winterdomizile nach Athen. Andere ziehen Tarnanzüge an, greifen zur Waffe und durchstöbern das Unterholz – eine Million Griechen sind leidenschaftliche Jäger. Meistens erfolgt im November ein Klimaeinbruch mit starkem Regen. Dann wird's ungemütlich. Die Jahreszeit von November bis Februar wird »Regenzeit« genannt. Obwohl es um die Weihnachtszeit einige sonnige und warme Tage geben kann, ist es zu dieser Zeit daheim gemütlicher.

Geologie

Die nördliche Ägäis wurde erst nach der letzten Eiszeit vom Meer überflutet. Bis dahin bildete der heutige Inselbogen zwischen Kreta und Rhódos den südlichen Rand des Festlandes. Die Inseln sind die Gipfel eines abgesunkenen Gebirges, das vor 50 Millionen Jahren durch den Druck der afrikanischen auf die europäisch-asiatische Kontinentalplatte entstanden ist. Nach verschiedenen Hebungen und Senkungen haben die Inseln ihre heutige Form angenommen.
Die *Südlichen Sporaden* bestehen hauptsächlich aus Schelfinseln, die sich bis zu 1.600 Meter aus dem vorgelagerten asiatischen Festlandsockel, dem Schelf erheben. Ikaría und Sámos sind somit verlängerte Teile des kleinasiatischen Küstengebirges. Nach Westen hin fällt der Meeresboden auf 1000 Meter ab und bildet dort die geologische Grenze zu Europa.
Pátmos dagegen ist teilweise vulkanischen Ursprungs. Wegen des Zusammentreffens der Kontinentalplatten ist die Ägäis seismisch unruhig, von Zeit zu Zeit kommt es auch zu Seebeben. In der Nähe von Kos wird zurzeit ein möglicherweise sehr großer, ruhender Vulkan unter dem Meer erforscht.

Fauna

Größere Wildtiere sind ausgerottet worden, so dass auf den Inseln außer Wildschweinen nur kleinere wildlebende Tiere wie Hasen und Marder beheimatet sind. Haustiere wie Esel, Ziegen und Schafe sind deshalb die größten Tiere, auf die man trifft. Eher exotisch muten die wenigen Kühe an. Der Verbiss durch Ziegen behindert das Wachstum kleinerer Pflanzen so sehr, dass die Haltung von Ziegen jetzt sogar gesetzlich eingeschränkt wurde. Manchmal werden Weideflächen abgebrannt, um den Ziegen wieder frisch nachgewachsenes Grün bieten zu können.
Von den kleineren Tieren hört und sieht man oft Eidechsen, von denen der bis zu 40 cm große Hardun [1] wie ein Miniatur-Drachen aussieht. Landschildkröten sind mittlerweile selten geworden.
Von den Schlangen ist nur die Horn- oder Sandviper [2] giftig. Sie kann bis zu 50 cm lang und doppelt daumendick werden. Ihr Biss ist aber für einen gesunden Erwachsenen kaum tödlich. Ähnlich groß ist die ungiftige Sandboa. Die große, aber ebenfalls harmlose dunkle Vierstreifennatter wird etwas länger als einen Meter und ist dann fast armdick. Wenn man sich nicht allzu geräuschlos bewegt, verziehen sich die Schlangen rechtzeitig. Lange Hosen bie-

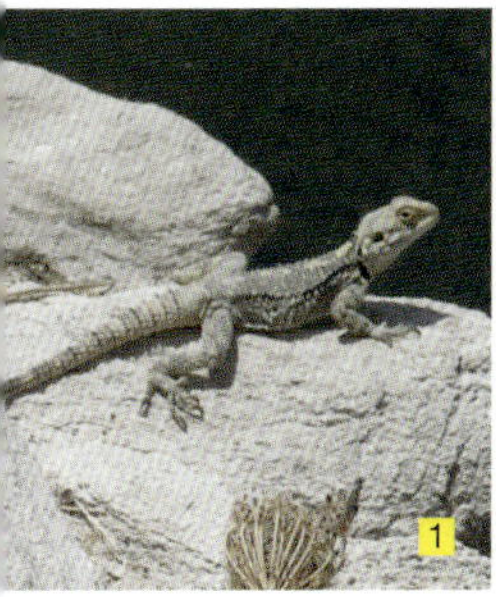
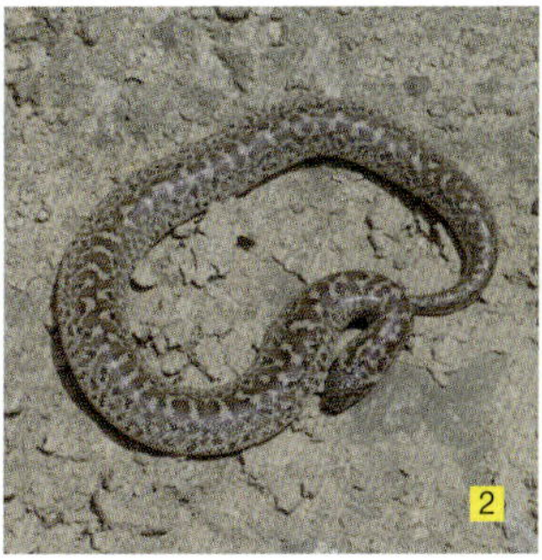
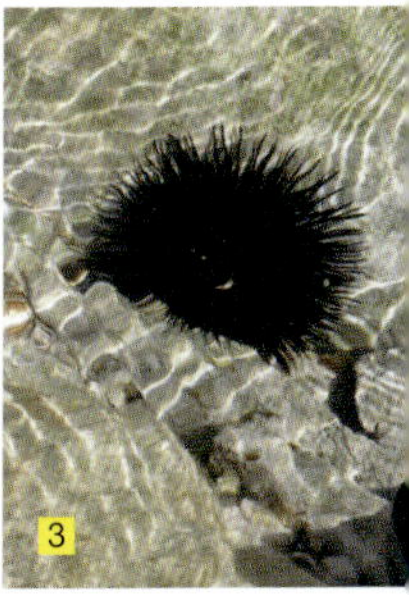

ten zusätzliche Sicherheit. Auf keinen Fall sollte man größere Steine aufheben, da sich darunter Schlangen befinden könnten.
Auch die bis zu 5 cm langen Skorpione verstecken sich dort. Ihr Stich ist zwar schmerzhaft, aber nicht tödlich. Sie lieben es außerdem, sich in Schuhen zu verkriechen.
In Flussläufen leben zeitweise Wasserschildkröten, Krebse, Frösche und Aale. In felsigen Meeresbuchten sieht man manchmal Seeigel 3, um die man ohne Badeschuhe besser einen Bogen macht.
In der Luft suchen Greifvögel wie Bussarde, Falken und Gänsegeier nach Beute. Zugvögel fallen leider oft der Jagdleidenschaft der Griechen zum Opfer.

Flora

Die Inseln der Südlichen Sporaden sind grüner als andere griechische Inseln, da sich an den Bergen Kleinasiens die Wolken stauen und größere Regenmengen bewirken.
Die kleineren Inseln besitzen keinen **Baumbestand**, während man auf Sámos und Ikaría auch Wälder vorfindet. Sie bestehen

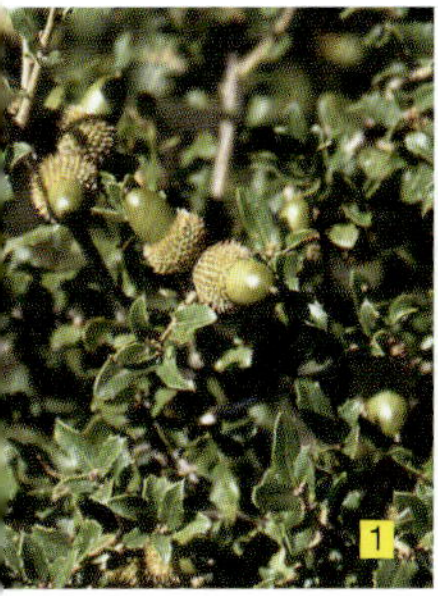
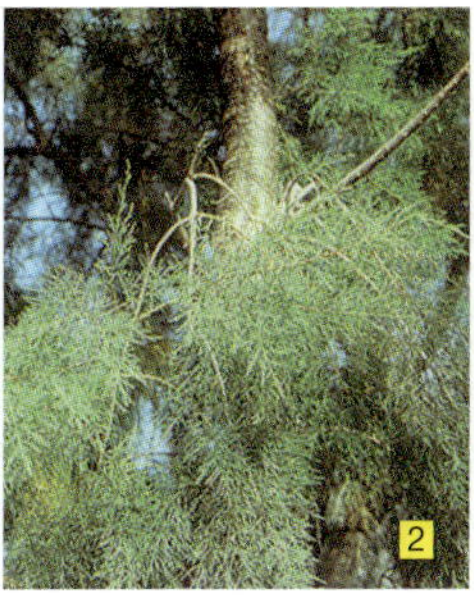
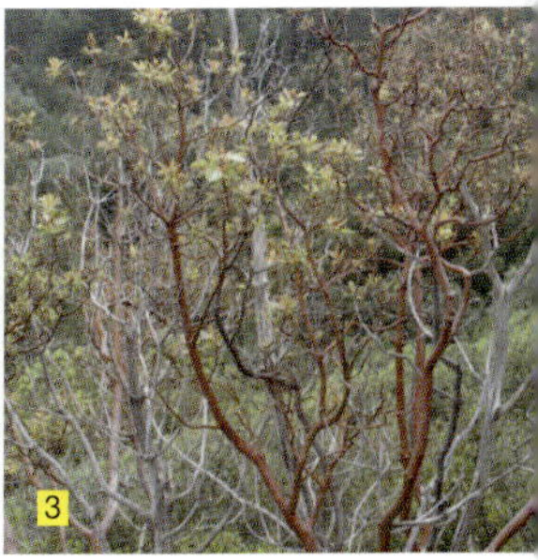

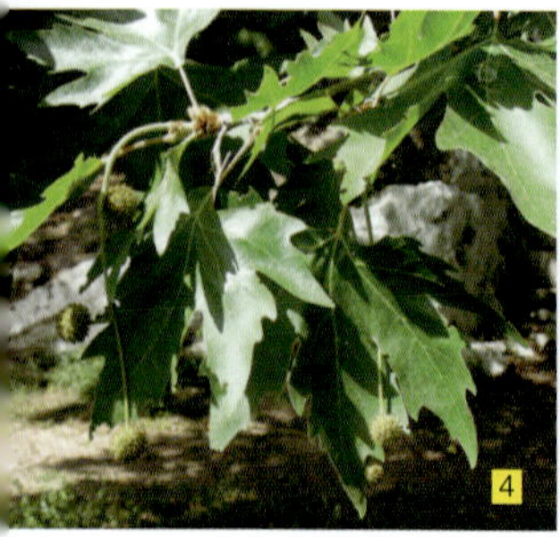

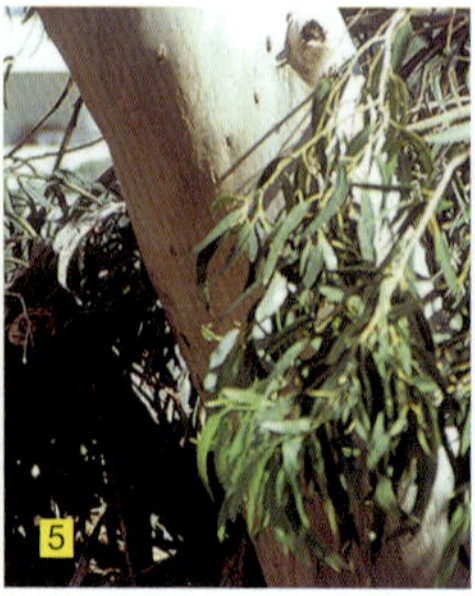

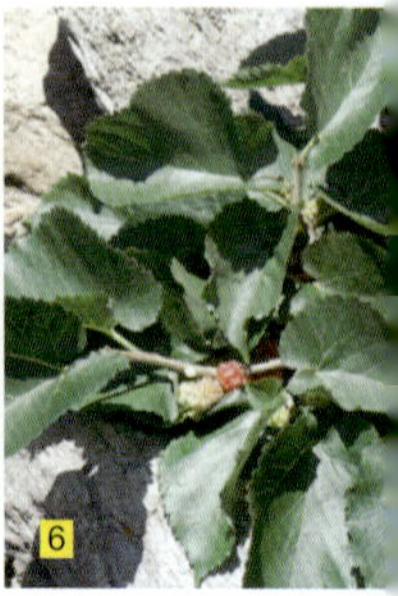

meist aus Aleppokiefern, in wasserreichen und geschützten Gegenden wachsen überdies höhere Stein- und Kermeseichen [1], an Stränden die salzverträglichen Tamarisken [2]. Auch »Orientalische Erdbeerbäume« mit roten Stämmen [3] sind zu finden.

In den Ortschaften stehen Platanen [4] und auf Friedhöfen die säulenförmigen Zypressen. Verbreitet sind Akazien, Pappeln, Erlen und Ahorn, Eukalyptus- [5], Maulbeer- [6] und Johannesbrotbäume [7]. An Obstbäumen findet man Granatapfel-, Feigen- [8] und Zitrusbäume. Die im Alter bizarr verwachsenen Olivenbäume verleihen der Landschaft ihren besonderen südländischen Charakter.

In landwirtschaftlich nicht genutzten Gegenden verweben sich niedrige Sträucher zu einem dornigen Gestrüpp, griechisch »**Phrýgana**« genannt. Ginster, Flockenblumen, Erika und Wolfsmilchgewächse [9] [10] sind die typischen, oft igelförmigen Pflanzen dieser kniehohen »niedrigen Macchia«. Dort blühen Meerzwiebel und Affodill [11].

Seltener findet man dichteren, bis zwei Meter hohen Buschbestand aus immergrünen Bäumen und Sträuchern. Diese »hohe

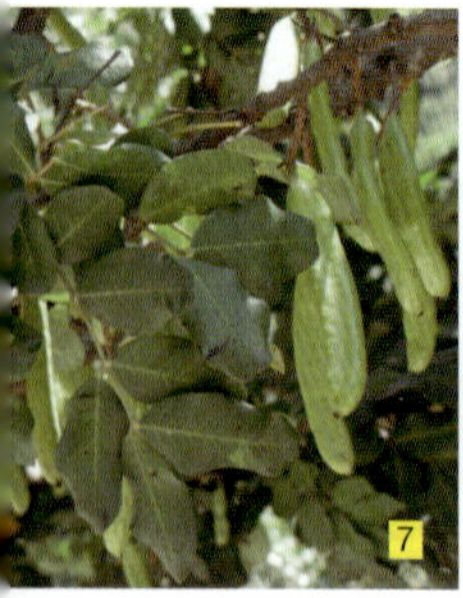

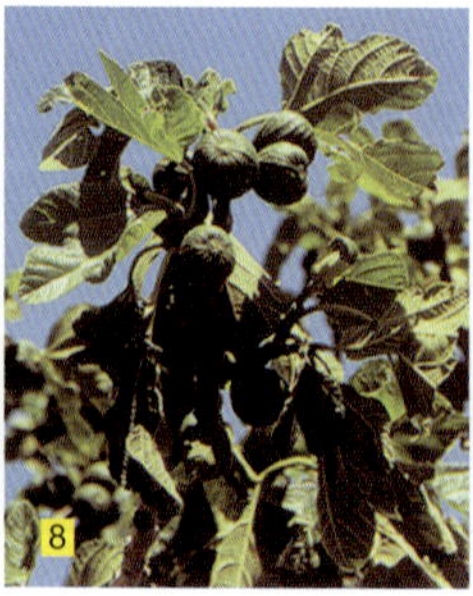

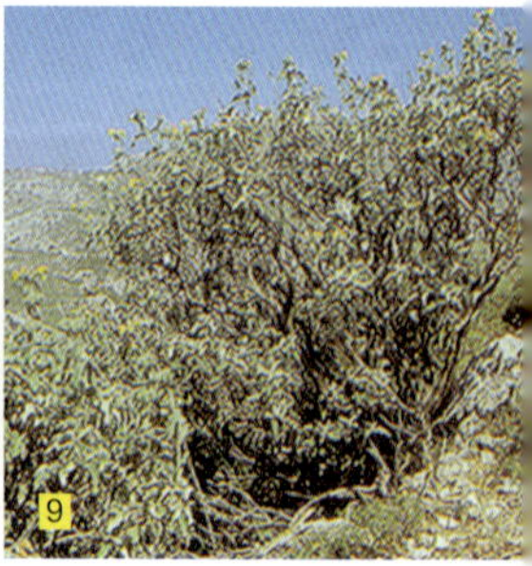

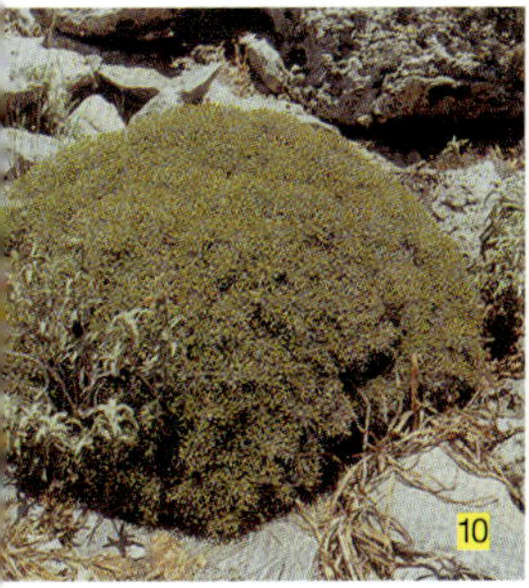
10

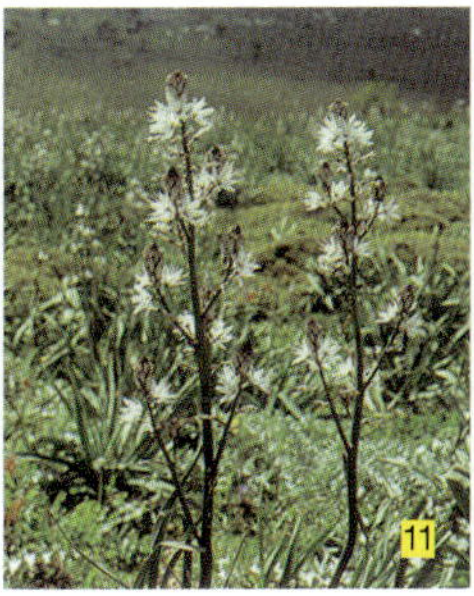
11

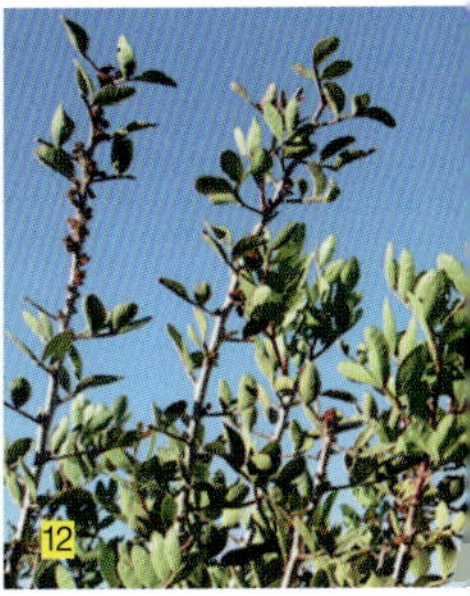
12

Macchia« bezeichnet man im Griechischen als »**Xerovoúmi**«. Hier findet man Kermeseichensträucher mit gezackten Blättern [1] und Wacholder- und Mastixsträucher [12]. Mastix wird zur Herstellung von Kaugummi und Raki-Schnaps verwendet.
Die den Kaktusgewächsen zuzurechnende Agave [13] stammt aus Amerika und ist seit dem 16. Jahrhundert heimisch. Der Feigenkaktus [14] bietet auf Wanderungen seine Frucht als süße Zutat zum Picknick.
Griechenland besitzt neben Spanien die größte pflanzliche Artenvielfalt Europas. **Blumen** kann man hauptsächlich im Frühling erleben. Am Ende des Winters blühen Anemonen und Krokusse. Ab Februar folgt dann bis zum Mai/Juni die ganze Pracht von weiß- und rotblühenden Zistrosen (Wildrosen) [15], Iris, Narzissen, Hyazinthen und Lupinen. Die Chrysanthemen und der Ginster zaubern Gelb in die Landschaft und der Mohn das leuchtende Rot.
Kurzzeitig blühen im Frühling sogar kleinere **Orchideen** wie Ragwurz (Ophrys) [16], Knabenkraut (Orchis), Zungenstendl (Seraplas) und Drachenwurz [17].

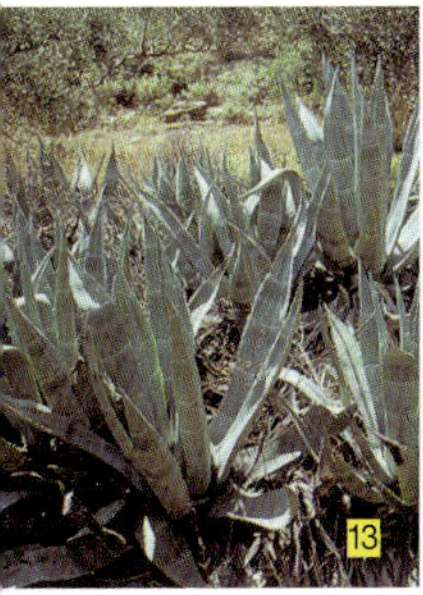
13

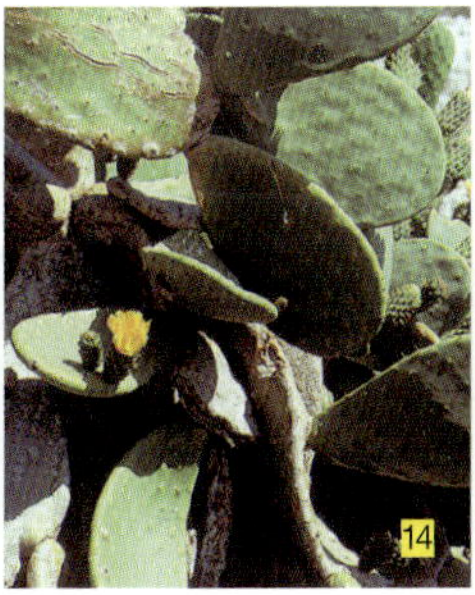
14

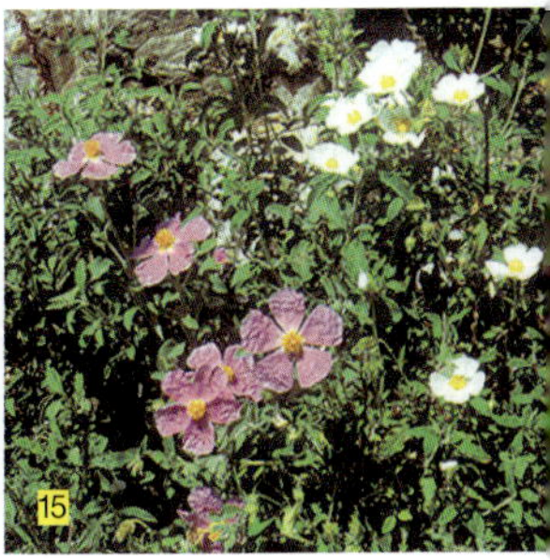
15

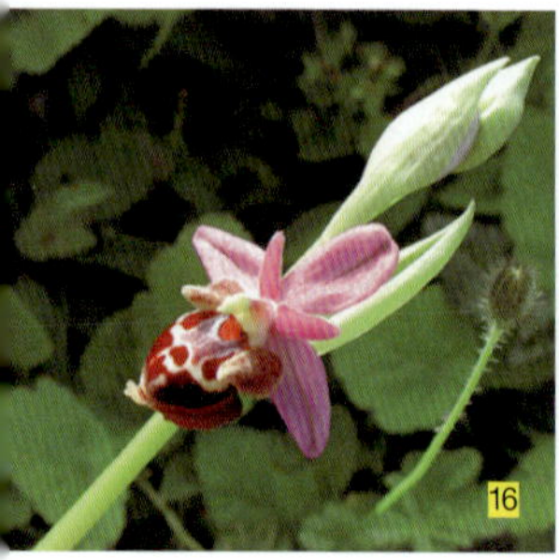

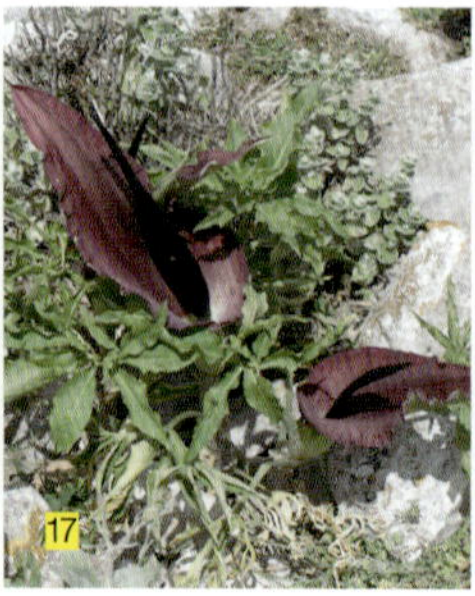

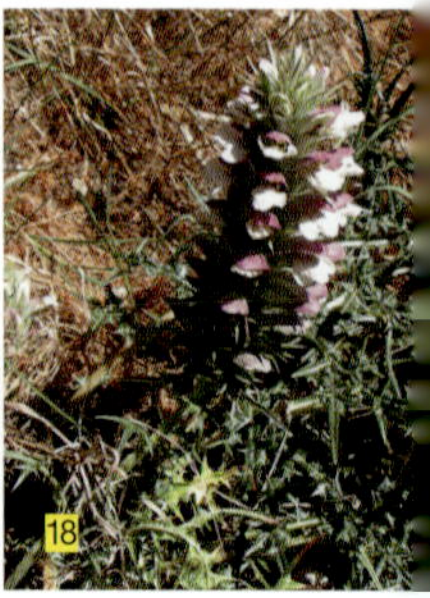

Im Sommer leuchten an den Häusern Bougainvillea und an feuchten Stellen in den Flusssenken wuchert der Oleander. An Wegerändern harren der stachelige Akanthus [18] und die Golddistel [19] aus.
Nach der Sommerhitze zeigen sich Herbstzeitlose, Erika und Meerzwiebel [20]. Auch der Löwenzahn, die Distel und das Alpenveilchen beginnen wieder zu blühen.
Oft stehen Salbei [21], Kapern [22] und weitere Küchengewürze am Wege. Ein ganz besonderes Erlebnis bei Wanderungen auf den griechischen Inseln bereiten die Düfte von Thymian, Rosmarin, Lavendel, Oregano, Kamille und Fenchel.
Landwirtschaftlich angebaut werden Kartoffeln, Getreide, Gemüse, natürlich Oliven und die Muskattrauben für den berühmten Sámos-Wein.

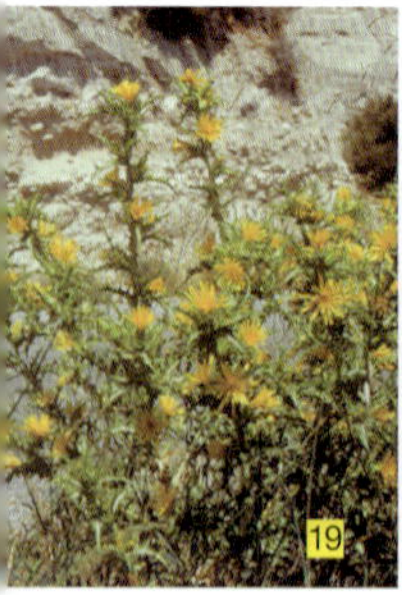

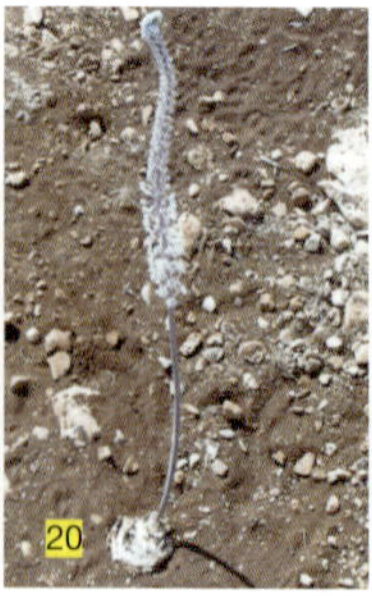

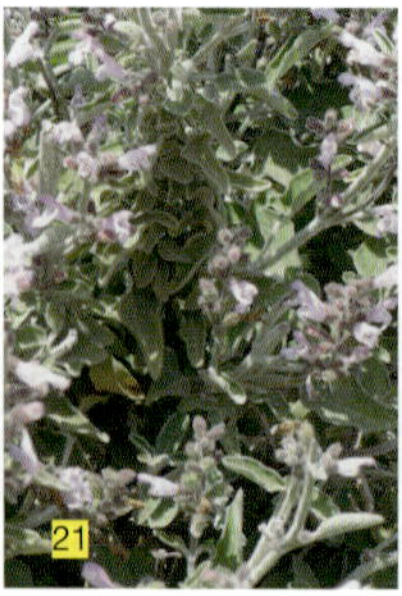

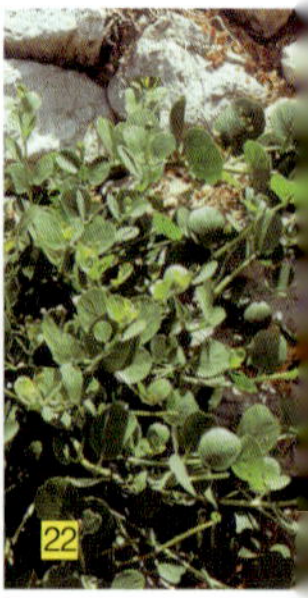

Geschichte im Überblick

Prähistorische Zeit Spuren menschlichen Lebens aus dem vierten Jahrtausend v. Chr. sind auf Sámos nachgewiesen. Die ersten Bewohner, die Karer, kommen vor 5000 Jahren aus Kleinasien über die Meerenge von Mykale. Kontakte zu Mesopotamien und Ägypten, den ersten Hochkulturen der Menschheit, lassen die Inseln der Ägäis zur ältesten Kulturlandschaft in Europa werden. Die bronzezeitliche Kykladenkultur (3200–1100 v. Chr.) ist einer der ersten künstlerischen Höhepunkte des Kontinents.
Um 1500 v. Chr. kommen minoische, ab 1400 mykenische Siedler. Nach 1100 werden die Ägäisinseln und die kleinasiatische Küste vom griechischen Festland aus systematisch kolonisiert; die Ägäis wird zum Griechischen Meer. Kontakte zum Händlervolk der Phönizier von der Küste des heutigen Libanon vermitteln den Griechen das Wissen der Assyrer und Babylonier und bringen die Schrift und das Geld.

Archaische Zeit (700–490 v. Chr.) In der nördlichen Ägäis dominieren die Ionier, südlich der Insel Léros herrschen die spartanischen Dorer. Die Ionier setzen als erste den hellenischen Geist in künstlerischer, geistiger und wirtschaftlicher Sicht frei. Im sechsten vorchristlichen Jahrhundert liegt hier die geistige Führung des Griechentums. Das ionische Sámos, mit Kolonien in Kleinasien, Nordafrika und am Schwarzmeer, erlebt seine absolute Blüte und zählt zu den wichtigsten Staaten des Mittelmeeres.
Seit 540 v. Chr. erweitert das persische Großreich von Osten her seinen Einfluss bis zu den griechischen Stadtstaaten in Kleinasien. Die Griechen der Ägäis und Kleinasiens verbünden sich daraufhin erst mit Sparta, dann mit Athen im Attisch-Delischen Seebund mit der Kykladeninsel Délos als geistigem und kulturellem Zentrum. Die Perserkriege beginnen 490 v. Chr.

Klassische Zeit (490–338 v. Chr.) Sámos und die ionischen Inseln des nördlichen Dodekánes kämpfen zu Beginn auf persischer Seite. Beim endgültigen Sieg über die Perser 449 v. Chr. stehen aber auch sie auf Seiten Athens. Ungeheure Reichtümer werden im folgenden »Goldenen Zeitalter« auf Délos angesammelt. Als Athen diesen Schatz wegschafft und seine Partner zu Vasallen machen will, kämpfen sie im 30-jährigen Peloponnesischen Krieg im Verbund mit Sparta gegen Athen. Dieser Bruderkrieg beendet die Glanzzeit Griechenlands, Athen verliert für über 2.000 Jahre jegliche Bedeutung.

Hellenistische Periode (338–146 v. Chr.) Die nordgriechischen Makedonier erobern 338 v. Chr. Griechenland, kurze Zeit später auch die Inseln, und übernehmen die griechische Kultur. Der Makedonier Alexander der Große trägt diese Kultur, die jetzt »Hellenismus« genannt wird, kurzzeitig bis nach Indien. Nach seinem frühen Tod verfällt sein Weltreich rasch. Die Ideen des Hellenismus, einer allen offenstehenden kosmopolitischen Kultur, wirken jedoch weiter. Alexanders Nachfolger, die Diadochen der Antigoniden regieren die Ägäis.

Römische Periode (146 v. Chr. – 395 n. Chr.) Die Römer, die ab 146 v.Chr. Griechenland beherrschen, machen die griechische Kultur ebenfalls zur ihrigen und verbreiten sie im damaligen Europa. Aus der griechischen wird die abendländische Kultur. Der Apostel Paulus durchfährt 51 n.Chr. die Inseln, die sehr früh in Kontakt mit dem Christentum stehen. Der Evangelist Johannes wird von den Römern um 95 n. Chr. nach Pátmos verbannt. Die Entwicklung lässt sich jedoch nicht aufhalten, nach 391 ist das Christentum auch in Rom Staatsreligion.

Byzantinische Epoche (395–1204 n.Chr.) Das römische Reich wird 395 n. Chr. geteilt. Während Westrom 476 n.Chr. in der Völkerwanderung untergeht, bleibt der Ostteil des Imperium Romanum noch für weitere 1000 Jahre Träger der antiken griechisch-römischen Kultur. Byzanz, das Zweite Rom, wendet sich nach Osten, missioniert die Slawen und verbreitet griechisches Denken bis Moskau, das sich später Zweites Byzanz oder Drittes Rom nennen wird.
Die Bilderfeindlichkeit des Islams beeinflusst im 8. und 9. Jahrhundert auch Griechenland und führt zum Bilderstreit, dem Ikonoklasmus. Die Bildverehrer siegen schließlich.
Im Christentum vertiefen sich die Gegensätze. Strittig ist, ob der Heilige Geist nur von Gottvater ausgeht oder auch von seinem Sohn, wie die Römische Kirche lehrt, ebenso, wie die leibliche Himmelfahrt Mariens angezweifelt wird, die in der Orthodoxen Kirche eine »Entschlafung« ist. 1054 erfolgt das Schisma, die endgültige Trennung der griechisch-orthodoxen Ostkirche von der lateinischen Westkirche Roms.
In den »Dunklen Jahrhunderten« vom 7. bis 9. Jh. werden die Inseln der Ägäis häufig von Vandalen, Goten, Normannen und schließlich Sarazenen überfallen. Bis Byzanz im 9. Jh. seine Macht wieder festigen kann, ziehen sich die Inselbewohner in die Bergdörfer zurück.

Nach Persern, Awaren, Arabern und Seldschuken ist mittlerweile eine neue asiatische Macht an den Ostgrenzen aufmarschiert: Das Türkisch-Osmanische Reich drängt nach Westen. 1095 bittet Ostrom den Papst Urban II. um Hilfe – die Kreuzzüge beginnen. Sie sind ein Fehlschlag. Jerusalem, zuvor ein frei zugänglicher Pilgerort, kann nicht von den Christen gehalten werden. Beim vierten Kreuzzug kommt es zudem zu einer der größten Kurzsichtigkeiten der Geschichte: Wegen Handelsrivalitäten veranlasst Venedig die Kreuzritter im Jahre 1204, die byzantinische Hauptstadt Konstantinopel zu plündern. Die Quadriga auf dem Markusplatz ist ein Teil der Beute. Von dieser Schwächung kann sich Byzanz nie mehr erholen und wird 1453 von den Türken erobert.

Zeit der fränkischen Ritter (1204–1523) Venedig belässt es nicht bei der Plünderung Konstantinopels; es besetzt auch die meisten Inseln der Ägäis – nicht jedoch das heilige Pátmos. Einige Inseln wie Ikaría, Kálymnos und Léros werden genuesisch und später an die aus Jerusalem vertriebenen Johanniter verkauft.
Das Osmanische Großreich lenkt nach der Einnahme von Konstantinopel 1453 seine ganze Kraft auf die Eroberung Europas. Nachdem Rhódos, die mächtigste Festung des Abendlandes 1523 erobert war, dringen die Türken weiter nach Westen. Vor Wien, Malta und Lepanto (1571) kann die »Heilige Liga« des Papstes den Siegeszug stoppen.

Türkische Epoche (1523–1912) Der Fall von Konstantinopel 1453 markiert das Ende der tausendjährigen griechisch-antiken Hochkultur. Geflüchtete byzantinische Gelehrte bringen griechisches Gedankengut ein weiteres Mal nach Westen, was die Renaissance stark beeinflusst. Die Geschicke der Orthodoxen Kirche werden seither in Moskau bestimmt, das den Doppeladler als Staatswappen übernimmt. Der Panslawismus unter Katarina der Großen will die Slawen des Balkans der russischen Einflusssphäre einverleiben. Der türkisch-russische Krieg reicht bis in die Ägäis, wo eine russische Flotte von 1771–1774 auch Sámos besetzt, das später jedoch wieder unter türkischer Herrschaft steht. In Griechenland ist nach 1523 für 300 Jahre das gesamte Leben, vom Essen bis hin zur Musik, türkisch dominiert. Den Inseln wird teilweise größere kulturelle Selbständigkeit gewährt, vor allem Pátmos, das keine türkische Besatzung erleidet. Hier können sogar Priester ausgebildet werden. Die Orthodoxe Kirche erweist sich während dieser Zeit als Hort des Griechentums. In Geheimschulen werden Kinder in griechischer Sprache und Schrift unterrichtet. Das Kirchenoberhaupt verbleibt bis heute – damals auch als Garant der Willfährigkeit der Griechen – in Istanbul. Als 1821 die Unruhen ausbrechen, wird der damalige Patriarch hingerichtet.

Unabhängiges Griechenland (seit 1830) Philhellenen aus vielen Ländern unterstützen den griechischen Freiheitskampf nach 1821, europäische Großmächte helfen diplomatisch. Griechenland wird wieder Teil Europas.
Allerdings nicht die Inseln vor der türkischen Küste. Das Londoner Protokoll von 1830 bestimmt deren weitere Zugehörigkeit zur Türkei. Lediglich Sámos bekommt eine größere Autonomie.

Italienischer Dodekánes (1912–1947) Auch Italien strebt nach Kolonien und führt 1912 einen siegreichen Libyenkrieg gegen den »Kranken Mann vom Bosporus«. Griechenland besetzt gleichzeitig Kreta und Sámos. Die Türken müssen den Dodekánes verlassen, der dann die »Italienische Besitzungen in der Ägäis« bildet.
Nach 1936 erlebt Griechenland eine Militärdiktatur. 1940 greift das faschistische Italien das griechische Festland an, wird aber von den Griechen zurückgedrängt. Daraufhin lässt Hitler das Land besetzen und übergibt es den verbündeten Italienern und Bulgaren als Besatzungszonen. Nach Mussolinis Ende 1943 nehmen britische und griechische Truppen Sámos und Léros ein. Deutsche Einheiten besetzen die Inseln jedoch bis Oktober 1944 wieder. Die »Ennosis«, die späte Heimkehr ins Mutterland, erfolgt schließlich 1947, nach kurzer britischer Verwaltungszeit.

Nach dem 2. Weltkrieg Griechenland entgeht mit westlicher Hilfe im Bürgerkrieg von 1945 bis 1949 dem Schicksal der anderen Balkanstaaten und verschwindet nicht hinter dem Eisernen Vorhang. Es erfolgt die Aufnahme in die Europäische Union, deren Subventionen zur Verbesserung der Infrastruktur und zur Entwicklung des Tourismus zum wichtigsten Wirtschaftszweig führen. 2002 wird die Drachme, die älteste Währung der Welt, vom Euro abgelöst. Die neue »harte« Währung verschafft Griechenland leichteren Zugang zu Finanzmitteln, dem viele Politiker nicht widerstehen können. Unbemerkt entstehen gewaltige Schuldenberge, mit denen eine umfassende Klientelwirtschaft bedient wird. In der Finanzkrise nach 2008 können diese Schulden nur durch umfangreiche finanzielle Rettungsmaßnahmen der Europäischen Union ausgeglichen werden. Die im Gegenzug geforderten Wirtschaftsreformen führen zu Unruhen, leiten aber auch eine Konsolidierung ein.

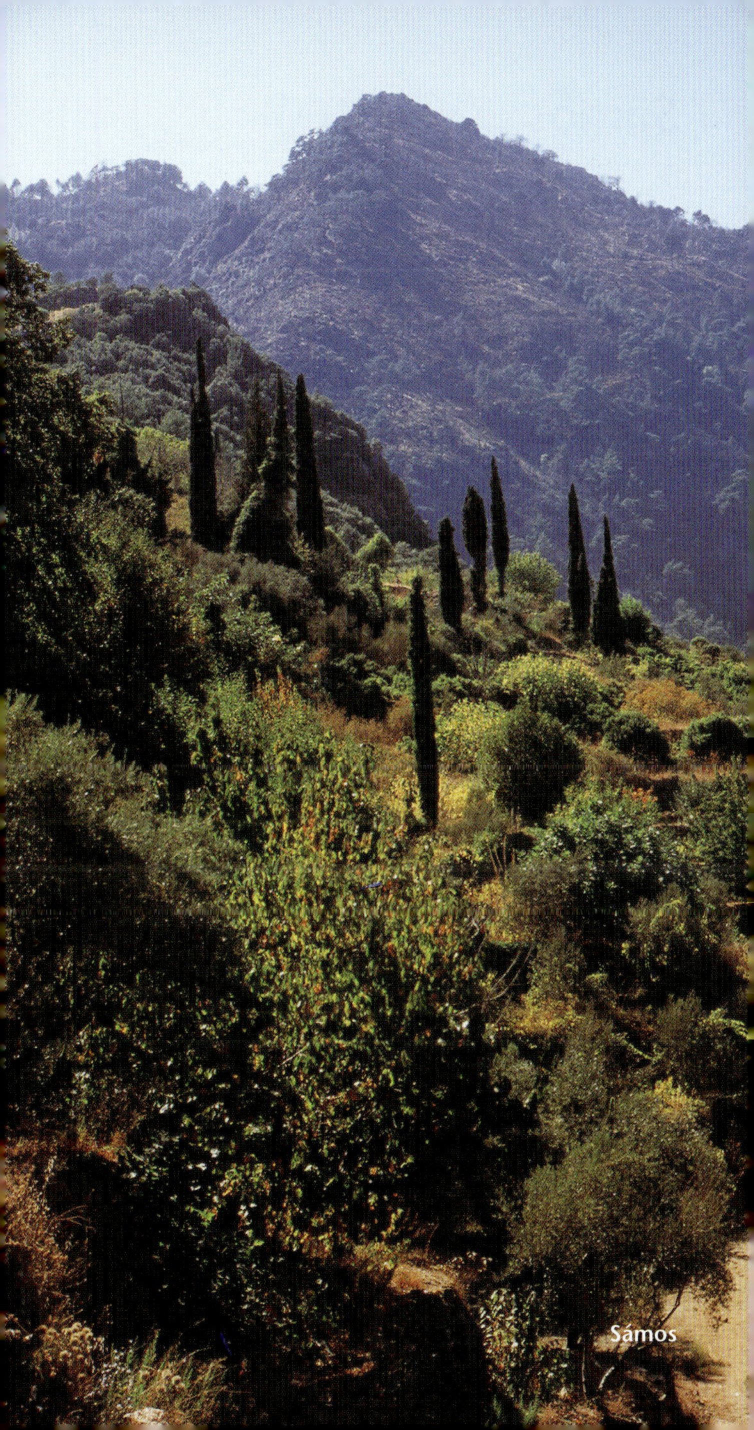

Sámos

Sámos

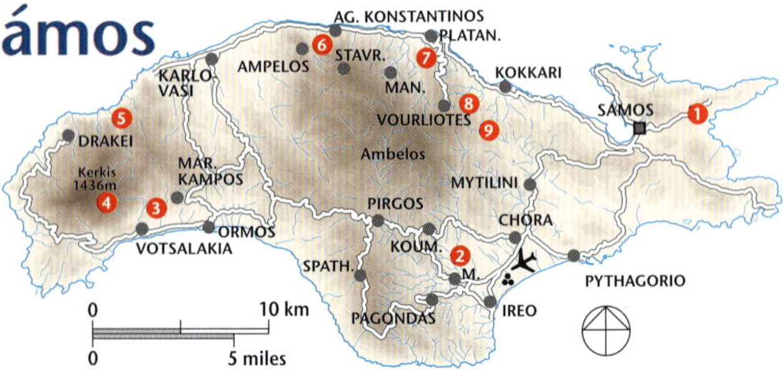

Die achtgrößte griechische Insel gehört geografisch zu den »Südlichen Sporaden« und verwaltungsmäßig, ebenso wie Ikaría und Foúrni, zur Region »Nördliche Ägäis«.
Zusammen mit Chíos und den Kykladen bildet sie das ionische Siedlungsgebiet der Antike, das als Wiege der griechischen Kultur gilt. Von hier aus führten die Ionier im sechsten vorchristlichen Jahrhundert Griechenland zur ersten kulturellen, politischen und wirtschaftlichen Blüte.
Die Insel ist nur 1,2 km vom asiatischen Festland entfernt und besaß über Jahrhunderte hinweg enge Beziehungen zu den griechischen Stadtstaaten Kleinasiens. Mit dem Zwangsexodus der dortigen griechischen Bevölkerung nach 1922 begann der wirtschaftliche Niedergang, der erst in jüngerer Zeit durch den Tourismus gestoppt wurde. Dieser hat Sámos jedoch weniger geprägt als vergleichbare Inseln. Große Hotelanlagen gibt es kaum; man findet weiterhin eine Insel vor, auf der griechisch-mediterranes Leben den Tag bestimmt.
Sámos' landschaftliche Vielfalt ist einzigartig: Wälder mit Kiefern, Zypressen, Eichen und Platanen, terrassierte Kulturlandschaften und der höchste Berg der Ägäis, finden sich hier.
Von Wanderern sehr geschätzt ist die Nordküste mit waldigen Hängen und Weinbergen, die noch immer von alten Eselswegen durchzogen werden. Zum Baden findet man sowohl weite Sandstrände als auch versteckte Felsbuchten.
Wege zu alten Klöstern und den archäologischen Stätten um Pythagório werden in diesem Buch ebenso beschrieben. An der Nordküste ist das Bussystem gut ausgebaut, so dass man von einem Quartier aus problemlos alle Ziele erreichen kann.
Die Wanderungen auf der Südseite sind aus Standquartieren in Pythagório und Votsalákia oder mit dem Leihwagen erreichbar. Es gibt eine gute Inselkarte von Terrain.
Taxi: Pythagório 22730-61440, Kokkári 22730 – 92585

1 Die Kapelle im Wald

Neben den beiden großen Klöstern Agía Zóni und Zoodóchos Pigí ist die kleine Giannis-Kapelle ein Ziel der 5 bis 6-stündigen Wanderung. Sie verläuft auf Feldwegen, einem alten Kalderími und auf Waldpfaden. Zum Schluss geht man eine halbe Stunde auf Nebensträßchen. In Kamára wartet eine Taverne, in den Klöstern gibt es Brunnen. Das obere Kloster schließt bereits um 13.30 Uhr seine Pforte!

■ *18 km, Höhenunterschied 330m, moderat-schwer*

RGZ Für etwa acht Euro lässt man sich mit dem Taxi bequem zum Kloster **Agía Zóni** (Hl. Gürtel) bringen – die ersten 125 Höhenmeter sind geschafft! Der harmonische Innenhof von 1695 und die Kirche mit ihren wunderschönen Fresken aus dem 18. Jh. sind zugänglich.
0.00 Vor der **Eingangsseite** des Klosters wandert man auf dem
Sträßchen langsam abwärts und nach 100m an der ersten
0.05 Abzweigung nach rechts. Bei der folgenden **T-Gabelung** geht man erst 20m nach rechts, dann links in einen anfangs ansteigenden Feldweg, wo rechts ein Schuppen steht. Über der Felswand ganz links wartet das erste Ziel [1]. Einige Linksabzweigungen werden übergangen – nicht jedoch die nach vier Minuten, wo der Hauptweg leicht ansteigt (**P1:** N37°45,222'/E27°00,857'). Hier geht es links abwärts und nach 100m, bei einem Gartentor (li.), auf einer breiten steinigen Schneise nach rechts aufwärts und dann hinab zu einem Fahrweg.
Diesen geht man nach links durch eine Senke, dann gera-
0.15 deaus aufwärts, bei einer **Rechtsabzweigung** ebenfalls.

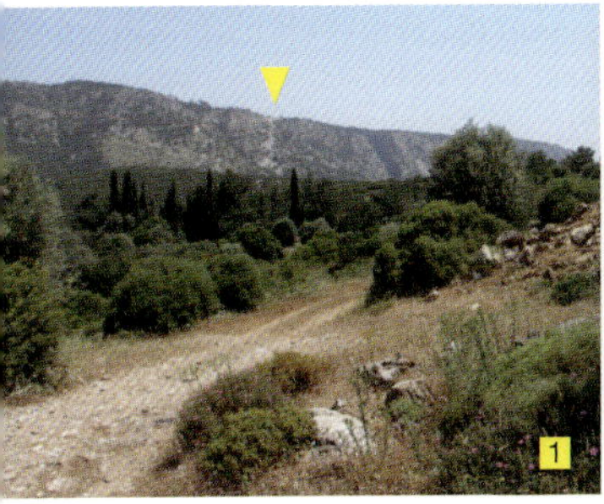

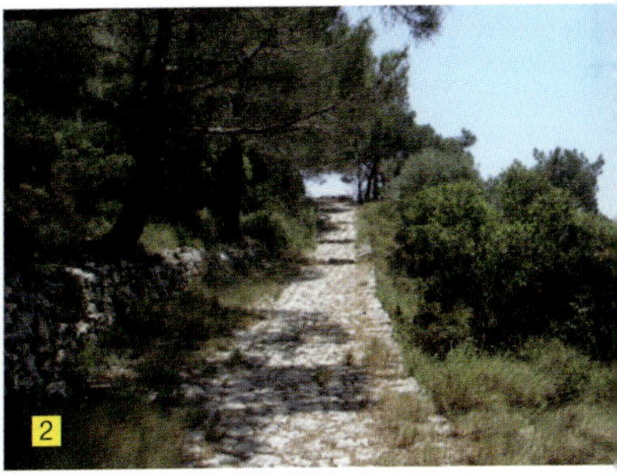

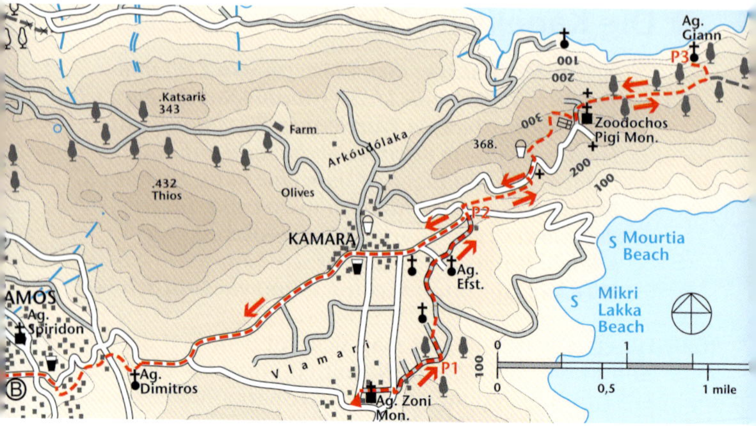

Unser Weg bekommt später eine Betonauflage und führt bei einem Haus (li.) über einen Betonweg. (Die Kapelle Ágios Efstáthios bleibt rechts liegen.) Geradeaus geht es auf einem Fahrweg weiter, an verlassenen Militärbaracken
0.25 (re.) vorbei, bis zu einer **Straßengabelung** (**P2:** N37° 45,769'/E27°01,008).

Auf der Straße geht man 100m bergan, in der Linkskurve dann aber nach rechts in den schattigen Kalderími! Nach etwa zehn Minuten landet er wieder auf der Straße, die man für 200m aufwärts geht. In einer Rechtskurve begin-
0.40 nen links weitere **Stufen**, die zu einem (trockenen) Quellhaus und dann zur Fortsetzung des Kalderími ② führen. Bald zeigt sich das Kloster. Am Friedhof (re.) entlang
0.50 kommt man zur Pforte des **Klosters Zoodóchos Pigí** (Lebensspendender Quell). Hoffentlich noch vor 13.30 Uhr.

Die ältesten Teile des Nonnenklosters stammen von 1756. Die zentrale Kreuzkuppelkirche wird von vier antiken Säulen aus Milet gestützt. Die einheimischen Besucher interessieren sich allerdings mehr für das Marienbild.

Vom vor dem Kloster liegenden Denkmal blickt man hinab auf die 1,2 km breite Meeresenge von Mycale, heute ein Brennpunkt illegaler Einwanderung in die EU.

Oberhalb des Klosters führt uns ein Betonweg des Militärs weiter – in einer Linkskurve gehen wir aber auf einem Fahrweg nach rechts unsere eigenen Wege. Der Fahrweg endet 30m neben einem drei Meter hohen Schrein (li., 330m). In der Verlängerung wandern wir dort weiter in ei-

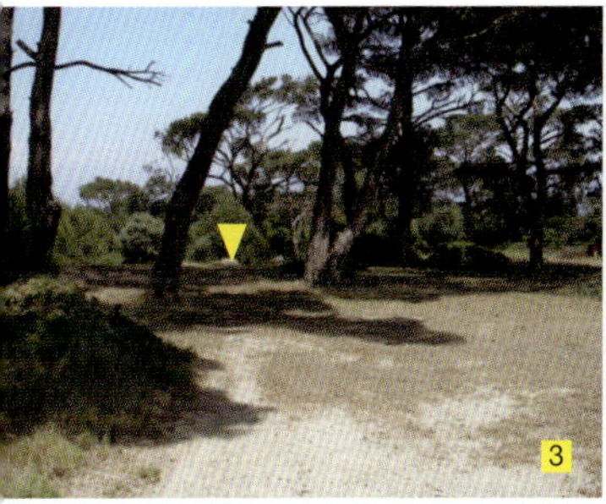

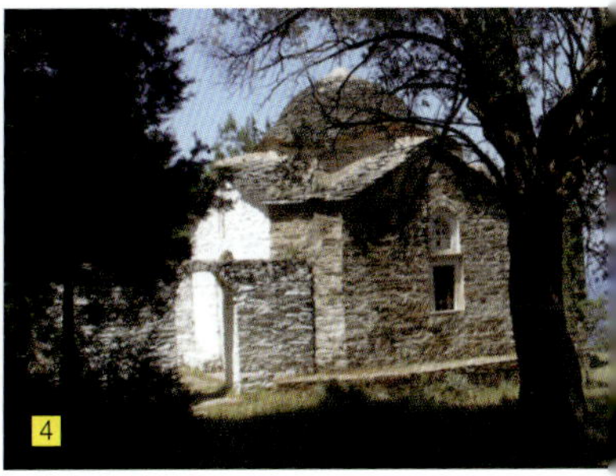

nen lichten Kiefernwald ③ hinein. Eine Steinpyramide
mit der Aufschrift »Ag. Giannaki« (re.) zeigt uns den Pfad
!! dorthin. Er führt durch halbhohes Gebüsch zu einer *recht-*
1.05 *winkeligen* **Linksabzweigung.** Dort steigt man hinab in
einen schmalen Waldpfad und sollte sich dabei aber den
!! *Rückweg merken.*

Nach sieben Minuten steht man unten plötzlich vor der
Giannis-Kapelle aus Bruchsteinen ④ (**P3:** N37°46,374'/
E27° 02,425', 220m). Innen bietet sie nicht viel, aber ihre
versteckte Lage ist spektakulär. Von dort muss man aller-
dings zurückfinden und die 110 Höhenmeter wieder gut-
1.20 machen! Wieder auf dem **Hauptpfad** geht es nach rechts
1.35 zurück zum hohen **Schrein.**

Von dort auf demselben Weg zurück: ab dem Kloster auf
dem Kalderími am kleinen Friedhof (li.) vorbei und später
1.50 auf Stufen hinab zur Straße. Dort nach rechts zu den **Stu-**
fen nach links hinab und zur Fortsetzung des Kalderími.
2.00 Auf der **Straße** geht es zunächst 100m links abwärts und
an der bereits bekannten Gabelung jedoch nach rechts bis
2.10 **Kamára.**

Vor der Taverne nimmt man die Straße entlang der Vla-
2.30 marí-Hochebene, geht nach der **Einmündung** einer an-
deren Straße nach rechts über eine Kuppe und nach einer
Linksabzweigung wieder abwärts.

2.35 60m danach wandert man auf dem alten **Kalderími** an
der Dimítros-Kapelle vorbei nach links. Der Weg ist trotz
Schäden durch Straßenbauarbeiten passierbar und wird
repariert. Die Umgehungsstraße wird weiter unten schräg
überquert. Auf dem folgenden Pflasterweg streift man die
Straße und folgt nach 10m den alten Pflastersteinen links
2.45 nach **Sámos** hinunter.

❷ Der Tempel der Hera

Zwei bedeutende Bauten sind die Ziele der 4- bis 5-stündigen Wanderung. Erst besucht man die Klosterburg der Großen Allerheiligen, Moní tis Megális Panagías mit alten Fresken (dienstags geschlossen). Dann geht es auf alten, kaum mehr bekannten Wegen hinab in die fruchtbare Küstenebene und zum schönen Bauerndorf Míli. Die Überreste des Hera-Tempels, warten zum Schluss (nach 15.00 Uhr und montags geschlossen). Eine gewisse Orientierungsfähigkeit ist zeitweise nötig. Den Startpunkt erreicht man am einfachsten mit dem Taxi.

■ 9,5 km, Höhenunterschied 310m, leicht bis moderat

RGZ Am Südrand des Bergdorfes **Koumaradéi** führt rechts von
0.00 einer **kleinen Kreuzkuppelkirche** [1] ein Betonweg ab-
wärts, am kleinen Friedhof (re.) vorbei, in der Serpentine
0.06 rechts und an der **Linksabzweigung** geradeaus weiter.
Hier stand bis 1993 ein Kiefernwald. Nach einer Linkskur-
ve kommt man in eine Senke, wo in den Ruinen einer
0.15 **Mühle** das museale Inventar langsam dahinrostet. Dahin-
ter läuft unser Feldweg um einen Hügel herum und weiter
0.25 oben zum byzantinischen Kloster **Moní tis Megális Pa-
nagías** [2], das stolz – aber nur bis 13.00 Uhr – auf unseren
Besuch wartet.

Das Katholikón, die zentral stehende Kreuzkuppelkirche von 1593, wird von vier langgestreckten Wohntrakten umstanden, die außen schießschartenähnliche Fenster besitzen. Im 17. Jh. lebten hinter den malerischen Arkaden etwa 70 Mönche. Nach einem Brand 1988 wurden Renovierun-

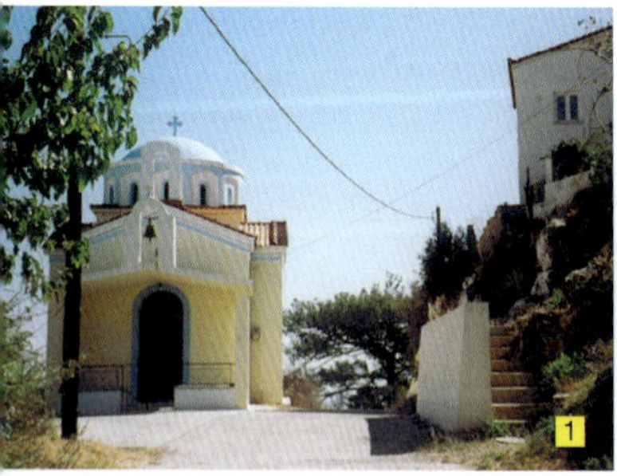

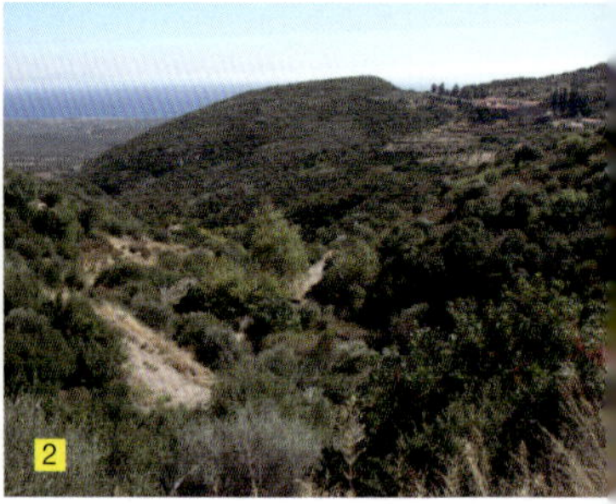

gen durchgeführt. Heute leben wieder drei Mönche hier.

Im Vorraum der Kirche führen Fresken aus dem 16. Jh. vom Jüngsten Gericht zurück zur Vertreibung aus dem Paradies. Ein feuriger Fluss strömt aus dem Thron und reißt die Sünder in die Hölle. Über der Eingangstür die Entschlafung Mariä, rechts darunter der Erzengel Michael.

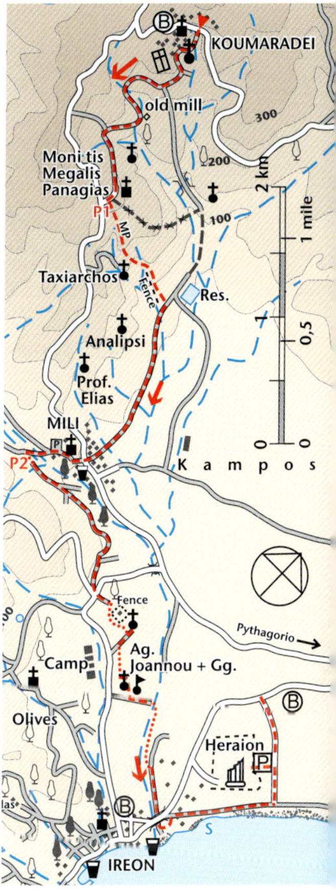

Der Weiterweg beginnt 15m links von der Einmündung der Klosterzufahrt in die Hauptstraße. Links vom Straßenmäuerchen 3 (**P1:** N37°41,685'/E26°50,632') geht man im Gelände abwärts, rechts an einem Busch vorbei und findet bald Wegereste, die am Hügel entlang in die Ebene führen. Dort folgt man nach einer Umzäunung
0.45 (re.) einem **Feldweg** nach rechts. Durch Ackerland kommt der
1.00 Wanderer nach **Míli** und zum
★ bezaubernden Kirchplatz.

Danach läuft man auf der Gasse vor der Kirche abwärts weiter und biegt unten nach rechts ab. Den Sportplatz passierend, erreicht man nach vier Minuten eine Werkstatt (re.), bei der sich der Weg gabelt. Dort biegt
!! man links ab und sucht *50m nach der zweiten Bachdurchquerung* eine undeutliche, spitzwinklige Abzweigung nach links (**P2:** N37°40,656'/E26°51,217'). Sie führt anfangs fast pfadlos oberhalb einer Schlucht wunderschön durch Felsen und dann in uralte Olivenhaine, in denen wir im-
1.25 mer rechts oder geradeaus wandern und so eine **Straßenkreuzung** erreichen.

Man überquert die waagerecht verlaufende Straße, nimmt den mit Buschwerk gesäumten Betonweg, geht oben vor der gut gesicherten schwedischen Enklave nach rechts

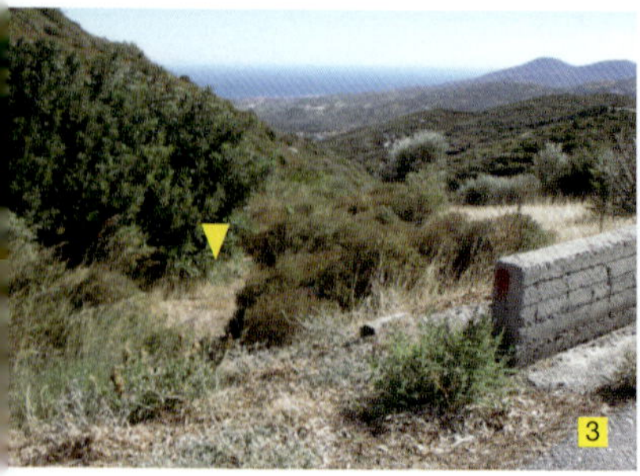

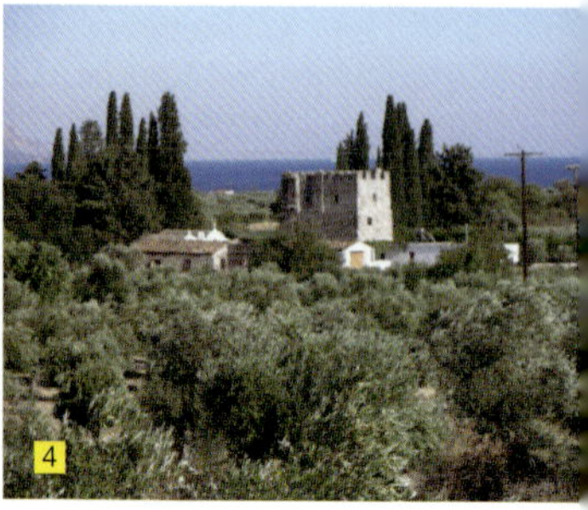

und danach pfadlos über Terrassen hinab bis zu einer alten Kapelle mit gemauerter Decke.

Auf dem Feldweg darunter geht man nach rechts und ge-
1.35 langt, später über links liegende Felder, zur alten **Doppel-Kapelle** Agios Ioánnou & Geórgios mit Altar aus einer antiken Säule. Daneben steht der Sarakiní-Pírgos 4, benannt nach einem griechischen Kapitän der osmanischen Flotte. Dieser Bautyp findet sich sonst nur auf den Kykladen.

Durch die kurze Allee verlässt man den stillen Hof, gelangt auf dem folgenden Feldweg nach links zu einem Bachbett und läuft im oder am Bach entlang in Richtung Meer. Nach etwa 400m beginnt auf der linken Bachseite ein Feldweg, dem man bis zu einer Straßenbrücke folgt. Dahinter geht man links zur Straße hinauf, verlässt sie aber schon 20m nach der Brücke wieder nach rechts in einen Fahrweg zum Meer. Bei einem verfallenen Bunker (re.) vorbei und später auf einem Fahrweg landeinwärts, geht's zum
2.00 Eingang des **Heraíon** mit der weithin sichtbaren Säule.

Die Funde reichen bis ins 3. Jt. v. Chr. zurück. Im 1. Jt. v. Chr. wurden mehrere Altäre errichtet, die der Naturgöttin Hera geweiht waren. Die Blütezeit im 5. Jh. v. Chr. brachte den Rhoikus-Altar hervor, der erst in hellenistischer Zeit vom Pergamon-Altar an Pracht übertroffen wurde. Der Hera-Tempel III, vom genialen Baumeister Rhoikus gezeichnet, wurde später vom Tyrannen Polykrates abgetragen und sollte um 540 v. Chr. neu erbaut werden. Dieser Hera-Tempel IV, der alle damaligen Größenvorstellungen sprengen sollte, blieb jedoch unvollendet. Das sumpfige Gelände erwies sich für ein Gebäude dieses Gewichtes als nicht ausreichend tragfähig.

An der Hauptstraße ist eine Bushaltestelle.

❸ Die Höhle des Pythagoras

Auf einem Panoramaweg führt diese 4-stündige Wanderung von Marathókampos zur »Höhle des Pythagoras« und hinab zum Strand von Votsalákia. Es liegen Quellen am Wege, in der Saison ist das Lokal bei der Höhle geöffnet. Taschenlampe nicht vergessen!
Alternativ kann man eine 3-stündige Rundwanderung zum Kloster Ágios Geórgios machen.
■ ***10 km, Höhenunterschied 370m, mittelschwer***

RGZ Am Parkplatz von **Marathókampos** (260m) führt beim
0.00 Schild »Cave of Pythagoras« ein Betonweg leicht anstei-
0.05 gend von der Hauptstraße weg. Er läuft am **Friedhof** (li.)
0.10 entlang, dann abwärts an einer kleinen **Fabrik** und an ei-
nem Brunnen (re.) vorbei. Der weiterführende Feldweg folgt den Konturen des Hanges in Richtung des Kérkis-Massivs. Unten an der Uferlinie sieht man den Fischerhafen Órmos Marathókampos und den Badeort Votsalákia. Im Meeresdunst erhebt sich Foúrni.
Der Weg schwenkt dann nach rechts und führt vorbei an
0.20 der **Abzweigung** zu Ferienhäusern (das Ende der Rund-
wanderung, s.u.). Fast eben umläuft er ein weites Tal, in dem die Petrus-Kapelle auf einem Felsen thront 1. In Tal-
0.35 mitte warten ein **Wasserfall** und Wasserlöcher, in denen
man sich tummeln kann.
Nach der Erfrischung weckt unterhalb des Weges eine Kuppelkirche das Interesse. Nach einer kleinen Quelle
0.55 (re.) folgt etwa 20m nach einem Schuppen (li.) eine **Links-**
abzweigung.

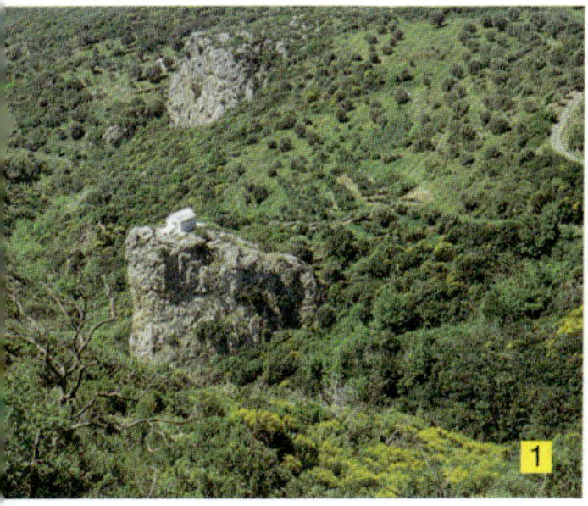

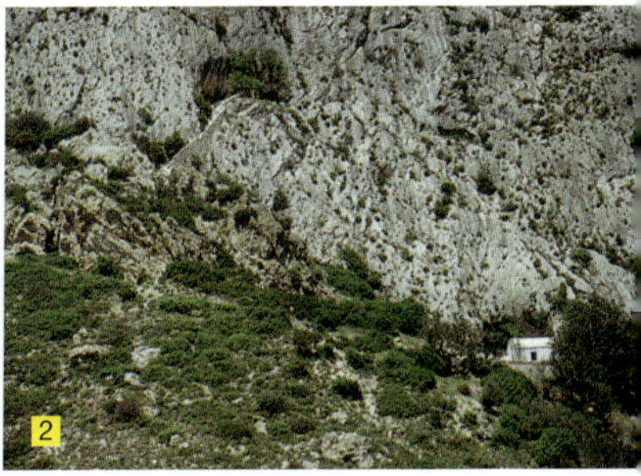

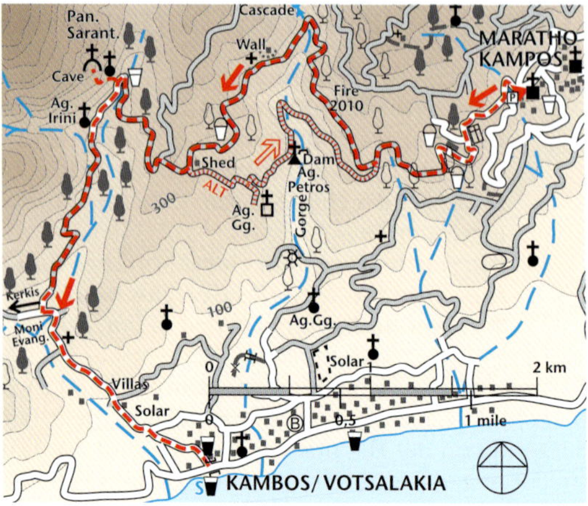

Rundwanderung: Acht Minuten sind es von hier aus hinab zum halbverfallenen, ummauerten **Wehrkloster Ágios Geórgios**. Nach weiteren zehn Minuten steht man an der Kapelle Ágios Petrós auf dem steilen Felsenbrocken. Danach durchschreitet man ein Trockenbett, geht bergauf und gelangt nach den Ferienhäusern wieder auf den bereits bekannten Weg.

0.55 Wenn man von der Linksabzweigung **geradeaus** weiter nach Westen wandert, erhebt sich fast bedrohlich das gewaltige Kérkis-Massiv. Bei der Gabelung (370m) geht es links hinab ins Tal. Bald sieht man im gegenüberliegen-

1.10 den Fels das Tagesziel: Zwei Kapellen ②. Vom **Talboden** aus (mit Imbiss) kann man hinaufsteigen.

★ *In acht Minuten gelangt man hinauf zur **Marienkapelle** Panagía Sarantaskaliótissa, zum Schluss über die 40 (+3) Steinstufen, die der Kapelle ihren Namen gaben. Sie ist in eine **Höhle** eingebaut, in die sich um 530 v. Chr. der geniale Pythagoras kurzzeitig geflüchtet haben soll, als er bei Polykrates in Ungnade gefallen war. In der größeren Höhle befindet sich hinten eine Quelle.*

1.30 Wieder in der **Talsohle** wandelt man zwischen Felsen, Feldern und Ölbäumen, anfangs auf einem Betonweg, tal-

1.45 auswärts. Von der **Abzweigung** zum Kloster Evangelístra führt ein Sträßchen links abwärts an einer Häusergruppe

2.05 vorbei nach **Votsalákia.** Gleich am Ortseingang liegt eine Strandtaverne zum Ausklang der Wanderung.

④ Der Gipfel des Kérkis

Diese 9 bis 10-stündige Bergwanderung zum Gipfel des Kérkis führt durch verschiedenste Vegetationszonen: durch Olivenhaine, Kiefernwälder und über Almwiesen bis in den Fels. Gute Kondition ist notwendig, Schwindelfreiheit jedoch nicht. Will man ganz zum Gipfel hinauf, sollte man spätestens um 7.00 Uhr starten und vielleicht bis RGZ 1.00 mit dem Taxi fahren.
Obwohl die gesamte Strecke markiert ist, sollte man nur bei gutem Wetter starten, da plötzlicher Nebel die Orientierung beeinträchtigen kann. Im Rucksack sollten Sonnen- und Windschutz sowie Proviant nicht fehlen. Es gibt zwei Wasserstellen.
■ 19 km, Höhenunterschied 1.440m, schwer

RGZ Am Westrand von **Votsalákia** steht rechts das empfeh-
0.00 lenswerte Lokal »Anna«. Kurz nach der folgenden **Brücke**
schickt uns das Schild »Cave of Pythagoras« nach rechts.
Wir folgen der leicht ansteigenden Straße und halten uns
0.25 dabei links. Nach fast einer halben Stunde **gabelt** sich der
Betonweg, rechts geht es zur Höhle ③, wir gehen nach
links zum »Evangelístra«.
Gemächlich, aber stetig steigt der Fahrweg an. Pfeile zeigen den richtigen Weg durch die morgendlich frischen Olivenhaine. Nach dem zweiten längeren Betonabschnitt gehen wir bei der rechtwinkeligen Abzweigung rechts steil hinauf. (Bis hier könnte man mit dem Taxi fahren.) Nach
1.05 300m Anstieg erreicht man einen kleinen **Wendeplatz**
(**P1:** N37°42,660'/E26°38,424', 420 m).

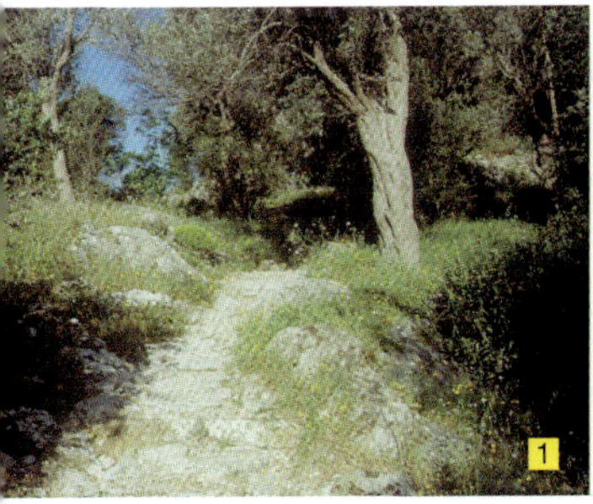

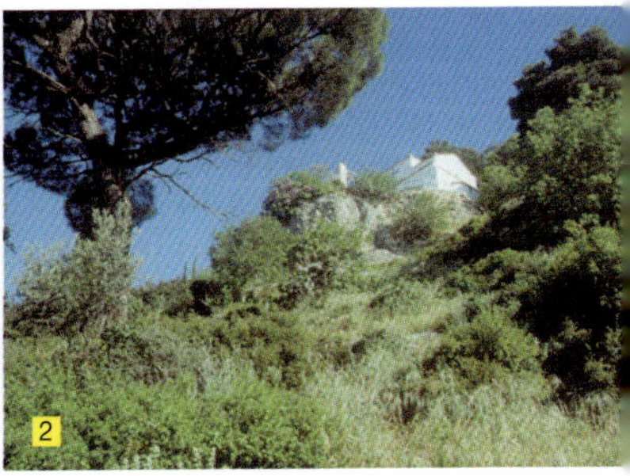

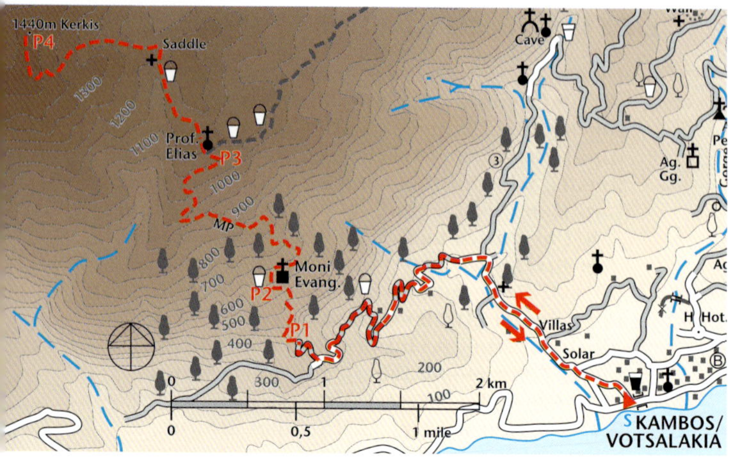

Hier zweigt ein schmaler Pfad nach links hinauf ab. Gut mit roten Rauten und Punkten versorgt, windet er sich durch lichten Kiefernwald [1] und bietet weite Ausblicke über das Meer, in dem das zersplitterte Foúrni liegt. Bald
1.30 leuchtet von links oben das **Kloster** [2] (**P2:** N37°42,891'/E26°38,427').

*Das erst 60 Jahre alte **Moní Evangelístra** liegt in 650m Höhe in einem Kiefernwald. Es ist seit 2009 unbewohnt, bietet jedoch am Eingang einen Brunnen.*

Oberhalb der Gebäude wandert man nach dem Zaun links aufwärts in den schönen Kiefernwald hinein, hinter dem sich später fast drohend die Felswand erhebt. Nach dem
2.00 **Waldrand** beginnt Geröll und der unangenehmere Teil der Wanderung. Danach geht es durch stachelige Büsche von Kermeseichen und kleine Almwiesen [3] mit ***Blick – die schönsten Picknickplätze des Tages.

2.50 Nach einer weiten Linkskurve ist die **Kapelle des Profítis Elías** (**P3:** N37°43,148'/E26°37,928', 1.100m) erreicht. Innen zeigen zwei Bildtafeln, wie der Prophet Elias auf dem Sonnenwagen durch den Himmel saust. Er ist der christliche Nachfahre des antiken Sonnengottes Helios. Für alpine Notfälle stehen hier Brennholz und Decken bereit. Ansonsten würde man die heruntergekommene Kapelle kaum betreten.

Am Baum oberhalb der Kapelle führt der Pfad weiter, zu-

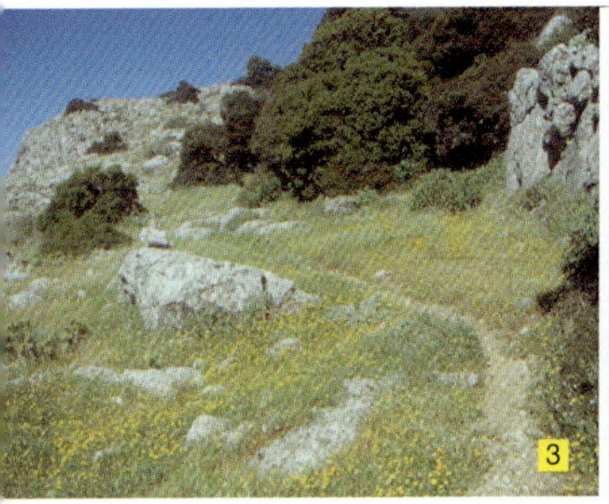

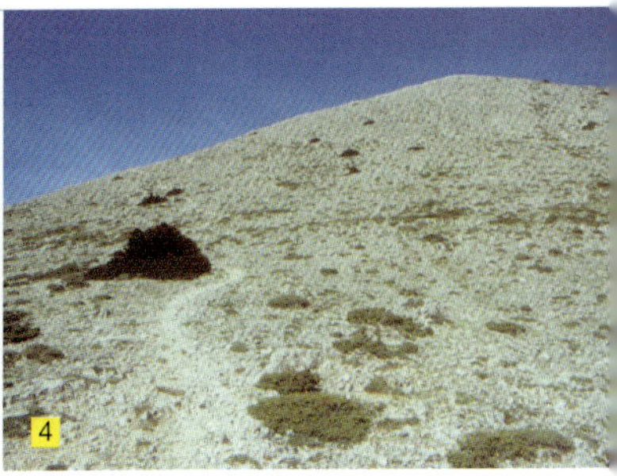

erst durch eine Almwiese und dann an der linken Berg-
flanke entlang. Noch vor einer kleinen Baumgruppe blub-
3.00 bert rechts eine **Quelle**, bei der man sich für den letzten
3.05 Anstieg versorgt. Hinter der Baumgruppe folgt ein **Berg-
sattel** mit Bildstock (li.).

Schon hier hat man einen wundervollen Blick bis nach Chíos und in die Türkei. Hier könnte man umkehren – jetzt gibt's nur noch Geröll und Fels. Etwas für echte Gipfelstürmer.

An der rechten Flanke einer Bergspitze verläuft der Pfad [4]
weiter, führt dann durch einen Sattel und in einer weiten
3.40 Rechtskurve hinauf zum Gipfel – griechisch »**Vígla**«, die
»Wacht« des Kérkis-Massivs (**P1:** N37°43,405'/E26°27,232').
Es handelt sich um einen erloschenen Vulkan von 1.443
Metern Höhe. An einem klaren Tag kann man weit sehen:
im Westen Ikaría, im Süden Foúrni, Pátmos, Lipsí und
Agathoníssi. Im Norden liegen Chíos mit Lésbos und im
Osten der asiatische Kontinent.
4.20 Zurück geht es dieselbe Strecke zur **Kapelle Profítis Elías**.
In Richtung der Hafenanlagen von Órmos Marathókam-
pos findet man den weiteren Pfad, der kurz danach aber
5.10 nach rechts schwenkt. Er führt wieder zum **Kloster** und
5.35 unterhalb weiter zum **Wendeplatz** hinab. Ab dort folgt
man durstig, aber lustig dem Fahrweg und der Straße hin-
6.00 ab nach **Votsalákia.**

Am Ortsrand wartet das Gartenlokal *»Vangélis«*, dessen Strandliegen man sich heute wirklich verdient hat.

❺ Nur montags …

… fährt ein Bus um 14.45 (bitte nachprüfen!) von Drakëi nach Karlóvassi – ohne ihn muss man die ganze Strecke zurückwandern. Die 5-stündige Tour ist eine der schönsten der Ägäis – fast ausschließlich auf schattigen Pfaden. Die wunderschöne Megálo-Seitáni-Bucht bietet einen langen Sandstrand, ein paar Ferienhäuser sind das einzige, was der paradiesischen Teufelsbucht hinzugefügt wurde. Brunnen und Tavernen gibt es erst in Drakëi.

■ 11 km, Höhenunterschied 360m, mittelschwer

RGZ Am besten fährt man von Karlóvassi mit dem Taxi zum
0.00 Startpunkt am **Ende des Strandes** von **Potámia.** Dort
führen uns betonierte Serpentinen aufwärts und vorbei
an der Linksabzweigung nach Tsourléï. Beim Schild »Dead
End« beginnt später ein längerer Anstieg des Fahrweges,
dem wir aber nur kurz folgen.
Nach 200m entdecken wir nämlich rechts – oberhalb ei-
0.15 nes Fahrweges – unseren **Pfad.** Schnell verschwinden wir
in den Olivenhainen und passieren dabei einen Wegaltar
(li.). Prächtige Ausblicke zum Kérkis-Massiv [1] ziehen in
ihren Bann, bevor es entlang knorriger Ölbäume abwärts
0.40 zur Holzrampe der **Mikró-Seitáni-Bucht** [2] geht.
Nachdem wir den »Kleinen Teufel« hinter uns gelassen
haben, verläuft der schattige Pfad [3] mehrfach auf und ab
1.05 bis zur **Abzweigung** nach Kosmadéi. Den mühsamen
und beschwerlichen Anstieg nehmen wir nicht auf uns,
sondern schlendern leichtfüßig hinab zum »Großen Teu-
1.15 fel«. **Megálo Seitáni** – ein merkwürdiger Name für diese

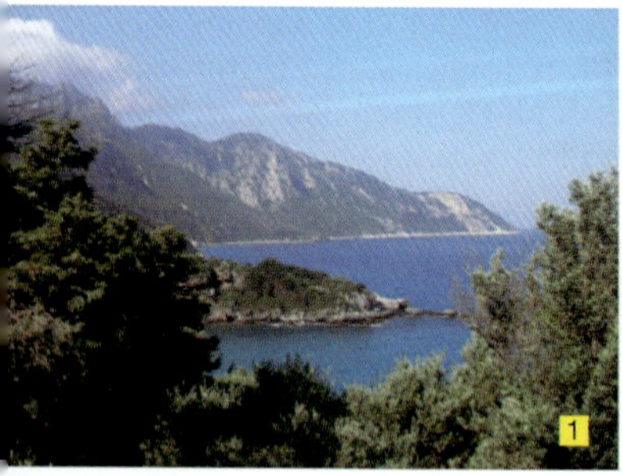

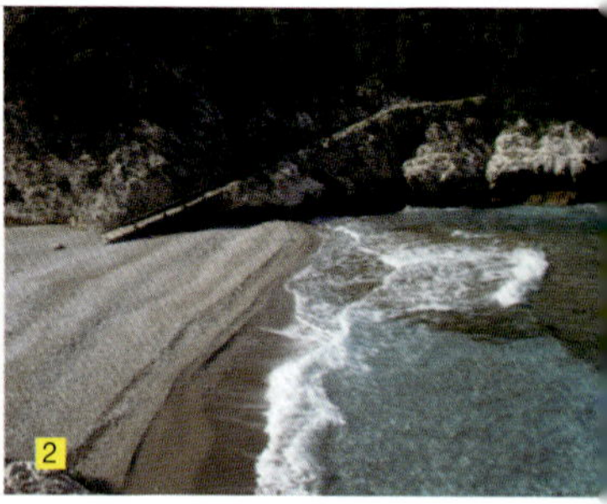

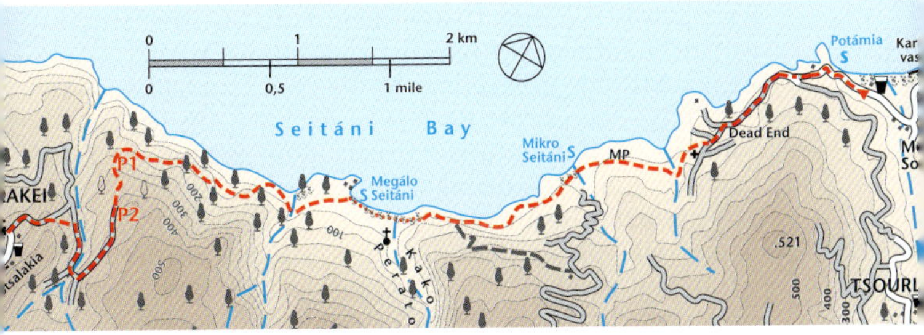

paradiesische Bucht. (Oder lauert etwa eine Schlange in
den Bäumen?) Die weite Sandbucht ist begrenzt durch ei-
★ ne gigantische Felslandschaft, die zum Himmel zu streben
scheint.

Falls man den Bus in Drakëi erreichen will, sollte man
kurz vor 13 Uhr weiterziehen (– oder man bleibt faul lie-
gen und wandert zurück). Man schlurft also den 400m
langen Strand entlang und findet beim Bootssteg, noch
!! *vor den zwei Strandhäusern,* den Pfad halblinks aufwärts.
Hinter den Ferienhäusern steht rechts ein Wegaltar. Noch
bevor der Pfad in eine wahre Dschungelschlucht hinab-
1.30 führt, passiert man **Höhlen** (li.). Es folgt ein flacheres
Wegstück [4] mit schönen Ausblicken, bevor es steil bergan
geht. Beim nächsten ebenen Stück findet man »orientali-
sche Erdbeerbäume« mit roten Stämmen (S. 11).
2.10 Schließlich wendet man sich **vom Meer ab** (**P1:** N37°
45,857'/E26°36,955', 265m) und wandert durch ein fast
2.20 vernarbtes Waldbrandgebiet aufwärts bis zu einer **Schar-
te**, dem Scheitelpunkt der Tour (**P2:** N37°45,694'/E26°
37°,017', 360m). Auf einem überbreiten Fahrweg geht es

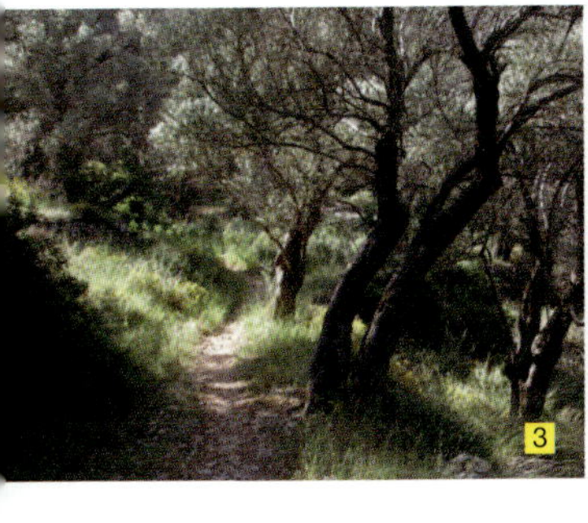
3

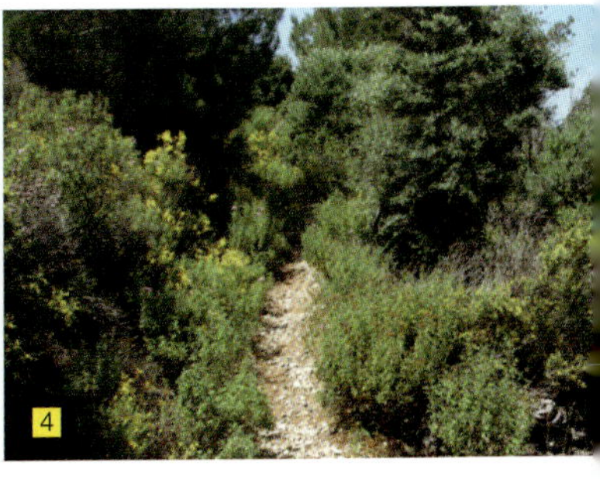
4

jetzt abwärts. (Geplant war, diese Piste bis zum Megálo Seitáni zu führen; gottlob ging das Geld aus.)

In der Talsohle übergeht man die zwei Linksabzweigungen, folgt aber direkt nach dem leichten Anstieg einem Fahrweg nach links hinauf. Nach 100m beginnt der Pfad
2.40 nach **Drakëi**, der einen Ikonísmo passiert.

Ein hübsches Bergdorf – in dem gute Boote gebaut werden. Und Speisen und Getränke serviert werden, falls noch Zeit bleibt. Aber nach dieser wunderbaren Wanderung schwebt man im Himmel und könnte auch von Luft leben.

Götterwelt

Am Anfang aller Dinge tauchte die Terra Mater, die Erdgöttin Gaia aus dem Chaos auf. Sie gebar im Schlaf aus sich selbst heraus den Uranos und nahm ihn gleich auch als Gatten.

Aus dieser unüblichen Verbindung entstammen neben anderen Titanen Kronos und dessen Schwester Rhea. Die beiden schlossen sich, ganz im Stil der Familie, ebenfalls zusammen und zeugten die Göttinnen Hera (später die römische Juno, die Beschützerin des Kriegsadels), Hertia (röm. Vesta, die Göttin des häuslichen Herdes) und Demeter (Ceres, die Göttin der Äcker) sowie die Götter Zeus (Jupiter), Poseidon (Neptun) und Hades (Pluton).

Die Männer teilten sich die Welt: Zeus nahm sich den Olymp und damit die Dominanz, seine Brüder das Meer und die Unterwelt. Zeus, der höchste der Götter, Herr über Himmel und Erde, nahm sich auch noch seine Schwester Demeter zur Frau, die ihm die Götter Ares (der römische Kriegsgott Mars), Eilythia, Hebe und Hephaistos (Vulcan) gebar. Aus seinen Verbindungen mit 15 anderen göttlichen Schwestern entstammen neben anderen Artemis, Apollon, Hermes und Aphrodite. Artemis (Diana) ist die Göttin der Jagd, Apollon (Apollo) vertritt Recht, Ordnung und Frieden, Hermes (Merkur) ist der Patron der Wanderer, Hirten, Kaufleute und Schelme während Aphrodite (Venus) die Herrin der sinnlichen Liebe und der Schönheit ist.

Zeus war jedoch nicht nur im Himmel unterwegs. Mittlerweile gab es auch auf der Erde schöne Prinzessinnen. Ihnen näherte er sich in verschiedenster Gestalt, etwa als Stier, Schwan und sogar als Gatte der Verehrten. So kamen neben fünfzehn anderen die Heroen Minos, Perseus, Helena und Herakles auf die Welt. Sie waren jedoch nur Halbgötter, die das Bindeglied zwischen Erde und Himmel darstellen.

6 In den Weinbergen von Stavrinídes

Die Wein-Exkursion dauert 4 bis 5 Stunden, davon eine Stunde auf Kalderímia! In den zwei Bergdörfern gibt es Tavernen und unterwegs mehrere Brunnen.
■ 10 km, Höhenunterschied 550m, schwer

RGZ In **Ágios Konstantínos** beginnt die Wanderung an der
0.00 **Hauptstraße** am Brunnen beim Holzschild »Stavrinídes«. Nach wenigen Metern benutzt man einen alten Kalderími bis zur Betonstraße, wo es links weiter aufwärts geht.
0.05 Links in den Reben steht die **Konstantin-Kapelle** 1.
50m weiter, nach der Platane und dem Brunnen im Ortsteil **Áno Ágios Konstantínos**, schwenkt man rechts in eine freundliche Gasse ein, an deren Ende eine weitere Gasse links ansteigt. Die Kirche lässt man zwei Minuten später links liegen, zieht auf einem gepflasterten Weg wei-
0.08 ter und beim **Holzschild** links bergan (**P1:** N37°48,285'/ E26°48,824').
Nach vier Minuten trifft man auf den Fahrweg. Rote Rauten leiten hier nach links und nach 60m, vor einer Geländemauer, nach rechts hinauf in einen sehr schmalen Pfad. Dieser stößt wieder auf den Fahrweg, den man links geht und nach 50m rechts auf einem Kalderími weiter hinauf wandert. Der Weg wird später schmaler, läuft durch Haine, umrundet ein Haus (li.) und trifft zum dritten Mal auf
0.25 den **Fahrweg.**
Diesen steigt man nach links an, kommt an Ruinen mit Zypressenschmuck (li.) vorbei und verlässt den Fahrweg nach 80m, nach einer Rechtskurve (**P2:** N37°47,995'/ E26°49,014'). Hier geht man nochmals auf Pflastersteinen,

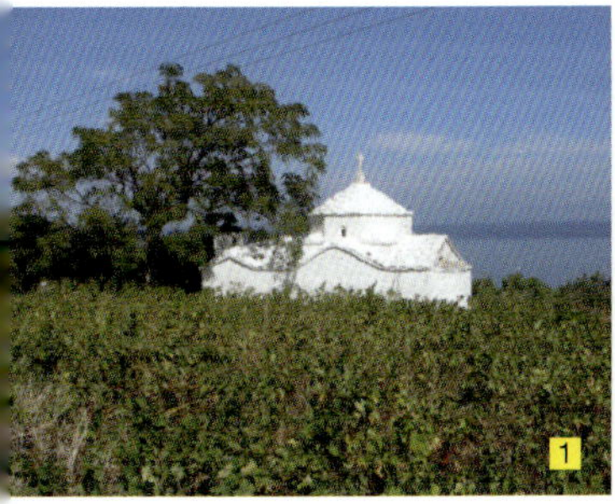

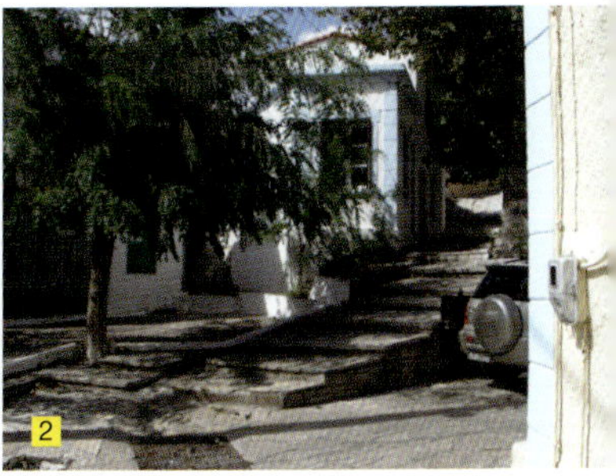

bis man wieder auf den Fahrweg trifft. Aufwärts, an der Abzweigung in einer Rechtskurve und
0.40 ebenso am **Friedhof** (li.) vorbei, geht's hinein nach **Stavrinídes.**
Bei der Telefonzelle nimmt man die Gasse
0.45 nach rechts zur **Kirche.** Will man einkehren, ist man im *»Irida«* (Gasse rechts) gut aufgehoben. Ansonsten geht man die Stufen ② bei Kirche und Brunnen weiterhin aufwärts und biegt oben bei einem Brunnen nach links in einen steilen Betonweg ein. Nach ersten Schweißaus-
0.50 brüchen biegt man nach zwei Minuten beim **Schild** »Ag. Panteleimon« nach rechts aufwärts in einen Eselsweg ein. Begleitet von Wasserverteilern zieht man auf dem schattigen Pfad höher ③ und trifft oben im Winzerland auf ei-
1.05 nen **Fahrweg.**

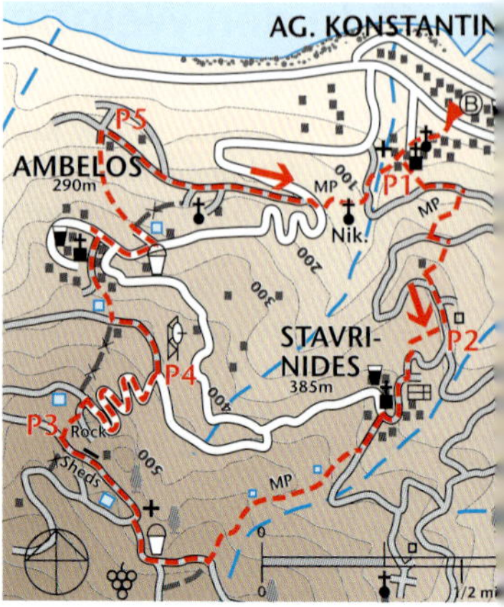

Auf 550 Höhenmetern ist man inmitten der Terrassen, wo der berühmte goldfarbene Inselwein Samaína am besten wächst. Bis zu Höhen von 900 Metern findet man Weingärten. Seit 3.000 Jahren wird auf Sámos Wein angebaut, damals aber rot und eher herb.

Der Verlockung des weiter aufwärts führenden Pfades widerstehen wir, und schlendern stattdessen unter schattigen Nussbäumen nach rechts auf dem leicht ansteigenden, später abfallenden Fahrweg weiter. Nach einer
1.10 bewachsenen Senke trifft man auf eine breitere **Piste** (Schild »Lakka«). Auf ihr geht man rechts abwärts und nach Serpentinen an einem Wegealtar (re.) vorbei. Es fol-
!! gen rote Blechhütten (re.) und 130m danach eine *undeutliche Kreuzung mit einem schmalen Pfad* (**P3:** N37°47,822'/E26°48,089'). Hier schlagen wir uns nach rechts in die Büsche und folgen dem Pfad, bis er bei einem markanten Felsen (re.) auf einen Betonweg trifft.

Da der frühere Pfad hinunter nach Ámpelos ab hier zugewachsen ist, müssen wir leider den Betonweg durch mehrere Kurven benutzen, bis wir nach einem Steinbruch (li.)

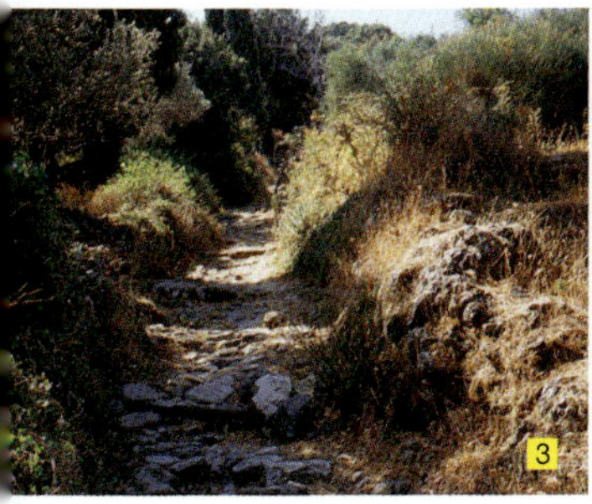

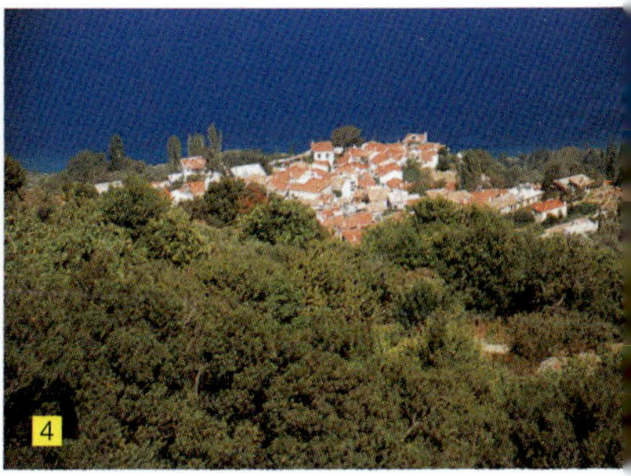

1.30 in der Linksabzweigung eines Feldweges eine **Telefonan-**
tenne sehen (**P4:** N37°47,958′/E26°48,221′). Wir zweigen
dorthin ab und folgen mit Meerblick [4] dem Feld- bzw.
1.35 später Betonweg. Unterhalb eines **Hauses** biegt man
rechts ab und findet am Ende einen schmalen gepflaster-
1.40 ten Pfad nach **Ámpelos**.
Hinter der oberen Kirche gibt es schöne Stufen zum Park-
platz hinab. Mit grandioser Aussicht geht man dort nach
rechts und an der Straßengabelung links weiter abwärts.
1.45 50m hinter einem überdeckten **Brunnen** (1991, re.) biegt
man spitzwinkelig nach links ein und findet nach 30m
rechts ein Wasserbassin. Am Ende des breiten Weges folgt
man einem Pfad mit Wasserschlauch nach rechts in Rich-
tung Meer.
Der Pfad windet sich nach links, folgt den Höhenlinien
und verläuft längere Zeit leicht abfallend am Hang ent-
lang. Nach einem Winzerhäuschen (re.) (**P5:** N37°48,229′/
E26°48,069′, 225m) trifft man auf einen Betonweg und
1.55 200m weiter unten auf eine **Wegekreuzung**, bei der man
rechts in einen Feldweg abbiegt. Mit der Sonne im Rücken
wandert man wunderschön inmitten von Gärten bis zur
2.05 **Straße.**
!! Diese geht man *50m rechts hinauf* und findet links *Stein-*
brocken, die einige Meter zu einem Kalderími hinableiten.
Er verläuft nach rechts abwärts ins Tal. Auf dem breiten
Waldweg weiter unten biegt man nach links ein, 100m
später nach rechts und kommt nach dem Talbett wieder an
2.15 der **Kirche** von **Áno Ágios Konstantínos** vorbei. Beim
Brunnen und der Platane wandert man die Straße abwärts.
150m unterhalb Kapelle führt ein Kalderími nach rechts
2.25 nach **Ágios Konstantínos**.

7 Die schönsten Dörfer von Sámos

Mit Vourliótes und Manolátes liegen zwei der schönsten Inseldörfer am Weg dieser traumhaften, 5- bis 6-stündigen Tour. Die Hälfte verläuft auf schattigen Pfaden, der erste Anstieg auf einem früheren Kalderími. In beiden Orten warten schöne Lokale, unterwegs auch Quellen.
■ 13 km, Höhenuntersch. 370m, moderat bis schwer

RGZ An der Abzweigung nach **Kámbos-Vourliótes** lässt man
den Linienbus anhalten um auszusteigen. Neben der süd-
0.00 lichen Straßenseite liegt ein **Parkplatz**, von wo aus ein
Betonweg, ein ehemaliger Kalderími, aufwärts führt.
Unterhalb der Häusergruppe von Paleochóri (li.) liegt die
innen ungeschmückte Kapelle **Agía Pelágia** aus dem 14.
Jh. 100m weiter gelangt man zur rechts stehenden Kapelle
0.05 **Agía Matróna**, die ebenfalls bis zu 600 Jahre alt sein
könnte 1. Diese birgt jedoch umfangreiche Fresken des
alten Testaments aus dem 17. Jh.
Nun geht es den bewaldeten Hügeln entgegen, nach ei-
nem großen Wasserbecken (re.) spürbar steil, von plät-
schernden Wasserrinnen begleitet. Nach acht Minuten
0.15 zweigt nach einem **Haus** (direkt li. nach einer Kapelle) der
Fahrweg nach Avlákia nach links ab ⑨ (**P1:** N37°47,626'/
E26°50,944', 140m). Wir gehen geradeaus (endlich auf
dem alten Pflaster) und bei der Gabelung links nach
0.20 **Pnaká.** Wasser kann man aus den Quellen trinken, die
★ schattige Taverne bietet auch anderes.
Auf dem Beton-Kalderími wandert man weiter bergan,
nach drei Minuten bei der Gabelung nach links und bei

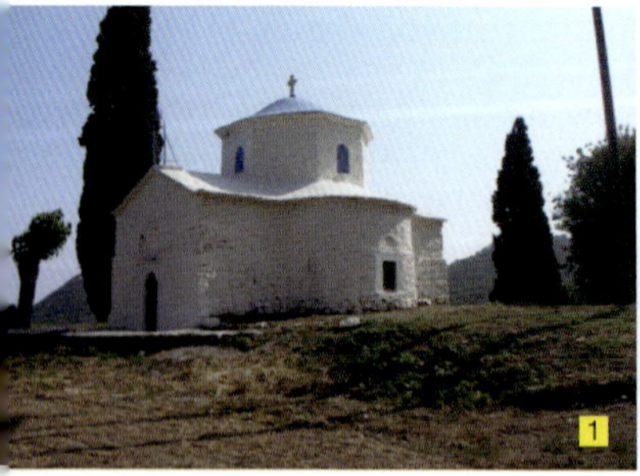

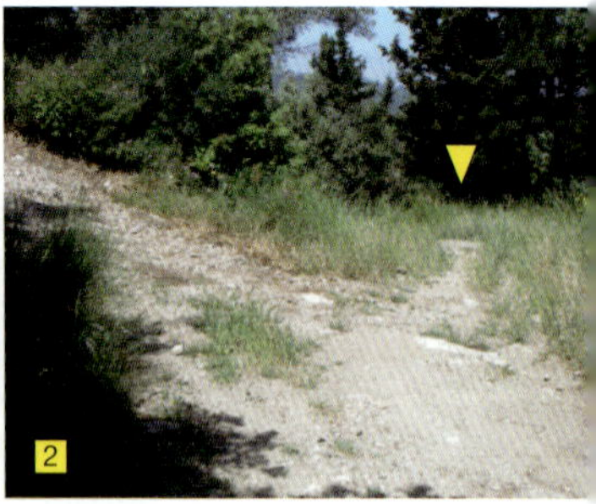

einer großen Betonstützmauer nochmals links. Erst auf Pflaster, dann auf Beton, gelangt man zum Ortsrand und beim Kriegerdenkmal rechts
0.40 hinauf zur **Platía** von **Vourliótes** (340m). Ein wunderschöner Rastplatz inmitten der verwinkelten Gassen, deren Architektur an Kleinasien erinnert, von wo die Dorfbegründer herkamen.

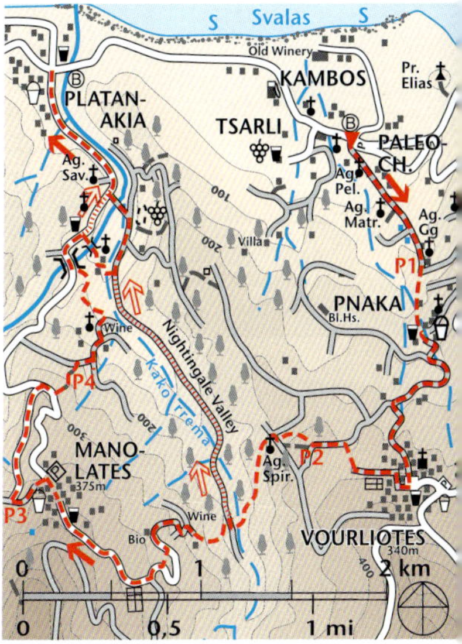

Am Briefkasten verlässt man den Platz auf einer ebenen Gasse, an der nach 80m rechts ein kleiner Brunnen steht. Fünf Meter weiter biegen wir rechts ab und weiter unten bei einem Elektro-Trafo am Mast nach links. Am Friedhof (li.) entlang gelangt man in einen alten Hohlweg. An dessen Ende zieht man auf ei-
0.45 nem schattigen **Fahrweg** nach links, bis dieser nach drei Minuten links aufwärts schwenkt ②. Das machen wir aber
!! nicht, sondern gehen auf einem *Pfad geradeaus* leicht abwärts. Nach 10m gabelt sich der Pfad (**P2:** N37°47,253'/ E26°50,531'). (Nach rechts führt er nach Platanákia.) Wir
!! gehen *geradeaus* und kommen sofort auf einen Waldpfad, der, später durch Olivenhaine, zur Kapelle **Àgios Spiridónas** ③ führt.

Direkt rechts neben der Kapelle führt ein schattiger Wald-
1.05 pfad in 15 Minuten ans Bett des **Kakórema**, des »schlechten Baches«. Auf der anderen Seite, 10m links versetzt, führt ein Pfad, an einem Wasserfall vorbei, in 100m zu ei-
!! nem Fahrweg. Diesen geht man *20m nach rechts,* wo Markierungen einen ansteigenden Pfad anzeigen.

Abkürzung: Der Fahrweg führt in 20 Minuten am Bach entlang durch das Nachtigallental nach **Platanákia.**

Der steil ansteigende Pfad wird nach zehn Minuten bei Weinterrassen (re.) ④ flacher und geht oberhalb der Terrassen in einen Fahrweg über. Bei dessen Gabelung wan-

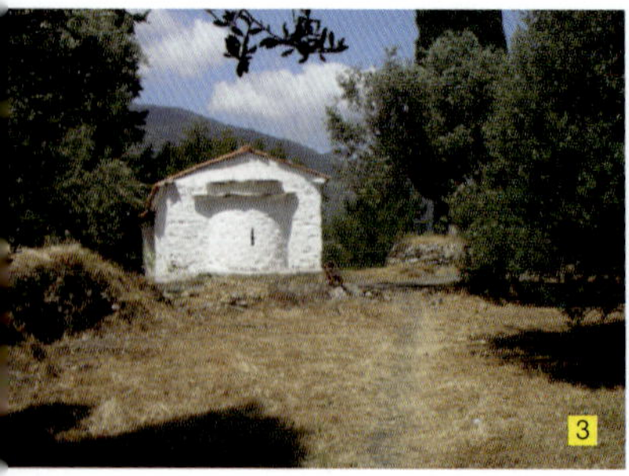

3

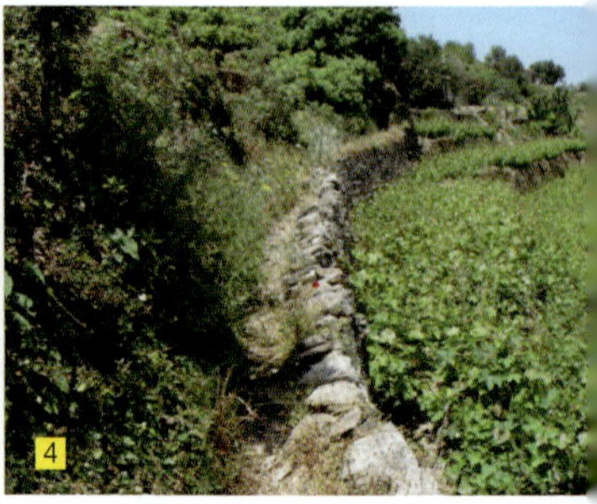

4

dern wir links bergan und übergehen danach eine Links-
abzweigung. Auf einem längeren ebenen Stück kann man
den Blick hinab ins Nachtigallental genießen, bevor der
Weg in einen Betonweg übergeht.

Wir gehen den Betonweg 100m nach links und finden
rechts einen Eselsweg, der später wieder auf Beton landet.
1.40 Dort geht es rechts, am Friedhof (li.) vorbei, nach **Manolá-
tes** (380m), einem schönen Ort, in dem ziemlich getöpfert
wird. In einem der Lokale lassen wir die Gläser füllen.

Unterhalb der Taverne *»Déspina«* am überdachten Brun-
nen liegt das Rathaus mit wichtigen öffentlichen Einrich-
tungen: Telefonzelle und Briefkasten. Dort beginnt links
auch unser Weg aus der Ortschaft hinaus und auf einer
1.45 Betonstraße hinunter zu einer **Abzweigung** nach rechts
(**P3:** N37°47,047'/E26°49,443'). Von hier geht es ein län-
geres Stück ziemlich steil, teilweise aber schattig, die Be-
tonstraße zur Asphaltstraße hinab und dort 80m nach
rechts zur Kurve hinauf.

Am Ende der Leitplanken finden wir links Stufen, die uns
hinab auf einen schönen Pflasterweg durch Olivenhaine
2.05 führen. Am Ende nimmt man den ebenen **Fahrweg** (**P4:**
N37°47,423'/E26°49,607', 160m) nach rechts, biegt danach
nach links ab und direkt unterhalb eines Hauses (re.)
!! nochmals links. Bei der Kapelle (li.) schwenkt man nach
2.10 rechts – aber *nur für 50m!* **Links** geht es, an Weinterrassen
2.15 (re.) entlang, romantisch hinunter zur **Straße** im Tal.

Nach 100m nimmt man die Holzbrücke, steigt die Stufen
hinauf, geht oben vor den Häusern rechts, schlängelt sich
im Slalom durch zwei Schuppen hindurch und sucht den
2.25 Pfad hinunter zum Bach. Auf der anderen Seite führt ein
2.40 **Waldweg** durch eine Betonfurt nach **Platanákia**.

⑧ Hinauf nach Vourliótes

Von Kokkári führt die 3- bis 4-stündige Wanderung hinauf zum schönen Bergdorf Vourliótes und durch das Nachtigallental wieder ans Meer.
Proviant mitzuschleppen, ist wegen der schönen Lokale in Vourliótes nicht nötig. Von dort könnte man alternativ den in ⑨ beschrieben Weiterweg nehmen.
■ 11 km, Höhenunterschied 340m, mittelschwer

RGZ Am Weststrand von **Kokkári** entlang, erreicht man in
0.00 zwölf Minuten die Hauptstraße. Dort markiert das **Hotel**
»Milos Beach« den Beginn der Wanderung. Beim Bildstock am Hotel geht es bergan, an der Gabelung vor der Betonwand rechts und oberhalb von Orchideen-Gewächshäusern (re.) entlang. Der Bogen, den man später
0.07 durchschreitet, ist das Aquädukt einer alten **Wassermühle**, die sich rechts vom Weg unter der senkrechten Röhre befand.

Nach 30m sollte man sich ein paar Minuten Zeit gönnen und links, oberhalb des Weges, die prächtig gelegene ***Kapelle Ágios Ioánnis*** *1 besuchen. Sie besitzt einen Brunnen zum Wasserfassen.*

0.10 Gleich darauf beginnt rechts ein **Pfad** hinab zum Bachbett, das man auf Steinen oder im Frühjahr auf einem Baumstamm durchqueren kann. Der Pfad führt nach links, leicht ansteigend weiter, bleibt aber zunächst unterhalb eines Fahrweges. Erst bei einer Markierung geht es
0.15 rechts hinauf und über den **Fahrweg** (**P1:** N37°46,585′/ E26°52,473′). Schräg links gegenüber leiten Stufen weiter aufwärts. Der in den weichen Sandstein getretene Pfad 2

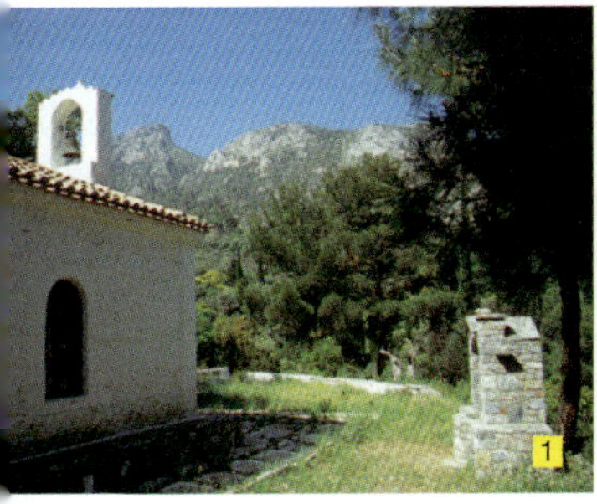

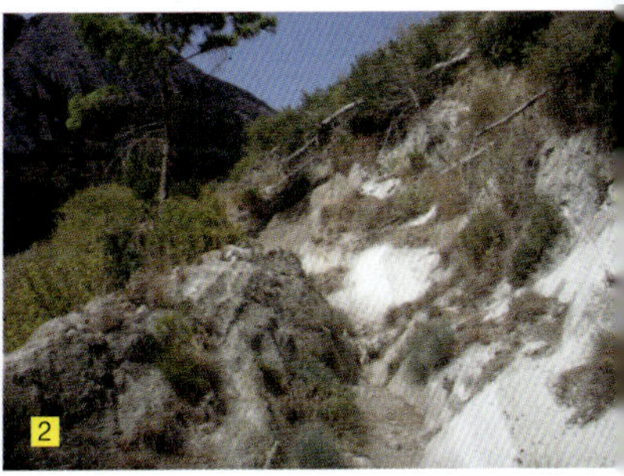

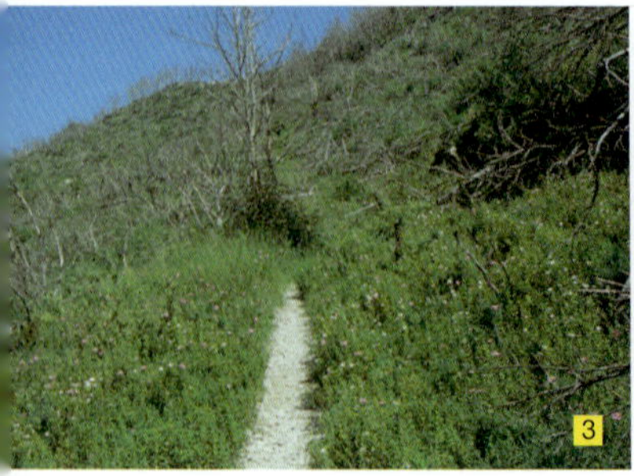

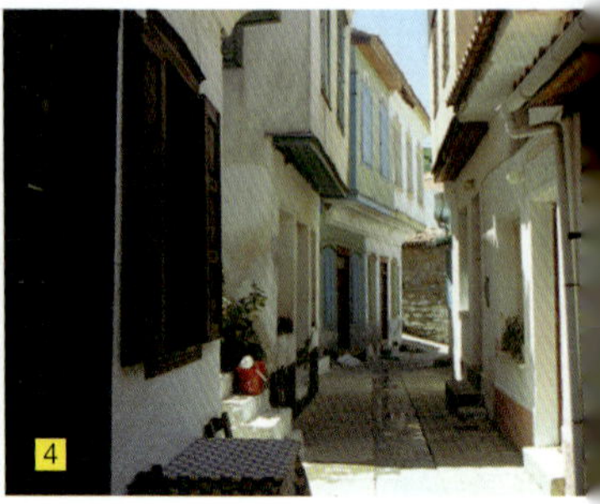

führt durch das Gebiet des verheerenden Waldbrandes von 2000, der die Gegend von hier bis Iréon an der Südküste verwüstete. Nach zwei sehr trockenen Wintern brannten die ausgedorrten Kiefern wie Zunder, ein Drittel der Waldflächen auf Sámos verbrannte damals. Mittlerweile ist der frühere Waldboden wieder grün, nur die Baumruinen sind noch schwarzgrau und kahl ③. Vor allem weiße (= salbeiblättrige) und violette (= graubehaarte) Zistrosen und Mastix wuchern wieder. Die Natur bietet all ihre Kräfte auf, um sich zu regenerieren.

0.35 Später kreuzt ein **Feldweg** (**P2:** N37°47,025'/E26°51,863'),
den man schräg nach rechts überquert. Nach drei Minuten, nun unter Kiefern, quert man ihn nochmals und wechselt in einen Fußpfad. Dieser führt durch ein Bachbett, dessen Bäume damals nicht so ausgetrocknet waren und daher nicht verbrannt sind. Unser Plattenweg kreuzt
0.55 einen **Feldweg** und führt kurz darauf auf ein neu gepflastertes Wegstück, das man nach 15m wieder nach rechts verlässt.

Es folgt kurz eine Pflasterstraße nach rechts (**P3:** N37° 47,172'/E26°51,341'). Nach deren Einmündung in die
1.00 **Hauptstraße** geht es links zum Dorf – mit tollem Blick
auf Kokkári und Sámos-Stadt. Vorbei an einer gefassten
★ Quelle und einem Gartenlokal gelangt man zur Platía von
1.10 **Vourliótes** mit wunderschönen Lokalen.

Eher widerwillig steht man nach der Rast wieder auf, verlässt den Platz bei der Post/Bar (li.) in eine ebene Gasse ④ und kommt nach der *»Blauen Quelle«* zu einem kleinen Brunnen (re.). Dahinter geht man die Gasse Richtung Manolátes hinab und vor den Elektromasten die ebene Gasse nach links.

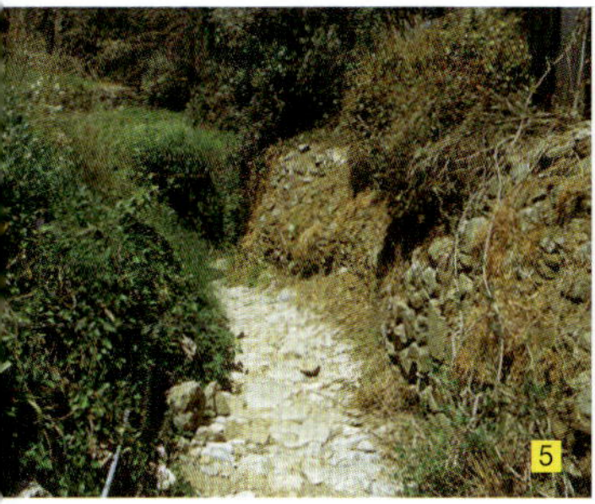

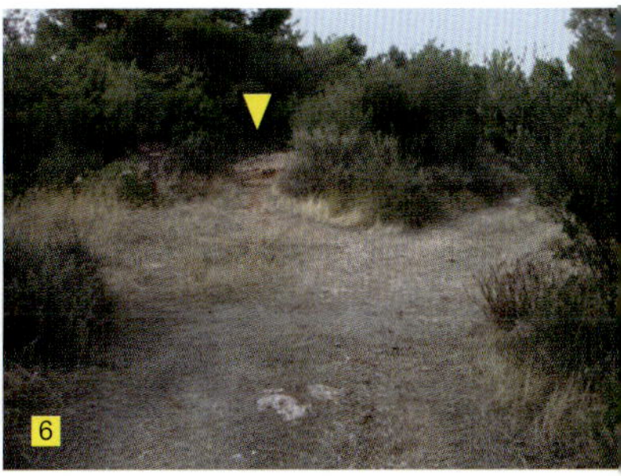

Wir passieren den Friedhof (li.) und gelangen in einen wunderschönen Hohlweg [5]. Weiter unten biegt man
1.15 links in den anfangs aufwärts führenden **Fahrweg** ein (**P4:** N37°47,196'/E26°50,673'). In der ansteigenden, nach
!! drei Minuten folgenden Linkskurve *verlässt man den Fahr-*
!! *weg* nach rechts und biegt *nach 10m rechtwinklig* nach
1.20 rechts in einen schattigen **Waldweg** ab (**P5:** N37°47,257'/E26°50,532'). Die Abzweigungen in die seitlichen Felder beachtet man nicht, gelangt auf einen Feldweg, geht kurz
1.25 rechts hinab zu einer **Gabelung** (**P6:** N37°47,339'/E26°50,431') und dort links.

!! Nach einem kurzen Anstieg geht es fast eben weiter bis zu
1.30 den *zwei Stufen* der **Abzweigung eines Pfades** [6] nach links (**P7:** N37°47,468'/E26°50,244'). Ein neu angelegter
1.35 Steinpfad führt bald an einer **Steinhütte** (re.) in einem Olivenhain vorbei. Drei Minuten später trifft er auf einen
!! Fahrweg, dem man rechts hinunter folgt. *Nach 150m* geht
1.40 man auf **Fahrspuren** nach links (**P8:** N37°47,561'/E26°50,011') (Geradeaus käme man ebenfalls nach Platanákia.) In langen Schleifen, um ein zweistöckiges Ge-
1.50 bäude herum, gelangt man in den **Talboden** (**P9:** N37°47,565'/E26°49,822') des Nachtigallentales. Hier nimmt man den breiten Waldweg nach rechts und marschiert,
1.55 später auf der **Straße**, talauswärts an der Sávas-Kapelle
2.05 vorbei nach **Platanákia.** Beim Gartenlokal an der Hauptstraße hält der Bus. Er kommt etwa 20 Minuten nach seiner Abfahrt in Karlóvassi hier vorbei.

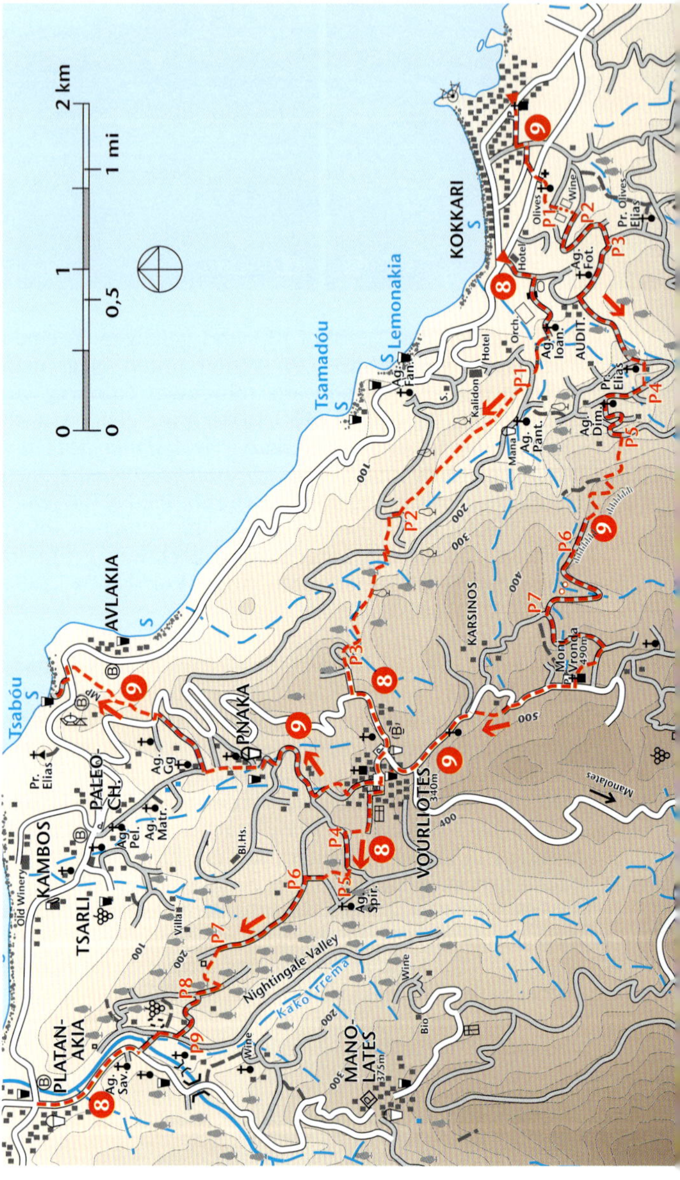
KOKKARI
AVLAKIA
VOURLIOTES
PLATANAKIA
MANOLATES
KAMBOS
TSARLI
PALEO CH.
KARSINOS
Tsamadóu
Lemonakia
Tsabóu
Nightingale Valley
Kako Trema
Moni Vronda
2 km
1 mi

9 Die Donnernde

Das mit 450 Jahren älteste Inselkloster Vrondá ist zusammen mit dem bezaubernden Bergdorf Vourliótes der Höhepunkt der 6- bis 7-stündigen Wanderung.
Der Aufstieg auf 570m erfolgt anfangs auf Fahrwegen, später auf Pfaden. Das Wegstück zum Meer bietet auch alte Pflasterwege. Die Einkehr in Vourliótes ist Pflicht, ebenso in Pnaká.
■ 14 km, Höhenunterschied 460m, schwer

▷ *Karte siehe vorige Seite*

RGZ Das Kloster Vrondá liegt versteckt hinter dem Lazáros-Rücken über Kokkári 1, der im Jahr 2005 teilweise abgebrannt ist.

0.00 Das Portal der großen **Kirche von Kokkári** im Rücken, zieht man auf der Betonstraße los, an einem Spielplatz (li.) vorbei, bis zu einer T-Gabelung. Hier geht's links und nach 20m, hinter der Pension »Angela«, nach rechts. Nachdem man bei der folgenden Gabelung links gegan-
0.05 gen ist, überquert man die **Umgehungsstraße.**
Auf der anderen Straßenseite gelangt man zu einem Wegaltar, nimmt den Pfad nach rechts aufwärts, wandert danach geradeaus und später unterhalb einer Kapelle (li.) rechts abwärts durch Gärten. Danach geht es wieder aufwärts und nach links in einen steilen, schattigen Olivenhain. Nachdem man dort einige niedrige Mauern überklettert hat, landet man oberhalb des Haines auf einem
0.15 **Feldweg (P1:** N37°46,450'/E26°53,165').

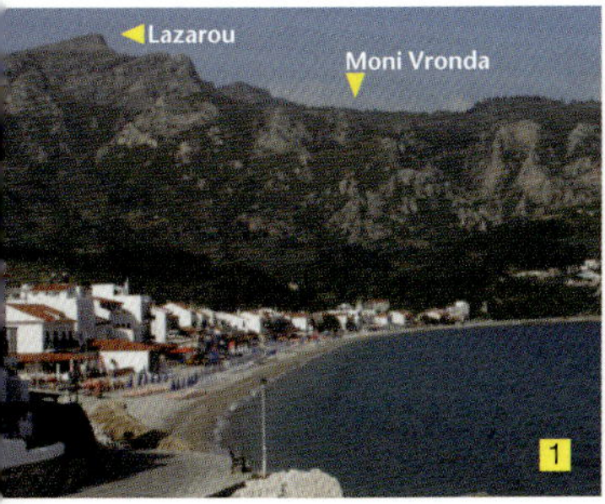

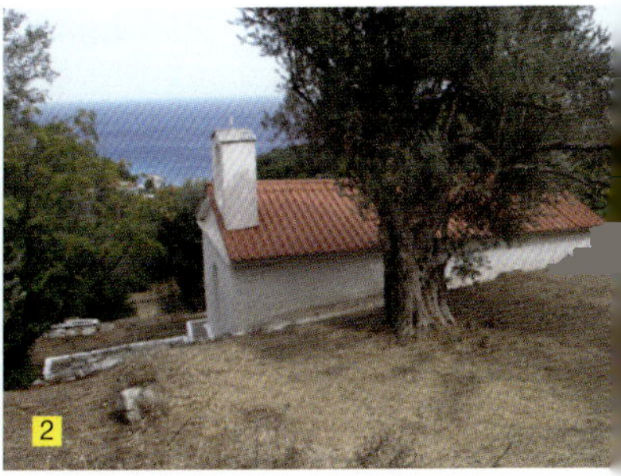

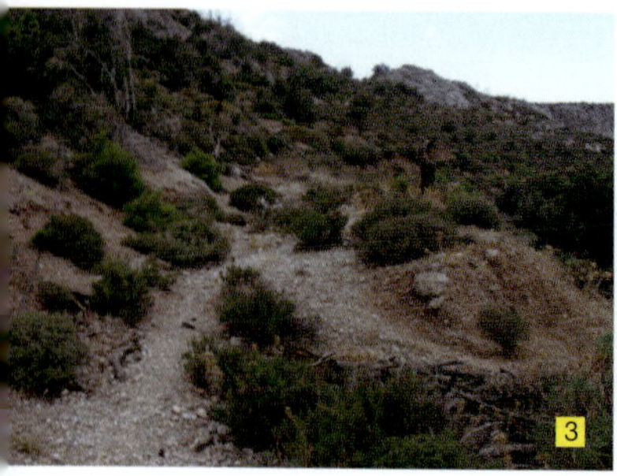

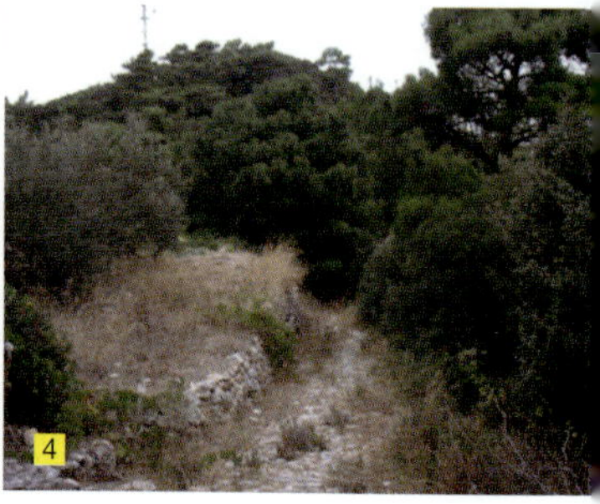

Auf ihm geht man rechts hinab in eine Senke, in die zwei
ummauerte Weingärten eingebettet sind. Dazwischen
durchqueren wir pfadlos die Senke. Auf der anderen Seite
0.20 steigen wir auf Fahrspuren zu einem querenden **Feldweg**
(**P2:** N37°46,379'/E26°53,084') an. Ihm folgt man nach
rechts, später ansteigend. In einer Rechtskurve erblickt
man kurz die Ilías-Kapelle. Weiter oben erreicht man ei-
0.30 nen größeren **Fahrweg** (**P3:** N37°46,286'/E26°53,058'),
den man nach rechts nimmt und später beim Hinunterge-
hen die Fotíni-Kapelle (re.) ② streift. 250m danach, nahe
0.35 einiger Häuser, biegt man bei der **Wegekreuzung** anstei-
gend links ein (Schild: Louloudes). Der üppig umwachse-
ne Fahrweg führt auf die mächtigen Felsen zu, die wir
übersteigen wollen.

!! Bei der Abzweigung nach acht Minuten folgen wir *nicht*
!! *der Beschilderung,* sondern biegen *nach rechts* ab und stei-
!! gen gleich darauf *nach links* hinauf zur Kreuzkuppelkapel-
le des Profítis Elías, in manchen Karten auch als Ag. Geor-
gios bezeichnet. Direkt links daneben finden wir einen
Pfad, der durch den Wald ansteigt und an einem Wasser-
becken (li.) vorbeiführt. Darüber hält man sich links und
erreicht dann wieder den Fahrweg (**P4:** N37°46,181'/
E26°52,460', 150m), den man weiter aufwärts benutzt.

An einem Maschenzaun entlang, passiert man die links
0.50 darüber stehende **Dimítrios-Kapelle.** Die zwei folgenden
abwärts führenden Abzweigungen interessieren uns Gip-
felstürmer natürlich nicht. Durch vier enge Kurven zie-
hen wir weiter bergan durch Olivenhaine, in denen in
100m Entfernung links ein Haus liegt.

Endlich kommt unser Zwischenziel: vier vergammelte
1.00 **Badewannen**, eine Viehtränke. (**P5:** N37°46,239'/E26°,

52,270′, 220m). Hier beginnt rechts der markierte Pfad [3] durch den früheren Wald. Nach zehn Minuten verläuft er auf dem breiteren, ehemaligen Waldweg, der in weiteren

1.15 Serpentinen bis in eine »**Scharte**« (**P6:** N37°46,471′/E26° 52,037′, 270m) hinaufzieht.

Danach führt der Pfad horizontal an der Bergflanke entlang. Zurückblicken nicht vergessen! Der Pfad biegt später nach links, verläuft parallel zu einem Bachbett (re.),

1.30 **durchquert** es weiter oben und steigt auf der Gegenseite, weiterhin über dem Bach, an. Der anfangs noch über-

1.35 wachsene Fahrweg läuft »**landeinwärts**« auf eine Gabelung zu (**P7:** N37°46,554′/E26°51,553′). Der mächtige Kubus des Klosters steht plötzlich über dem Pilger.

(Überzeugte Pfadfinder können hier geradeaus, etwas umständlich den Markierungen durch den Farn folgen, finden später aber den alten, noch brauchbaren Pfad.)

Die etwas Bedächtigeren nehmen den Fahrweg nach links, kürzen dann 100m vor der Straße nach rechts ab

1.55 und kommen ebenso zufrieden zum **Kloster Vrondá.**

Das festungsähnliche Kloster von 1566 ist der »Heiligen Jungfrau des Donners« geweiht, da in der Gegend öfter Gewitter aufziehen.

Vier hohe Wohntrakte umwallen fast quadratisch die zentral stehende Kuppelkirche. Sie birgt Fresken und eine kunstvoll geschnitzte Ikonostase. Hinter den Wohnarkaden verbirgt sich außerdem eine Christuskapelle. Nach der Renovierung ist die Anlage nur teilweise zu besichtigen; ein Mönch wohnt wieder hier.

Vom Vorplatz aus erreicht man schnell die Straße, die man sechs Minuten lang abwärts geht. Kurz nach einer scharfen Rechtskurve führt eine Zufahrt nach links hinunter und ab dem Haus als breiter Kalderími weiter abwärts. Leider gelangt man wiederum auf die Straße, der man, an einer Kapelle (li.) vorbei, weiterhin abwärts folgt. 50m nach einer Linksabzweigung kann man sie jedoch auf einem Pfad nach links verlassen. Weiter unten steigt man die Stufen rechts hinunter und in **Vourliótes** die erste Gasse nach

2.15 links, schnurstracks zur wunderbaren **Platía.**

★ Auch wenn man sich auf den »Blue Chairs« ausgeruht hat, muss man danach bei den grünen Stühlen die Stufen abwärts nehmen. Der Weg führt an der Kirche (re.) vorbei steil hinab. Am Ortsrand steht unterhalb des Fahrweges rechts ein Haus. Dort biegt man spitzwinkelig nach rechts

auf den alten Plattenweg ab, der später noch zweimal vom neuen Fahrweg gekreuzt wird. An der Gabelung bei
2.30 der **Brücke** geht es rechts hinab nach **Pnaká**, wo berühm-
★ te Quellen und nochmals ein hübsches Lokal warten. Direkt beim Lokal führt der Plattenweg weiter abwärts und teilt sich nach vier Minuten vor einem Haus.

> ***Alternative:*** Wer hier links geht, kommt – vorbei an der Kapelle Agía Matróna (S. 38 1)mit bedeutenden Fresken aus dem 17. Jh. mit Szenen der Genesis – nach **Kámbos** und zum weiten Strand von Sválas (RGZ 2.55).

Geht man rechts, kreuzt man später die Straße und findet, um 15 m schräg nach links versetzt, einen Pfad und später einen schönen abwärts führenden Plattenweg 4 bis zur
3.00 Hauptstraße kurz vor **Avlákia.**
100m ansteigend erreicht man die Zufahrt zur Bucht von **Tsábou**, mit Restaurant. Oben auf der Hauptstraße fährt der Bus entlang, der auch einen Stopp in Avlákia hat. Dort gibt es ebenfalls eine Taverne.

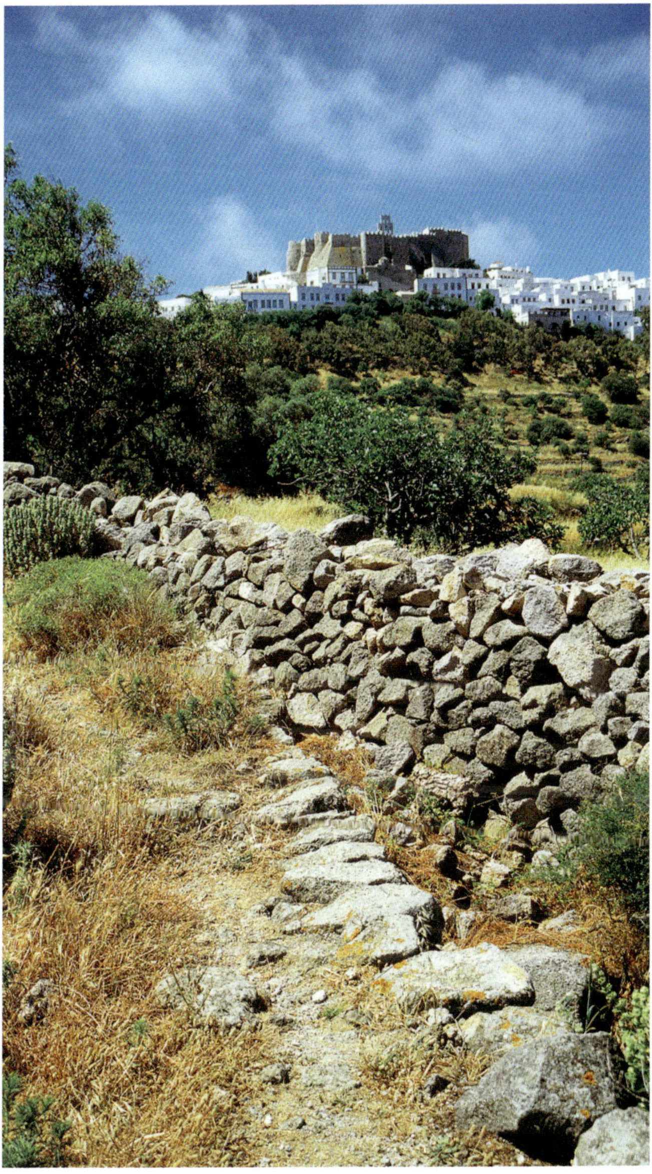

Pátmos

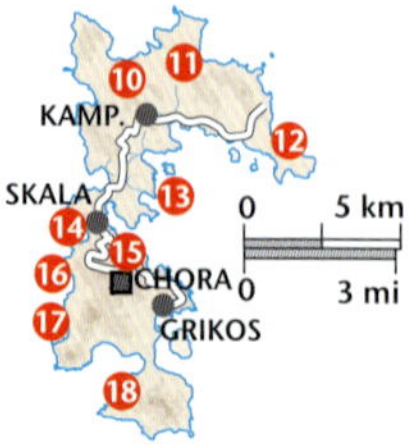

Bei der Einfahrt in den großen Naturhafen hält es niemanden unter Deck. Jeder möchte diesen wunderbaren Anblick genießen, wenn das Schiff langsam in den Hafenort Skála einläuft, über dem sich die weißen Häuser der Chóra ausbreiten, bekrönt vom dunklen Johanneskloster.

Von dort oben aus hat man den besten Blick über Pátmos. Um die ursprünglich vier Inseln, teilweise vulkanischen Ursprungs, hat sich Land angelagert, das jetzt als fruchtbare Täler die schroffen Felshügel miteinander verbindet. Die Besiedelung ist dünn. Insgesamt leben hier etwa zweieinhalbtausend Menschen, die meisten in Chóra, Skála, Kámpos und Gríkos. In jüngerer Zeit sind etliche Ferienhäuser dazu gekommen, die als weiße Tupfer die Landschaft beleben. Die größeren Flecken sind die zahlreichen Klöster, die im Laufe einer langen Zeit auf dieser heiligen Insel gegründet worden sind, ursprünglich oft als Eremitagen.

Durch die ganze Geschichte hindurch besaß Pátmos eine weitgehende Selbstständigkeit, die von den Herren der übrigen Inseln wie den Venezianern, Türken und Italienern respektiert wurde.

Doch Pátmos entwickelt sich immer mehr von einer Pilgerinsel zum touristischen Ziel. Früher besuchten hauptsächlich Kreuzfahrtschiffe die Insel, heute werden längere Badeurlaube gebucht. Die Bevölkerung lebt mittlerweile zum großen Teil vom Fremdenverkehr. Nur noch wenige arbeiten in der Gegend von Kámpos als Bauern. Um die fruchtbare Vulkanerde gut zu nutzen, fällt zu wenig Niederschlag.

Zum Wandern gibt es eine gute Karte des griechischen Skaï-Terrain-Verlages. Busse fahren zu den Startpunkten der Wandertouren. Alte Kalderímia findet man hauptsächlich um die Chóra herum, ansonsten wird man Fahrwege und Trampelpfade benutzen. Diese führen auch zu den sehr schönen Stränden in geschützten Buchten im Norden und Süden der Insel.

Taxi: 22470-31225

⑩ Der stille Norden

Auf schotterigen Pfaden lernt man in 3 bis 4 Stunden die abgelegene Bauerngegend nördlich von Kámpos kennen. Man findet dort zwei wenig besuchte Strände, aber keine Tavernen oder Brunnen.
■ 6,5 km, Höhenunterschied 145m, leicht

RGZ In Kámpos geht man, gegenüber der Hauptkirche und rechts vom Gartenlokal, die Straße aufwärts und kommt an einer 800 Jahre alten verschlossenen Dreifach-Kapelle
0.05 (li.) vorbei. Im Ortsteil **Faskíanos** gabelt sich die Straße – wir wandern links steil hinauf, bis die Straße bei den letzten Häusern nach rechts schwenkt [1]. Dort geht man auf einem Pfad horizontal *geradeaus* und passiert ein Gatter. Schon außerhalb der Ortschaft liegt links ein Ziegenpferch, rechts oben steht ein Windmühlenstumpf.

Ein Saumpfad läuft nach links am Hang entlang und am
0.25 Auslauf des Hügels hinab auf einen **Feldweg.** Er führt nach rechts durch eine Senke und hinauf in den Weiler **Ágios Nikoláos Evdilou** [2]. Es ist ein sehr alter Ort; Abt Christódoulos, der Erbauer des Johannesklosters, hat sich während des Baus damals hierher zurückgezogen, um dem Baulärm zu entgehen.

Auf der Straße wendet man sich rechts, verlässt sie bei einem Kakteengarten nach links, und holt im Haus mit TV-Antenne (li.) bei der freundlichen Bäuerin Katína den
0.35 Schlüssel für die 900 Jahre alte **Nikolaus-Kirche.** Diese älteste Kirche von Pátmos wurde allerdings mehrfach an- und umgebaut und zuletzt auch noch kräftig ausgemalt. Nur die Ikone des Heiligen Nikolaus ist künstlerisch wertvoll.

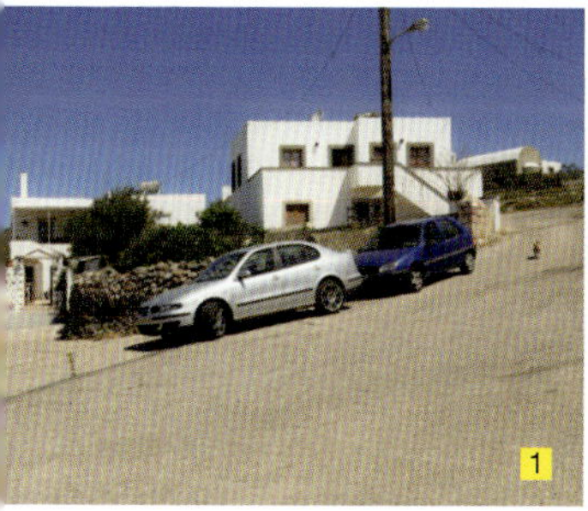
1

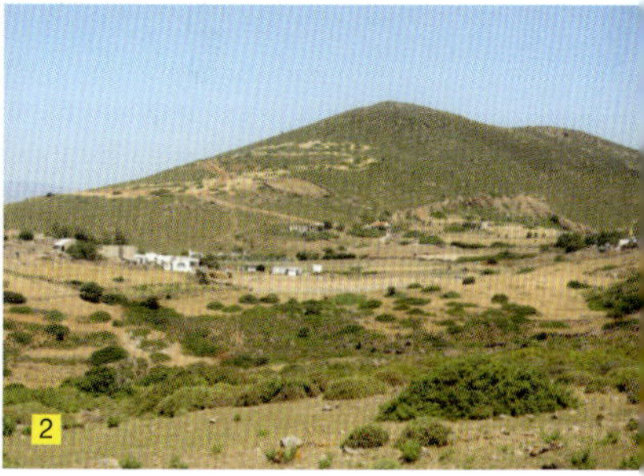
2

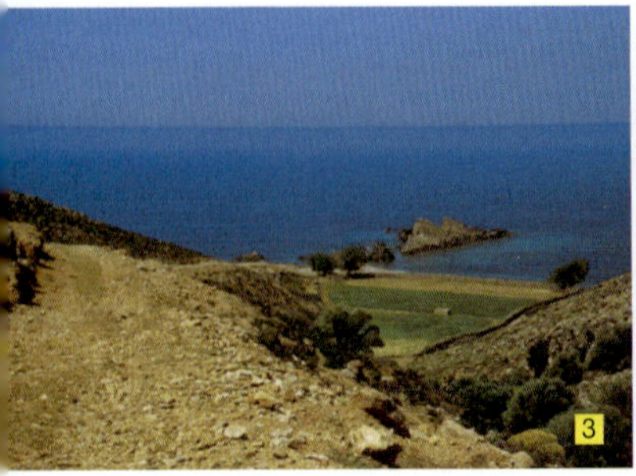

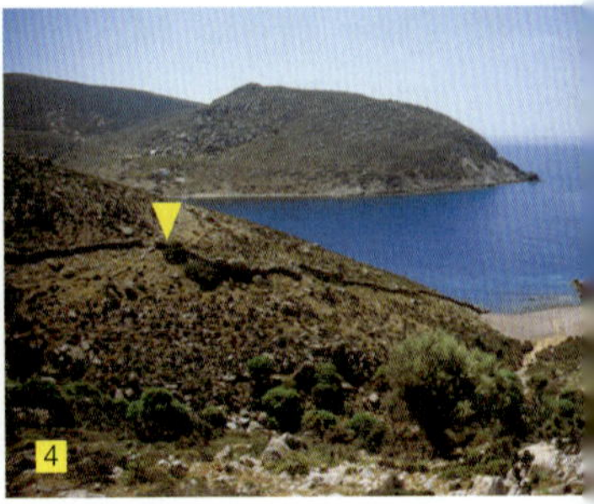

Man geht durch die intensiv bewirtschaftete Hochfläche ein Stück zurück und dann geradeaus. Will man einen Abstecher zum Schnorcheln machen, passiert man ein Gatter und wandert hinab zur kaum besuchten Kiesbucht Megálo Mirsíni ③.

Andernfalls wendet man sich unterhalb bzw. vor dem
0.40 größeren Bauernhof (li.) auf dem **Fahrweg** nach links. An
dessen Ende passiert man ein breites Gatter und nach einem ummauerten Feld ein Türchen. Dahinter führt ein anfangs undeutlicher Pfad abwärts – etwas rechts von einer Weidemauer. Im Graben läuft der Pfad auf der gegenüberliegenden Seite weiter, führt zu einem Durchlass
④ oberhalb des Strandes von Mikró Mirsíni und folgt der
1.05 Küstenlinie. Am Sandstrand von **Lévkes** spendet eine
Reihe von Tamarisken kühlen Schatten, im Sommer gibt es im Kiosk kühle Getränke.

In Strandmitte führt ein Fahrweg landeinwärts. Das rechts stehende hochherrschaftliche Wohnhaus hat ein wohlhabender Patmier 1929 für seine junge Frau erbaut. Nach ihrem frühen Tod wurde es nicht mehr genutzt und wurde erst vor kurzem renoviert. Der Sandweg führt später als Asphaltsträßchen weiter durch die bäuerliche Küstenebene von Lévkes. Nachdem man unterhalb der Kapelle Ágios Gerásimos (li.) entlang gegangen ist, passiert man eine Häusergruppe (li.). Nach 100m führt gegenüber einer Einfahrt
1.30 (re.) links ein **Pfad** (**P1:** N37°20,919'/E26°33,227') abwärts,
1.35 über ein Brückchen und zur **Straße** hinauf. Links ist schnell
wieder **Kámpos** erreicht.

Alternativ dazu könnte man nach rechts in zehn Minuten nach **Agriolivádi** hinabschlendern, baden, einkehren und mit ⑬ den Tag beschließen.

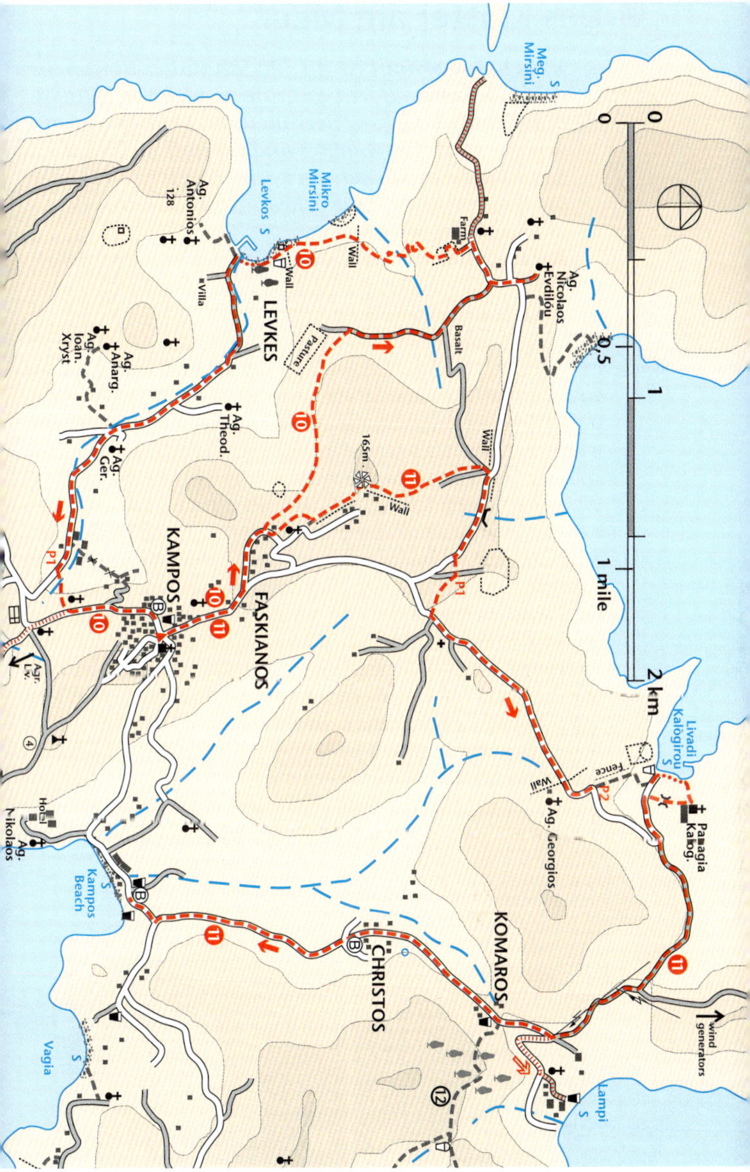

Meg. Mirsini
Mikro Mirsini
Levkos
LEVKES
KAMPOS
FASKIANOS
CHRISTOS
KOMAROS
Livadi Kalogirou
Lampi
Vagia
Kampos Beach
Ag. Antonios
128
Ag. Nicolaos Evdilou
Ag. Theod.
Ag. Ger.
Ag. Anarg.
Ag. Ioan. Xryst
Ag. Georgios
Panagia Kalog.
Ag. Nikolaos
Hotel
Villa
Farm
Wall
Pasture
Basalt
Fence
165 m
wind generators
0
0,5
1
2 km
1 mile

⑪ Das Kloster am Meer

Nahezu unbekannt ist ein 300 Jahre altes Kloster an der St.-Nikolaus-Bucht, ganz im Norden von Pátmos. Eine Rundwanderung dorthin dauert knapp 3 Stunden. Sie startet in Kámpos und verläuft meist auf Saumpfaden und Feldwegen, eine Viertelstunde lang auch auf Asphalt. Eine beliebte Strandtaverne liegt an der Bucht von Lámpi.
■ 9 km, Höhenunterschied 165m, leicht bis moderat

▷ *Karte siehe vorige Seite*

RGZ In **Kámpos** geht man gegenüber der **Hauptkirche**, rechts
0.00 vom Gartenlokal, die Straße aufwärts. Im Ortsteil **Faskíanos** gabelt sich die Straße – wir wandern links steil aufwärts, bis die Straße bei den letzten Häusern nach rechts abbiegt. (Hier beginnt die Wanderung 10, 1 S. 51).
Wir gehen hier noch weitere 50m bergan und finden unterhalb einer Kapelle 1 einen Trampelpfad. Etwas undeutlich
0.20 führt er, links von Mauern, hinauf zum **Windmühlenstumpf.** Der Ausblick von hier nach Westen und Norden ist fantastisch: Ganz links schwimmen Náxos und Mýkonos; im Norden reihen sich Ikaría, Foúrni und Sámos auf.
Links von Grundstücksmauern wandert man einen Pfad abwärts und kommt nach einem Linksbogen neben ausgewaschenen Fahrspuren zur Straße. Ihr folgt man nach rechts und findet nach etwa vier Minuten einen Wasserdurchlass und 80m dahinter eine kleine halbrunde Steinwand 2. Dort verlässt man die Straße schräg links abwärts
0.35 und quert dann einen **Feldweg** (**P1:** N37°21,766'/E26°

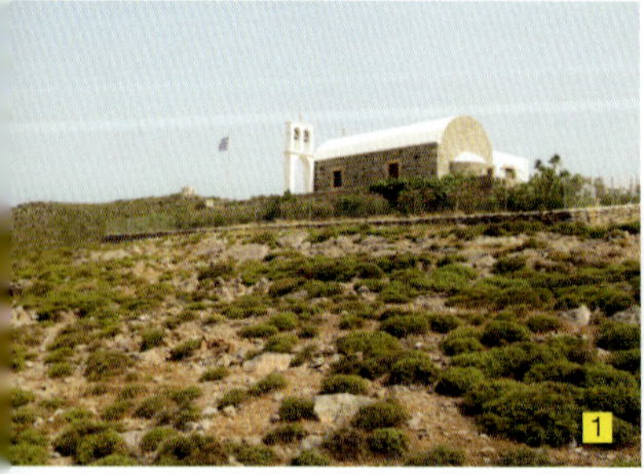

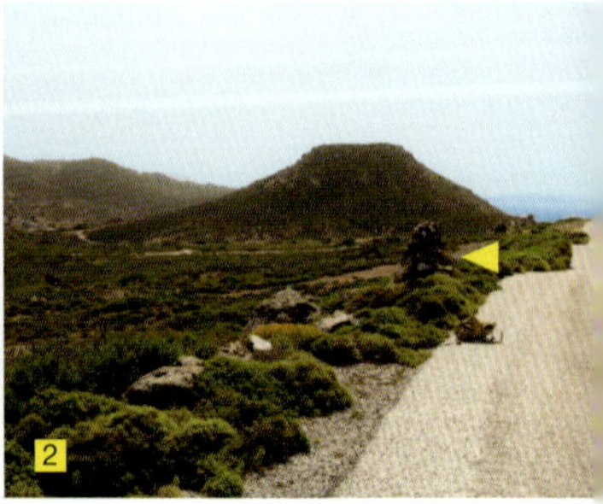

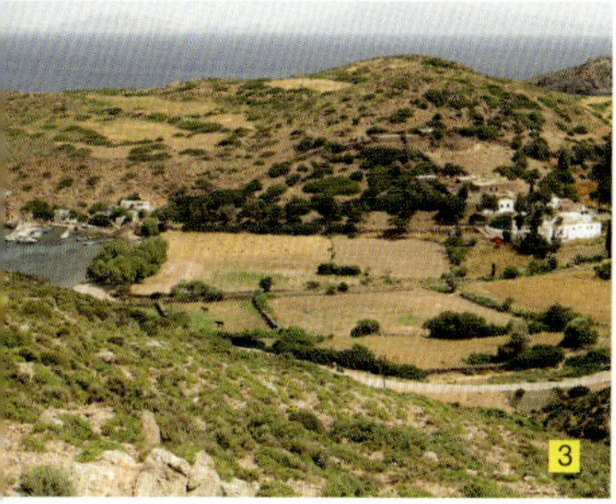

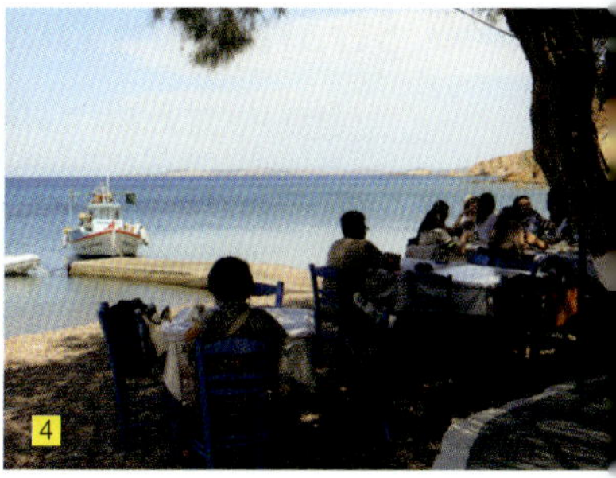

33,203'), von dem aus ein Saumpfad in Richtung eines Tafelberges führt. Durch knöchelhohe Phrýgana führt er zur Straße, der man abwärts folgt. Nach einer knappen Viertelstunde durchschreitet man bei der flachgedeckten Georgs-
0.55 kapelle (re.) eine Feldmauer. In einer **Rechtskurve** weiter unten sieht man hinab nach Livádi Kalogiron mit Klostergebäude, Fischerhafen und Feldern ③. Hier (**P2:** N37°22,038'/E26°33,763') führt ein Saumpfad fast parallel zu einem Stahlmattenzaun (li.) abwärts. Kurz vor der Strandhütte verlässt man den Zaun und steigt hinab zur Fahrstraße. In der Saison ist die urige Hütte bewirtschaftet. Der Strand mit seinen großen schwarzen Basaltsteinen ist zwar einsam, jedoch nicht sehr attraktiv. Vom Fischerha-
1.05 fen führt ein Pfad zum **Kloster Panagía Kalogiron.**

Das Marienkloster wurde um 1700 von Mönchen vom Berg Athos gegründet. Die (verschlossene) Kirche und die Arkaden der Mönchszellen bilden ein romantisches Ensemble, das von einer Bauernfamilie bewirtschaftet wird.

Vor dem Kloster geht man landeinwärts auf einem Pfad über eine kleine Brücke und wieder zur Fahrstraße. Diese geht man links hinauf bis in die Rechtskurve, in der man links in den breiten Fahrweg abbiegt. Links liegen die Klosterfelder über dem Meer, aus dem sich Foúrni und Sámos
1.20 erheben. Die spätere **Linksabzweigung** zu den Windrädern interessiert uns nicht. Wenn man die Straße erreicht, hat man die Wahl: Entweder macht man einen Abstecher zum Strand von Lámpi (5 Min.) mit seinen bunten Kieselsteinen und dem wunderbaren Strandlokal ④, oder man geht direkt rechts über den Sattel (Fischrestaurant Leoni-
1.40 das in Komáros) und hinab zum **Kámpos Beach.** Dort gibt es ebenfalls Lokale; vor allem aber den Bus um 16.30 Uhr.

⓬ Strände im Dutzend

Wer diese 5- bis 6-stündige Wanderung zu den schönsten Stränden von Pátmos unternimmt, sollte sich im Gelände orientieren können. Sie führt an der Ostküste auf einsamen Trampelpfaden durch die Phrýgana. Als Belohnung gibt's hinterher an der großen Bucht von Kámpos ein Dutzend Strände und drei Tavernen.

■ ***8,5 km, Höhenunterschied 135m, schwer***

RGZ Der Bus von Skála nach Kámpos fährt bis **Christós.** Hier
0.00 geht man auf der Straße aufwärts. Im Sattel liegt
Koumáros, das den Blick auf die Bucht von Lámpi frei-
0.10 gibt. Beim letzten Haus rechts, der **Gartentaverne** »O
Leonidas«, biegt man nach rechts von der Straße ab und
!! geht *nach 50m nochmals rechts* pfadlos aufwärts. Vor ei-
nem Zaun folgt man dem Pfad nach links. Unter niedri-
0.15 gen Bäumen gelangt man in einen **Sattel.** 200m nach ei-
nem Türchen gelangt man auf ein Plateau mit einer
0.20 unterirdischen **Zisterne.** Im Südosten liegt der neue Stau-
see.

Von der Zisterne aus schlängeln sich mehrere Spuren nach links bergan und vereinen sich weiter oben über der Steinhütte neben einem Felsen zu einem breiteren Pfad.
0.25 Man ist allein unter Ziegen. Vom **Bergrücken** aus (**P1:**
N37°21,749'/E26°34,871', 135m) überblickt man die offene See und nimmt wie ein Admiral die Parade seiner Flotte ab: an Backbord das steile Ikaría, davor der zerklüftete Fourní-Archipel und weiter hinten das bergige Sámos mit dem 1.440m hohen Kérkis. Rechts im Hintergrund breitet

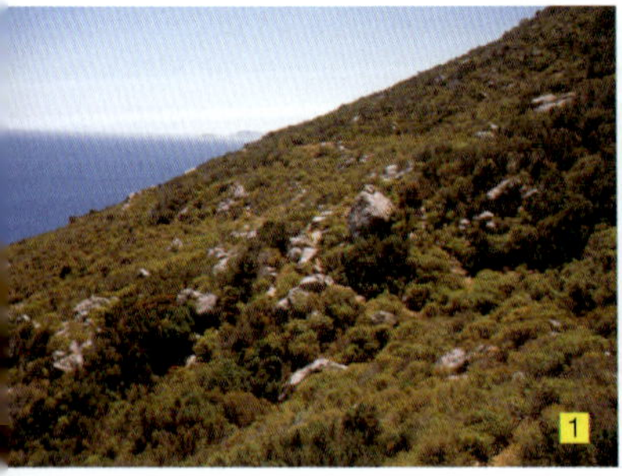

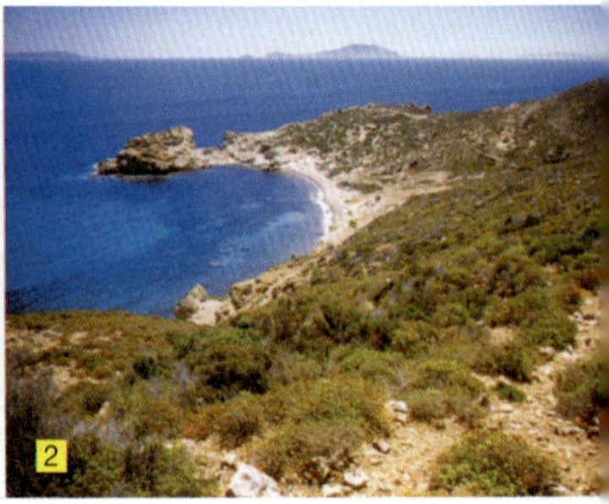

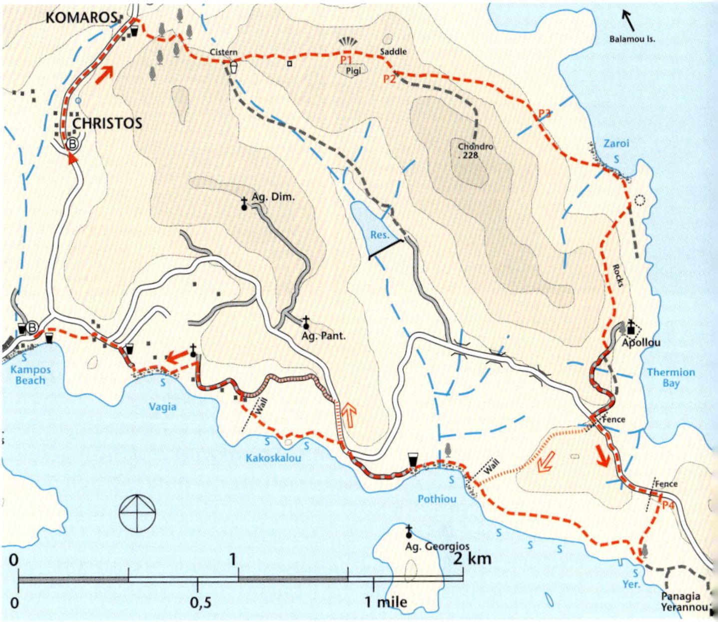

sich das asiatische Festland aus. Hinter dem nächsten Sat-
!! tel folgt der Rest der Flotte: Arkí und Lipsí.
0.35 Etwa 100m nach dem Sattel ***teilt*** *sich der Pfad* zwischen
★ zwei Steinpyramiden (**P2:** N37°21,707'/E26°35,166).
Rechts geht's zum Chondro hinauf – wir wandern gemächlich nach links abwärts. Es folgt dichte Phrýgana [1], durch die jedoch viele Steinmännchen hindurchleiten. Hat man die Balamou-Halbinsel mit den drei vorgelager-
0.50 ten Inselchen passiert, durchquert man eine **Geländerin-**
1.00 **ne** (**P3:** N37°21,567'/E26°35,588') und erreicht die **Zaroi-Bucht** [2].

Nach dem verdienten Bad steigt man hinauf zum Kreuz auf dem nächsten Hügel, sieht links einen ummauerten Ziegenpferch und rechts über dem Meer steile Felsen und
↙ einen Pfad – nichts für Leute mit Höhenangst! Man kann ihn umgehen, indem man weiterhin rechts in der Direttissima aufwärts steigt und oberhalb der Felsnadeln zur Linken in Hangmitte einen angenehmen Pfad nach Süden findet. Links unterhalb öffnet sich der Blick hinab

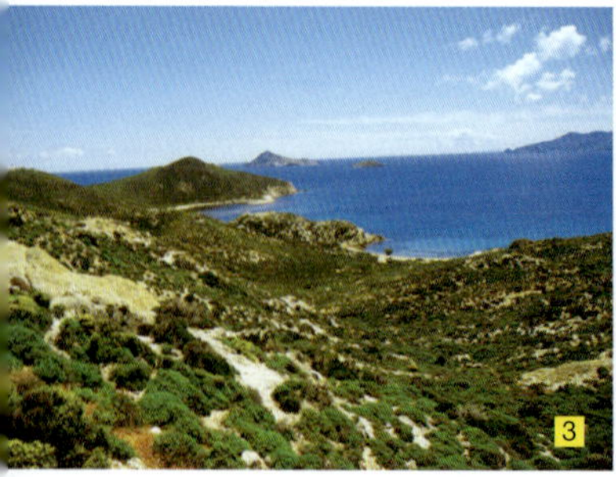

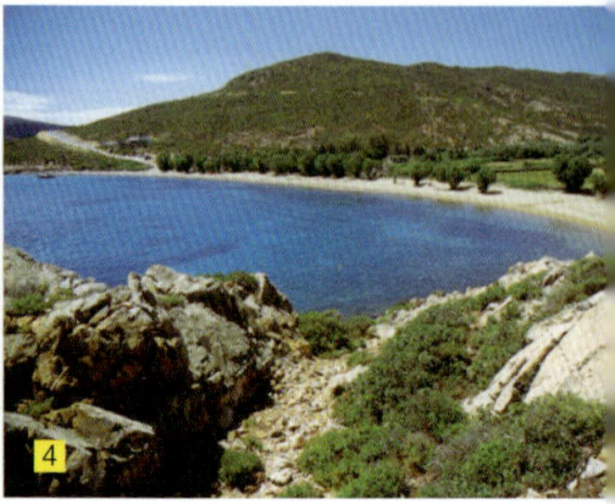

zum nicht zugänglichen Kloster Apollou an der Ther-
1.25 mion-Bucht. Der Pfad erreicht den **Fahrweg** und dieser
bald die Straße.

Abkürzung: Man kann hier den Zaun übersteigen und links von der Senke zum **Strand von Pothioú** gehen.

Auf der Straße geht man nach links, durchschreitet ein breites offenes Tor und nach vier Minuten ein zweites. Nach 150m (**P4:** N37°20,700'/E26°35,938') sieht man auf einem Hügel die Marienkirche Panagía Yerannoú und rechts darunter zwei Badebuchten 3. Pfadlos geht es rechts hinab zum kleinen Strand mit Baum oder noch
1.50 weiter zum **Badestrand von Yerannoú.**

Für den Rückweg wendet man sich nach Westen, passiert
nochmals den kleineren Strand und nimmt oberhalb der
1.55 Felsen einen Küstenpfad, der später durch ein **Gatter**
führt. Mehrere kleine Strände stehen noch zur Wahl, bevor man zur großen Bucht von Pothioú 4 kommt. Tamarisken bieten den Besuchern Schatten, die nach dem Bad
2.15 auch gerne noch in der **Strandtaverne** sitzen.

Der Strandläufer entdeckt oben an der Straßeneinmündung nach 20m einen Pfad links hinunter zu zwei sehr schönen Buchten bei einem Felsrücken. (Hinter der zweiten Bucht stehen Ferienhäuser, die möglicherweise den Weg versperren und umgangen werden müssen.) Oberhalb davon, beim Haus am Fahrweg, folgt man dem Pfad
in die nächste Bucht hinab. Vor dem Gatter geht man links
2.35 zum **Strand von Vagiá**, an dessen Ende aufwärts und links
von der schönen Feierabendtaverne hinauf zur Straße.
Dort dann links und beim letzten Haus auf einem schma-
2.45 len Pfad links hinab nach **Kámpos Beach.** Dort gibt es
Sand, Cocktails und – bis 16.30 Uhr – den Bus nach Skála.

⑬ Klosterblick

Die 3-stündige Küstenwanderung führt an drei großen Sandstränden und zwei winzigen Buchten vorbei, immer mit Blick auf das Johanneskloster. Badesachen sind notwendig – Picknicksachen nicht unbedingt, da es schöne Tavernen gibt.
■ 7,5 km, Höhenunterschied 100m, leicht

RGZ In **Kámpos** versammelt sich am Dorfplatz alles Wichtige:
0.00 Kirche, Kiosk und Tavernen. Rechts vom Glockenträger
der Evangelístra-Kirche geht es in die Gasse hinein und
auf Höhe der Kirchenapsis rechts aufwärts. Beim Parkplatz
wandert man nach drei Minuten ansteigend rechts aus
0.07 dem Dorf hinaus. Von der grauen **Hügelkapelle** aus sieht
man erstmals das Johanneskloster und im unendlichen
★ Blau die Inseln Lipsí (links) und Léros ①. Vorbei an einem
0.10 **Gehöft** (re.) führt unser Fahrweg hinab zu einer Mauer,
0.15 hinter der sich ein **Stall** duckt (**P1:** N37°20,700'/E26°
33,872').

Auf einem Schotterweg steuert man die nächste Bucht an,
die Insel mit der Kapelle der Heiligen Thekla zur Linken.
0.30 Am Ende führt ein Pfad zum **Sandstrand von Agriolivá-
di**, dem schönsten der Tour ②. Unter den Sonnenschir-
men ist zu sehen, was andere heute so machen. Am Sü-
dende des Strandes führt ein etwas zugewachsener Pfad
zur Straße, auf der man zwischen vornehmen Ferienhäu-
sern links aufwärts spaziert. Bei der Kurve folgt man auf
0.40 einem Fahrweg links dem **Schild ΓΛΑΡΟΣ** und findet kurz
danach links ein feines Lokal.

Eine Fischerfamilie betreibt im 200 Jahre alten Famili-

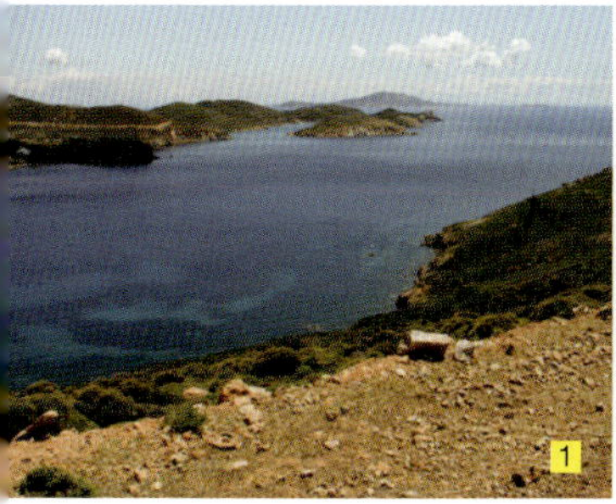

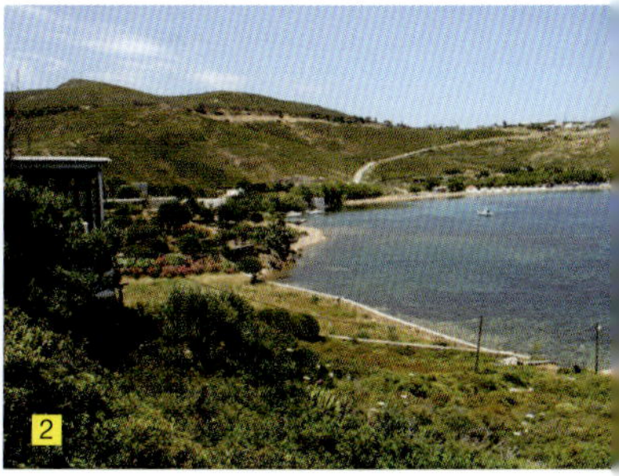

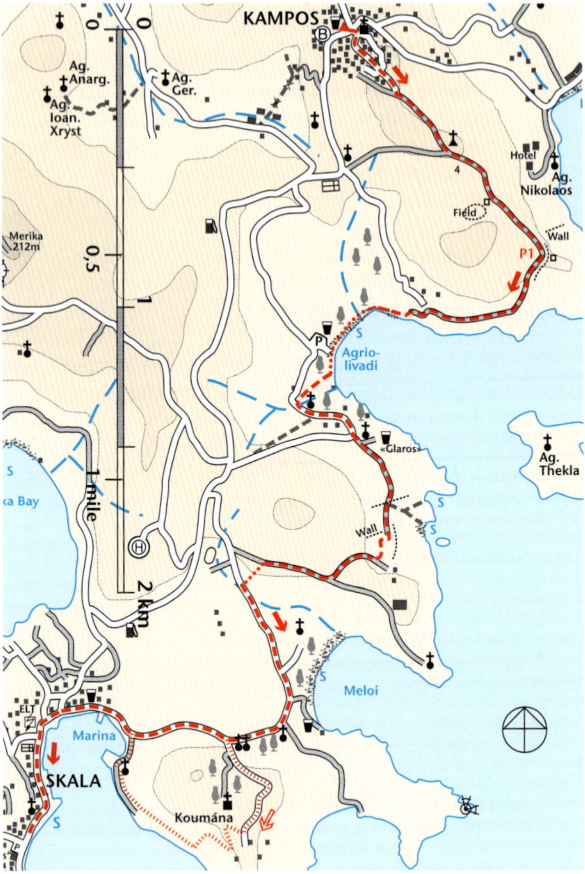

enbesitz die urgemütliche Taverne »Glaros«(»Möwe«) mit einer wunderbar gelegenen Terrasse 3.

Weiter aufwärts kommt man nach etwa 200m zu einem Gatter (li.). Dahinter führt ein Pfad hinab zu zwei kleinen Kiesstränden, die man oft für sich alleine hat.

Der Schotterweg steigt weiterhin leicht an. Am Anfang einer Feldmauer beginnt rechts ein Pfad, der den zugewach-
0.50 senen Fahrweg umgeht. Oben im **Sattel** gelangt man auf einen Fahrweg. Man passiert eine abschreckende Grundstückszufahrt, geht oberhalb eines riesigen Ziegengeheges

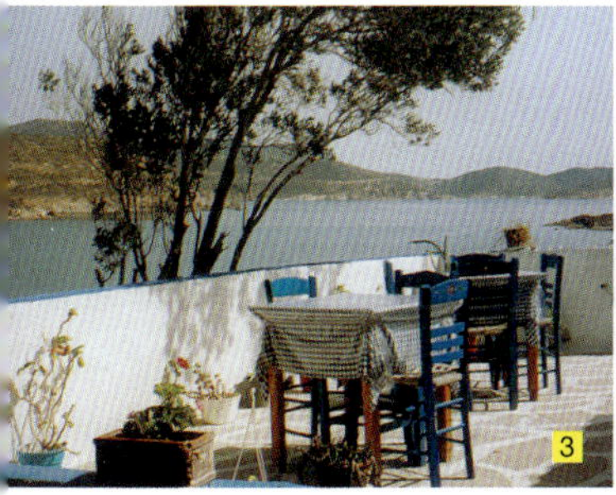

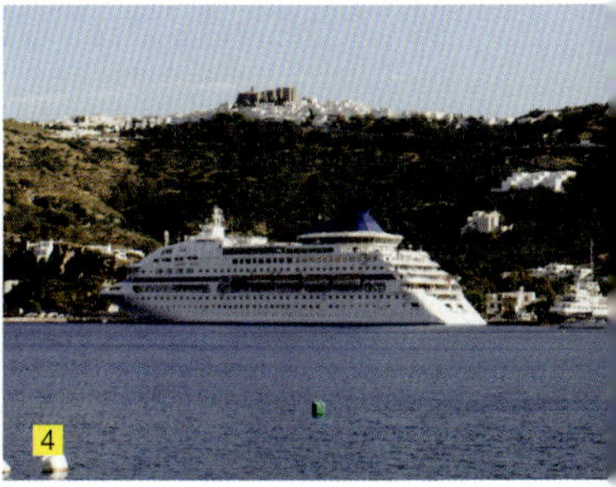

entlang und kann das letzte Stück pfadlos abschneiden,
1.05 um schneller die **Bucht von Melóï** zu erreichen. Hier findet man einen schmalen Strand mit Tamarisken – ohne Schirme. Vielleicht ist auch das Lokal unter dem Blätterdach wieder geöffnet.

Gestärkt geht's die Straße aufwärts, an der kleinen Kapelle (li.) vorbei bis zu einer Doppelkapelle. Der einfachste Weg
1.15 führt über den Hügel zum Yachthafen von **Skála.** Manchmal wird der Blick allerdings getrübt [4]. Dann bleibt man besser noch auf ein Gläschen …

Alternative: Man könnte von der Doppelkapelle den Betonweg nach links nehmen und nochmals das Panorama von Chóra und Skála genießen. Am Ende der Straße führt
!! ein Tor nach rechts abwärts in freies Gelände. *Es ist aber manchmal verschlossen!*
1.20 Hinter dem Tor geht es rechts auf einem **halb zugewachsenen Weg** in weiten Bögen abwärts auf einen Pfad, an dessen Ende man eine Mauer übersteigen muss. Am Wasser entlang schlendert sich's, vorbei an Bootswerften und
1.40 Yachten, angenehm nach **Skála.**

⑭ Abends auf der Akropolis

Auf einem 1½-stündigen Abendspaziergang wollen wir die antike Akropolis oberhalb von Skála besuchen. Im wundervollen Garten der Konstantinskapelle kann man es gut bis zum Sonnenuntergang aushalten, wenn man etwas zum Trinken dabei hat.
■ 3 km, Höhenunterschied 150m, leicht

RGZ In **Skála** geht man rechts vom **Parkplatz** beim Hotel
0.00 »Chris« aufwärts, wendet sich nach 150m rechts in einen
Betonweg und steigt danach Stufen hinauf. Der Weg folgt
der Markierung »3« und führt an einer langen Garten-
0.06 mauer (li.) entlang hinauf zu einer **Straße.** Oberhalb von
Skála, geht es dort nach links.
Bei der Mauer vor einer Parkbucht steigt man rechts einen
fünf Meter breiten Streifen am Zaun entlang bergan und
!! überquert einen Pfad. Hinter dem genau *gegenüberliegen-*
0.10 *den* **Mauerdurchgang** (nicht dem linken!) (**P1:** N37°
19,632'/E26°32,332') findet man einen Trampelpfad, der,
nach einem weiteren Durchgang, zwischen zwei Häusern
hindurch führt. Dahinter wandert man pfadlos auf den
Kastelli-Hügel zu, wo man bereits drei Mauern aus riesi-
gen Basaltquadern sieht. Unterhalb davon führt unser
0.15 Pfad an einer **Gabelung** nach rechts.

Funde von Geräten und Werkzeugen belegen, dass der ***Kastelli-Hügel*** *von der Bronzezeit bis in die römische Zeit besiedelt war. Die noch sichtbaren Befestigungen der Akropolis stammen aus dem 4. und 3. vorchristlichen Jahrhundert. Eine Stadt von geschätzt 10.000 Einwohnern schmiegte sich unterhalb an.*

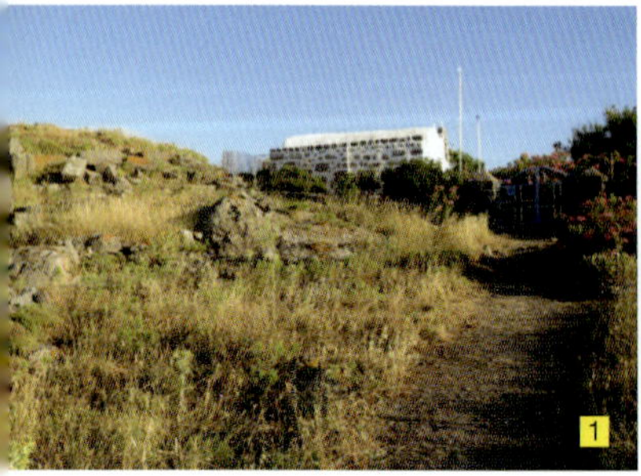

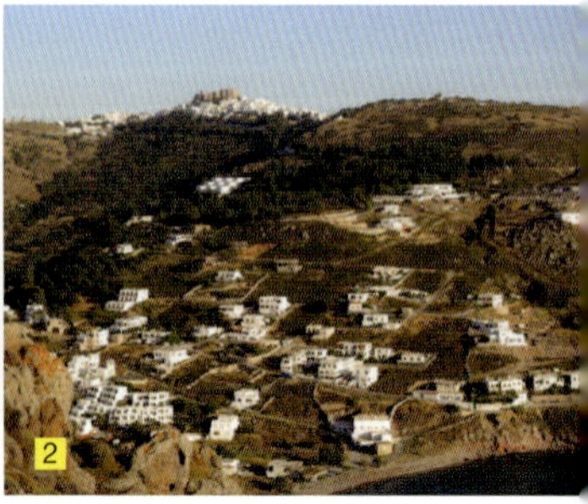

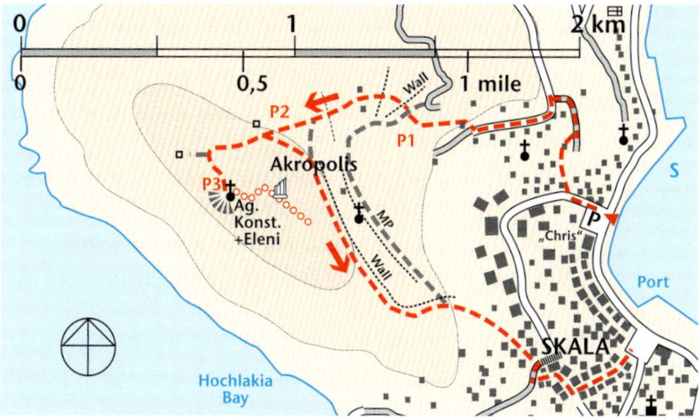

Der Pfad führt zwischen einem Ziegenpferch (re.) und einer eingezäunten Kiefer hindurch (**P2:** N37°19,607'/E26° 32,150'). Bis hierher kommt man später zurück. Oberhalb des Pferches geht es etwas steiler weiter und vor einer
0.20 Feldmauer links zur **Kapelle des Hl. Konstantin** und seiner Frau, der Hl. Erini [1] (**P3:** N37°19,527'/E26°32,127', 150m). Der kleine Vorplatz mit Bank ist in einen Garten mit Oleander und Kakteen eingebettet und bietet einen prachtvollen Ausblick in die untergehende Sonne, ebenso wie auf das Johanneskloster [2]. Auf der anderen Seite, hinter dem Antennenberg, erhebt sich auf Sámos der *Kérkis*. Links davon schwimmen der Fóurni-Archipel und Ikaría. Weiter hinten warten Mýkonos und Náxos auf uns ...
Hinter der Kapelle steht das sechsstufige Tor der antiken Stadt. Hier könnte man den (pfadlosen) Rückweg beginnen. Er ist in der Dämmerung aber etwas schwierig zu gehen.
Man geht besser zurück zum Ziegenpferch (**P2**) und dort jetzt aber auf einem anfangs undeutlichen Pfad horizontal geradeaus. Er führt rechts von Feldmauern hinunter
0.45 nach **Skála.**

▷ Müde Wandererbeine könnte man beim »**Fischdoktor**« kurieren. Er befindet sich rechts an der Iatrou Nik. Tiliakou Str., schräg gegenüber der EOT-Telefongesellschaft. Man sitzt gemütlich auf Bänken, hängt die Beine ins Wasser, wo winzige, zahnlose Saugbarben an der Haut saugen und sie peelen.

⑮ Die Höhle der Offenbarung

Diese knapp 2-stündige Wanderung von Skála nach Gríkos verläuft großenteils auf Kalderímia, alten Pflasterwegen. Von der Höhle, in der der Apostel Johannes seine Offenbarung erlebte, führt der Weg in den mittelalterlichen Hauptort, die Chóra. Dort gibt es Tavernen, ebenso am Zielpunkt.
■ 8 km, Höhenunterschied 210m, moderat

RGZ In **Skála** marschiert man beim venezianisierenden italie-
0.00 nischen **Hafengebäude** landeinwärts, lässt zwei Plätze rechts liegen und kommt auf der Tiliakos-Gasse in einem weiten Rechtsbogen am OTE-Telefongebäude (li.) vorbei. 100m danach geht es an der Gabelung bei der Ouzerie links und nach einer kleinen Brücke links hinauf zur
0.07 **Hauptstraße.** Dort steht ein Elektroverteiler auf zwei Holzmasten. Gegenüber beginnt der alte Weg zur Chóra. Von diesem Weg zweigt später, 50m vor der Straße, ein
0.10 schmaler **Pfad** nach links ab, auf dem man durch einen
0.15 Kiefernwald zum verschachtelten **Kloster der Apokalypse** (17. Jh.) gelangt, das über der Höhle errichtet wurde.

★ *Viele Stufen führen hinab zur **Höhle der Apokalypse**, die morgens geöffnet ist. Es handelt sich um zwei Kapellen, wobei die rechte der Ort sein soll, an dem Johannes Theologikos seine Vision vom Ende der Welt hatte, die er seinem Jünger diktierte. Dies ist in der Ikonostase dargestellt. Aus der durch Risse dreigeteilten Decke – Symbol der Dreieinigkeit – drang die Stimme Gottes zu Johannes. In den silberumrahmten Nischen ruhten sein Haupt und seine Hand.*

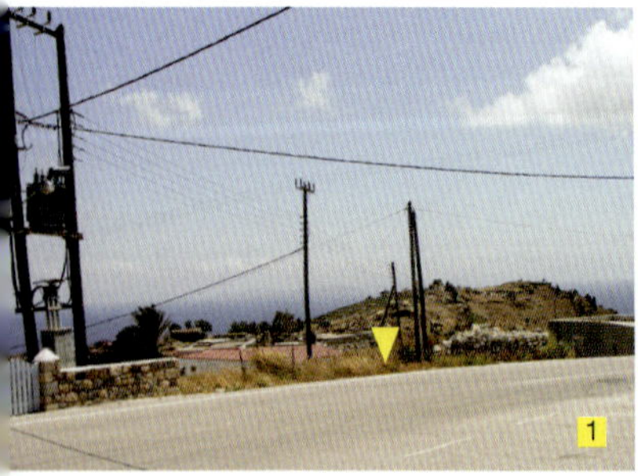
1

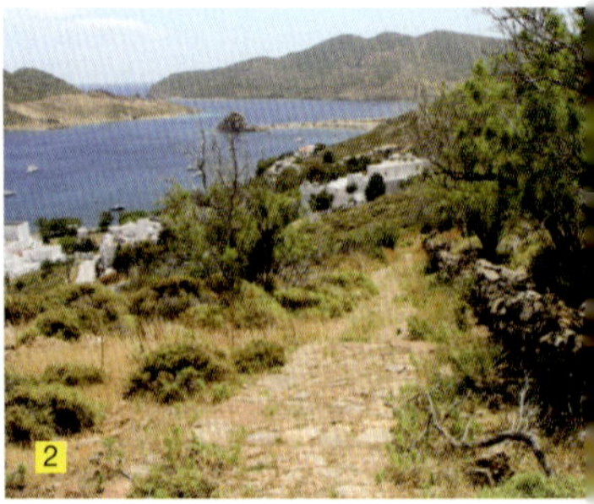
2

Dass es sich um den Apostel Johannes gehandelt hat, wird angezweifelt, da dieser etwa 100 Jahre alt gewesen sein müsste. Daher wird er Johannes »der Theologe« genannt.

Vor dem Klostergebäude steigt man die Treppe zum terrassierten Patmiada-Priesterseminar (1969) hinauf und geht rechts davon eine breite Treppe weiter aufwärts. Man trifft wieder auf das Kalderími und wendet sich links. Nachdem die Straße überquert ist, gelangt man nach einer breiten Rampe ins mittelalterliche Häusergewirr der Chóra, einem Weltkulturerbe. Über fast allen Hauseingängen sieht man ein griechisches Kreuz. Man behält die Richtung bei und
0.30 findet oberhalb der breiten Gasse das **Johanneskloster.**

In der Antike stand hier ein ionischer Artemistempel, der zuerst im 4.Jh.n.Chr. und dann um 1100 überbaut wurde. Weitere Ergänzungen gab es bis ins 20. Jahrhundert. Bezaubernd sind vor allem die Kirche mit »spätbarocker« kretischer Altarwand und Johannes-Ikone sowie der Kirchenschatz und der malerische Innenhof. Diese Hauptsehenswürdigkeit von Pátmos ist täglich bis 13.30 und an drei Nachmittagen ab 16.00 Uhr geöffnet.

Auf der breiten Gasse geht man in südöstlicher Richtung und beim Café *Myloi* (li.) nach rechts aufwärts. Gegenüber einer Kapelle (re.) könnte man im *Nikolaidis Mansion* das Innere eines typischen Hauses erkunden. Danach zieht man in der selben Richtung weiter und lässt dabei die drei Windmühlen in einigem Abstand links liegen.

Auf der anderen Seite der Hauptstraße wandert man ge-
0.35 genüber einem **dreieckigen Parkplatz** (**P1:** N37°18,444'/ E26°33,115', 180m) 1 auf einem abwärts führenden Betonweg sofort nach links, an einer Kapelle (li.) und an zwei Rechtsabzweigungen vorbei. Es folgt der mit »4« markierte schöne alte Pfad abwärts 2. Man erreicht die Straße oberhalb von **Gríkos.** Halblinks gegenüber führt
0.50 ein Sträßchen hinab ans **Wasser.**

Neben dem großen Hotel *Akta* gibt's eine Taverne, rechts liegen die schönen Strände von Petra. Hinter dem Hotel fährt um 16 und 18 Uhr der Bus ab.

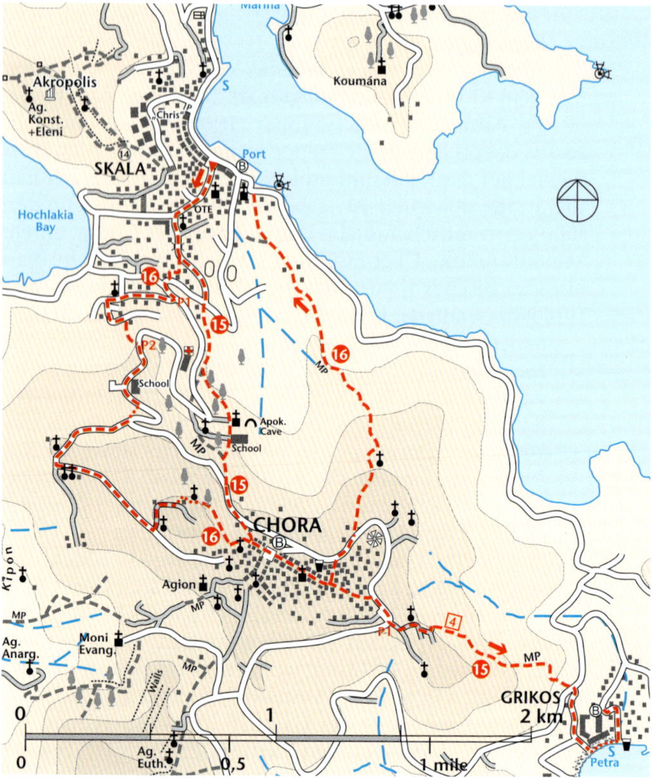

▷ Der Deutsch-Grieche Johannes Gaitanides (1909 – 1988) lebte ab 1917 in München und war dort als Publizist und Rundfunkkommentator tätig. Er schrieb mehrere **Bücher über Griechenland**, wovon *»Das Inselmeer der Griechen«* (ISBN 3-89405-227-9, München 2004) sich speziell mit den Inseln der Ägäis befasst. Sein bekanntestes Werk, *»Griechenland ohne Säulen«* (ISBN 3-471-77656-7, München 1990) gilt als Standardwerk über Griechenland und ist antiquarisch erhältlich.

⑯ Hinauf in die Chóra

Die mittelalterliche, byzantinische Chóra, die Inselhauptstadt, wollen wir auf dieser knapp 3-stündigen Rundwanderung besuchen. Sie führt auf Nebensträßchen hinauf zur Chóra und auf einem Kalderími wieder hinab nach Skála.

■ *6 km, Höhenunterschied 210m, mittelschwer*

▷ *Karte siehe vorige Seite*

RGZ In **Skála** marschiert man rechts vom italienischen **Hafen-**
0.00 **gebäude** (1930) landeinwärts, lässt zwei Plätze rechts liegen und kommt auf der Tiliakos-Gasse in einem weiten Rechtsbogen am OTE-Telefongebäude (li.) vorbei. 100m danach geht es an der Gabelung bei der Ouzerie links. Nach einer schönen alten Kapelle (li.) und 30m hinter ei-
0.05 ner kleinen Brücke steigt man rechts den **Treppenweg** 1 hinauf. Bei einer Gabelung geht es links auf vielen Stufen weiter, dann horizontal nach rechts. Weitere Stufen führen links hinauf zur Straße. Dieser folgt man nach rechts durch eine Linkskehre und stößt nach 60m auf das
0.10 **Ortsschild.**
Beim Schild zu den Bellair-Studios (**P1:** N37°19,116'/E26°32,529') geht es steil nach rechts hinauf. Nach 300m steht rechts eine Kapelle, 10m weiter steigt links eine Straße an. 50m nach deren Linkskurve nimmt man die Fahrspuren nach rechts, die dann auf der Hauptstraße landen (**P2:** N37°19,029'/E26°32,411, 105m).
0.20 Man geht rechts und kann oberhalb vom **Gymnasium** (li.), nach einem Wasserdurchlauf, die Straßenserpentine

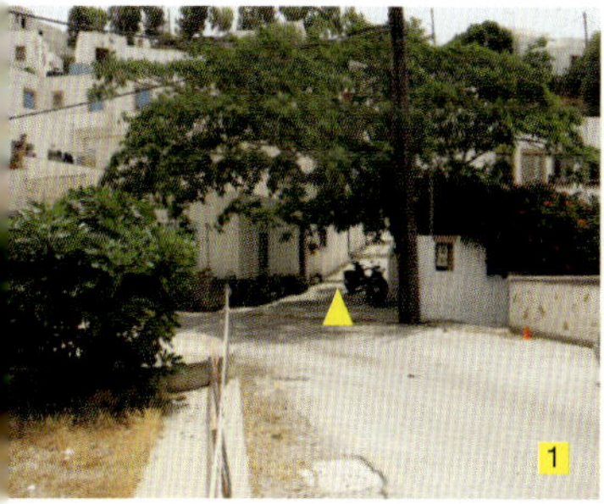

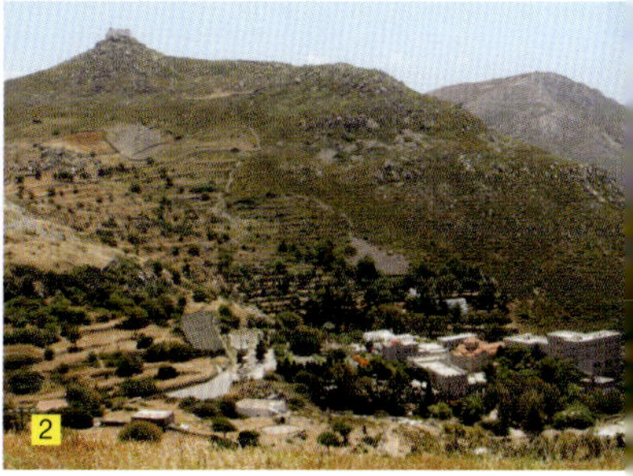

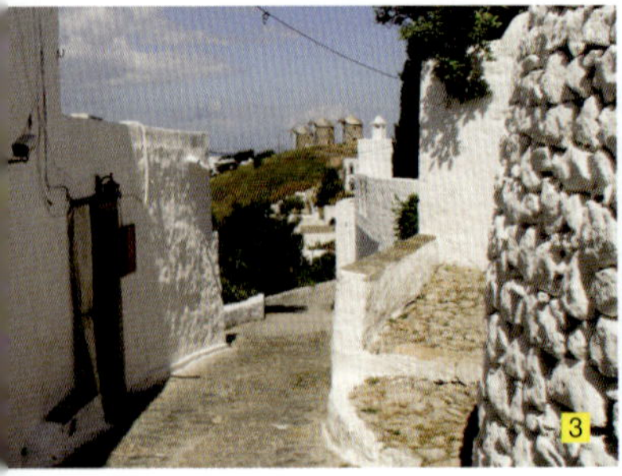

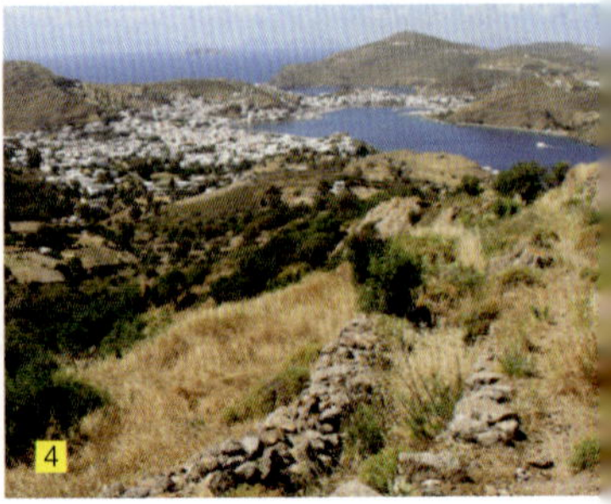

pfadlos abschneiden. Oben verlässt man die Hauptstraße
0.30 nach rechts Richtung »Panagiá«. Vor **zwei Kapellen** nehmen wir uns das Sträßchen nach links hinauf vor. Rechts liegt die weite Küstensenke, die vom Evangelismós-Nonnenkloster beherrscht wird. Darüber erhebt sich der höchste Punkt von Pátmos, der Profítis Elías ②.

Weiter oben wandern wir bei der Abzweigung vor einer Kapelle nach links. Nach einem Rechtsbogen verlassen wir vor einem Haus (li.) den Fahrweg nach links. Pfadlos geht es dann etwa 150m schräg nach rechts hinab zu einer Kapelle mit rotem Dach (s. Buchtitel). Sie ist zwar ab-
★ geschlossen, bietet aber einen grandiosen Picknickplatz mit Blick auf die Bucht von Skála und die Stadt.

0.40 Ein Pfad führt uns zur **Chóra**, die vom Johanneskloster von 1095 beherrscht wird (s.S. 65). Die Stadt ist »Weltkulturerbe« und bietet eine absolut mittelalterliche Kulisse. Wir folgen der Hauptgasse unterhalb des Johannesklosters. Beim Lokal »Myloi« (li.) führt uns eine Gasse links abwärts, von der aus man bald drei Windmühlen sieht ③.

0.45 Unten auf der **Straße** steigt man 100m nach rechts bergan und kommt zum Hinweisschild, das den Kalderími zum Hafen ④ anzeigt.

Beim Abwärtsgehen sieht man links am Hang das verschachtelte Kloster der Apokalypse und das terrassierte, moderne Priesterseminar. Fast auf Meereshöhe führt der Weg an Ferienhäusern vorbei: Eines auf der rechten Seite gehörte früher Axel C. Springer. Geht man bei der Gabe-
1.10 lung rechts, landet man am **Hafen**.

⑰ Der Berg des Propheten

Gegenüber dem schwarzen Johanneskloster der Chóra thront in Inselmitte die weiße Klosterburg des Profítis Elías. Sie ist nicht zugänglich, aber der Ausblick vom windumtosten Felsen lohnt den Aufstieg. Von dort wandert man auf alten Eselspfaden hinunter ans Meer zum Baden. Die 3- bis 4-stündige Tour ist wohl die schönste und abwechslungsreichste von Pátmos.

■ 6 km, Höhenunterschied 270m, mittelschwer

RGZ 0.00 Vom **Busparkplatz der Chóra** schlendert man die Straße geradeaus aufwärts, an der Snackbar »Galaxy« (re.) vorbei zur Platía mit einer Bronzebüste. Unser Weg führt vor dem Rathaus von 1884 geradeaus die Gasse abwärts, ebene Abzweigungen bleiben dabei unbeachtet. Auf dem Bergkegel lockt schon das Ziel.

0.05 Bei einer Gabelung vor einer nicht sofort erkennbaren **Kapelle** folgt man dem schwarzen Hinweisschild nach rechts und geht bei einem kleinen Parkplatz links und hinab in

0.10 eine Gasse [1]. Weiter unten kommt man an eine **Straße.** Auf der anderen Straßenseite, etwas rechts versetzt, steigt man Betonstufen aufwärts (**P1:** N37°18,373'/E26°32,632', 125m). Nach 50m geht man in der Rechtskurve des Pfades geradeaus in den alten, etwas zugewachsenen Fußweg.

0.15 Weiter oben führt er als Fahrweg zu **zwei Kapellen.** Die linke ist dem Heiligen Euthýmnios geweiht. In Verlängerung des bisherigen Fahrweges benutzt man dann den alten Klosterpfad.

Auf ihm steigt man höher, lässt dabei die Feldmauern

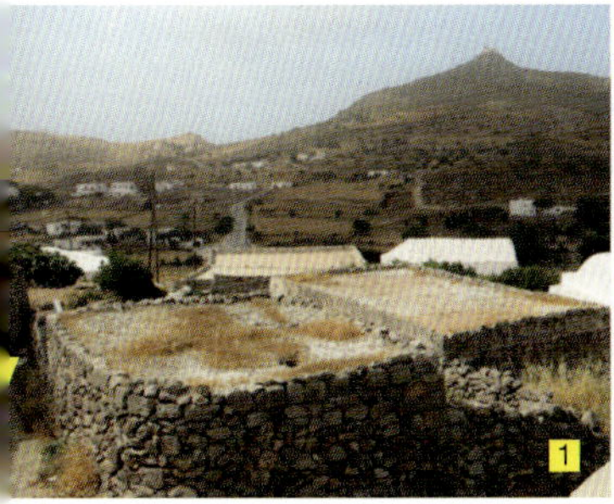

1

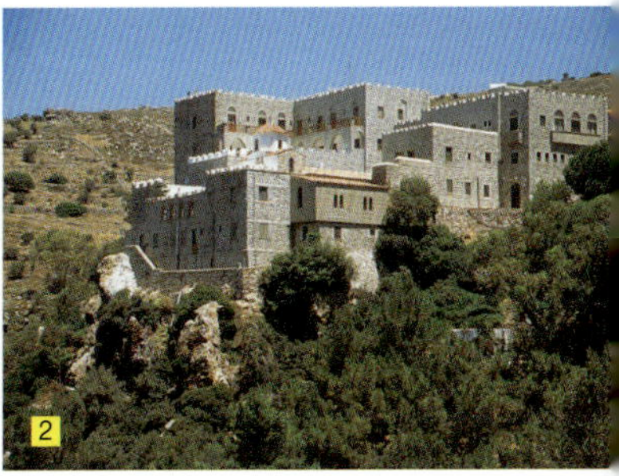

2

0.30 rechts liegen und erklimmt das **Kloster Profítis Elías.** Es ist
dem Propheten Elias, dem christlichen »Nachfolger« des
antiken Sonnengottes Helios geweiht. Zwischen schwar-
zen Lavablöcken wurde es 1764 in 269 Metern Höhe er-
baut und trotzt seither dem tosenden Wind.
Nach einer Verschnaufpause steigt man denselben Weg zu
den zwei Kapellen hinab. Dazwischen biegt man zum
Durchgang im Mäuerchen ab und schwingt pfadlos über
Terrassenwände zum Kloster hinunter.

*Das ziemlich mittelalterlich aussehende **Nonnenkloster Evangelismós** [2] wurde erst 1937 auf einer Felskante erbaut. In dezenter Kleidung kann es vormittags besichtigt werden.*

0.50 Vor der Klostermauer kreuzen wir einen **Eselspfad**, der
nach links zum Meer führt. Kiefern und Eukalyptusbäume
bieten kurzfristig Schatten. Bei einer Wegegabelung hält
man sich rechts (Markierung »5«) und gelangt zu einer
Drahttür (**P2:** N37°18,279'/E26°32,103'). Rechts zweigt
unser Pfad zum Kloster Agíi Anargiri ins Tal ab, wo eine
Bauernfamilie die Felder des Klosters bewirtschaftet. Im
Tal trifft man auf einen Feldweg, dem man zum Meer
1.10 folgt. Der bunte **Kiesstrand von Kýpos** ist meist men-
schenleer, da er mit Fahrzeugen schwer zu erreichen ist.
Nach 50m Strand führt zwischen zwei Bootsschuppen ein
mauergesäumtes Monopáti durch die wasserreiche und
fruchtbare Küstenebene landein und dann aufwärts. Nach
einer Aufweitung verengen sich die seitlichen Mauern
wieder. Bei einer Gabelung (**P3:** N37°18,446'/E26°32,218')
führt unser Pfad nach rechts und leitet wunderschön
1.30 bergan, bis er oberhalb des Klosters in einen **Fahrweg** ein-
mündet. Diesen geht man links aufwärts und freut sich,
auch noch einen echten gepflasterten Kalderími zu fin-
1.35 den. Beim **Kloster Agíon** (li., hinter der gestuften Mauer)
unter der Chóra schließt sich der Kreis wieder.

Bei *Vagelis* im östlichen Ortsteil der Chóra könnte man von der traumhaften Terrasse aus die heutige Tour nachverfolgen und begießen.

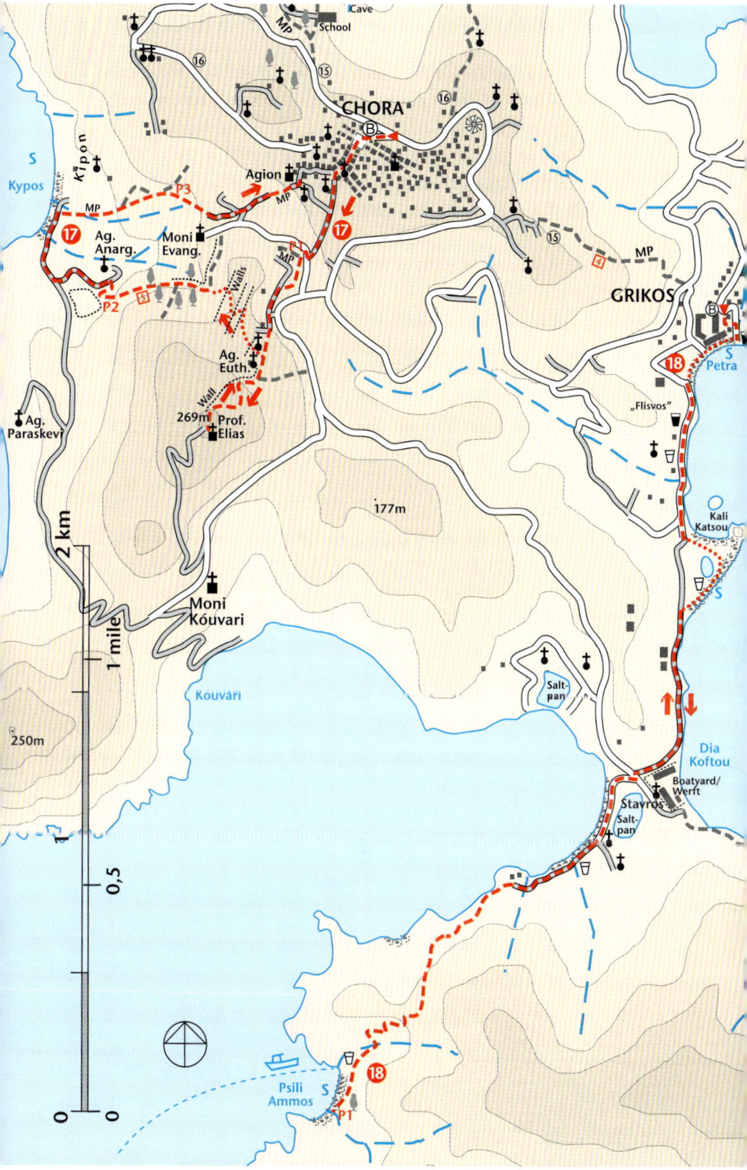

Cave
School
CHORA
Kypos
Kipon
Agion
Moni Evang.
Ag. Anarg.
P1
P2
P3
Walls
Ag. Euth.
Wall
269m
Prof. Elias
Ag. Paraskevi
177m
Moni Kouvari
Kouvari
250m
GRIKOS
Petra
„Flisvos"
Kali Katsou
Salt-pan
Dia Koftou
Boatyard/ Werft
Stavros
Psili Ammos
2 km
1 mile
1
0,5
0
0

⑱ »Psilí Ámmos« – Feiner Sand

Fast jede Insel hat einen Strand dieses Namens, Pátmos jedoch einen besonders schönen. Ohne Strandaufenthalt erfordert die Tour knapp 3 Stunden, ab Anfang Juni kann man mit dem Boot zurückfahren, dann ist auch die Strandtaverne offen.
■ ***2 x 5 km, Höhenunterschied 65m, leicht***

▷ *Karte siehe vorige Seite*

RGZ Der Bus hält in **Grikós** hinter dem großen Hotel *Akta,* das
0.00 man rechts liegen lässt und zum Wasser geht. Dort wendet man sich rechts und bummelt an der Bucht entlang.
0.07 Vorbei am Restaurant *»Flisvos«* gelangt man zum **Strand**
0.20 **von Petra** ①. Hinter dem **Kiesstrand von Kalikatsoú** bietet sich ein Fahrweg an, der zur Bootswerft an der Bucht von **Diakófti** führt. Hier nimmt man die Gasse nach rechts.
0.30 Schnell ist die Landenge durchmessen und die **Bucht von Stavrós** erreicht. Zwischen Salzpfanne und Meer geht es an einer Saison-Taverne vorbei zu einem Bauernhaus. Ab hier wandert man auf einem wunderbaren, felsigen Küstenpfad, sieht rechts oben das Kloster Profítis Elías ⑰ und, fast am Meer, die Kirche Kouvári. Ein Strand lockt
OW schon unterwegs, aber man hält durch bis zum **Strand**
0.55 **von Psilí Ámmos** ② (**P1:** N37°16,685'/E26°32,704').

In der kleinen Taverne wird ab Juni gekocht. Für die
★ nicht übermäßig vielen Sonnenanbeter gibt es riesige Tamarisken und Strandkuhlen. Und vielleicht auch das Boot zurück…

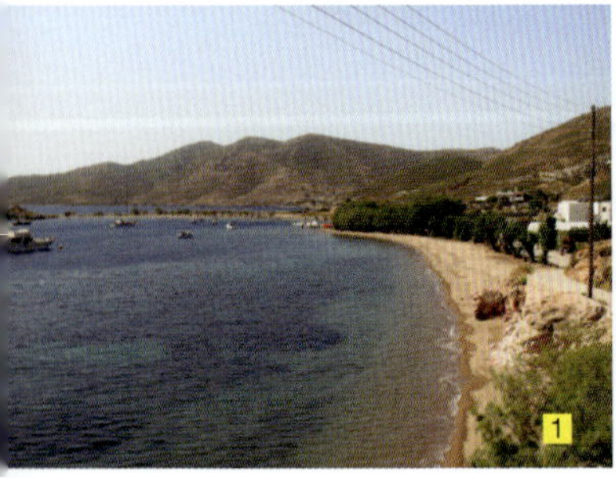

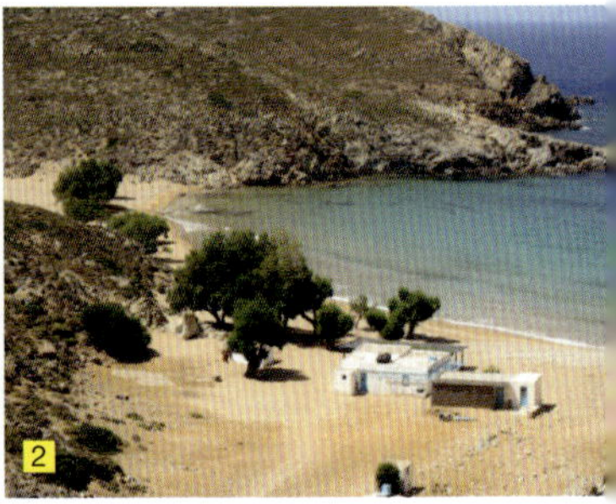

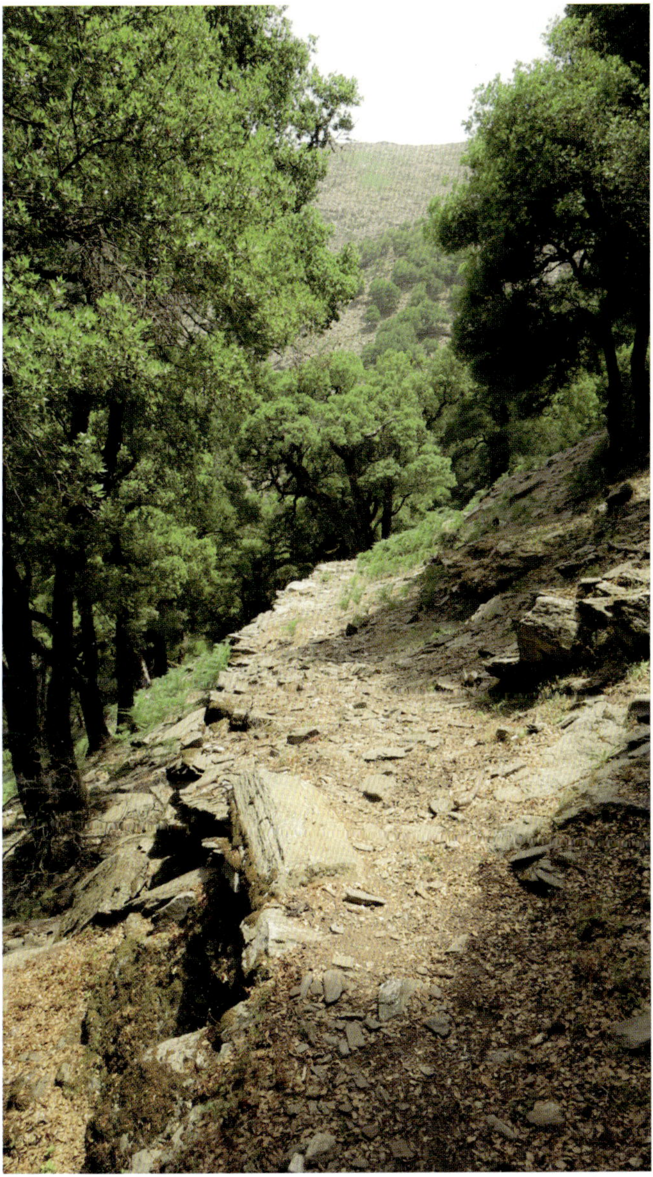

Ikaría

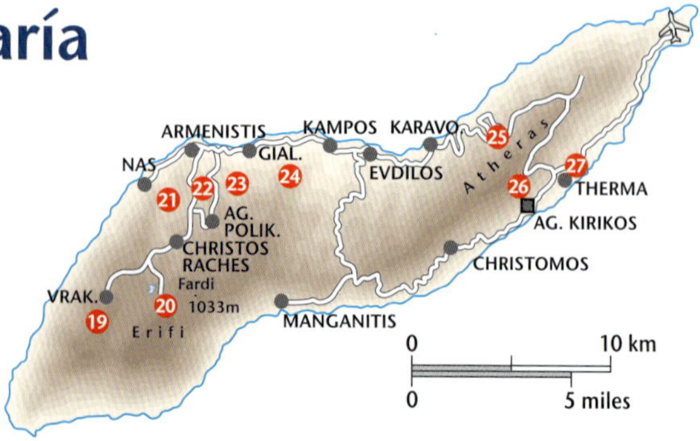

Für Naturliebhaber ist das waldreiche Ikaría sicherlich eine der ganz besonderen Inseln der Ägäis. Geologisch stellt sie zusammen mit Sámos die im Meer versunkene Verlängerung des kleinasiatischen Mykale-Gebirges dar. Gemeinsam mit Sámos und Foúrni bildet es eine eigene Verwaltungseinheit und gehört nicht zum Dodekánes. Von diesen beiden Inseln aus ist Ikaría am besten zu erreichen, abgesehen von den täglichen Fährverbindungen von Athen.
Beim Ankommen von Süden her beeindruckt die Insel durch ihre mächtig aufragende Felswand mit dem 1033m hohen Fárdi als höchster Erhebung. Dagegen erscheint die Nordküste sanfter und besitzt größere Waldgebiete. Neben Granit und Marmor ist überall Schiefer zu finden, der traditionell als Material für die Dachdeckung dient.
Ikaría besitzt keine natürlichen Häfen, weshalb es nie eine größere Bedeutung erlangte und sogar mehrfach verlassen wurde. Auch im heutigen Tourismus spielt es eine geringe Rolle, da weitläufige Strände fast gänzlich fehlen. Für viele Besucher macht dies aber den ganz besonderen Reiz der Insel aus.
Ikaría bietet hervorragende Wandermöglichkeiten. Als Ausgangspunkte sind vor allem Armenistís an der Nordküste, aber auch die Inselhauptstadt Ágios Kírikos geeignet. An der Nordküste gibt es einige markierte Pfade, die auch gepflegt werden. Ein richtiges Bussystem ist dort allerdings nicht vorhanden, so dass man mit einem Leihwagen besser bedient ist. Es gibt eine gute Inselkarte vom griechischen Skaï-Terrain Verlag.
Taxi in Rachés-Armenistís: Tel. 22750-41132 und 71407
Taxi in Ágios: 0030-6946855916

⑲ Aus Ikarías Geschichte

Zwei Orte, die in der Geschichte von Ikaría eine Rolle gespielt haben, werden auf dieser 3½-stündigen Wanderung entlang der Westküste gestreift. Auf Pfaden führt sie durch Felslandschaften und einen Eichenwald. Die 14 km lange Anfahrt ab Armenistís ist nur mit dem Mietwagen möglich.
■ 2 x 3 km, Höhenunterschied 120m, leicht

RGZ In **Vrakádes** (600m) fährt man an der Kirche (re.) vorbei
0.00 ein kurzes Stück in Richtung Meer und biegt nach links
ab. Bei einer Gabelung lässt man den Leihwagen stehen
und folgt der unteren Straße zu Fuß. Bei der folgenden
Häusergruppe schwenkt man vor einem steingedeckten
Gebäude in einen links aufwärts führenden Pfad ein.
Nach fünf Minuten durchquert er einen felsigen Bachlauf
und läuft danach an der Bergflanke entlang [1]. Nach wei-
0.20 teren zehn Minuten passiert man den **ummauerten Gar-
ten**, in dem die Kapelle der Dreieinigkeit (»Triada«) steht.
150m dahinter gabelt sich der Pfad (**P1:** N37°33,939'/E26°
01,482', 670m). Wir wandern links durch »farniges« Ge-
lände aufwärts, in dem links ein Wasserbecken liegt. Später
0.30 durchqueren wir ein **Wäldchen** aus Kermeseichen, da-
0.40 nach auch ein größeres **Waldstück** [2]. Dahinter geht es
0.45 hinab in einen weiten Talkessel und zu einer langen **Mauer**.
0.50 Der **Mauerdurchlass** findet sich weiter links (**P2:** N37°
33,314'/E26°01,235', 640m). Pfade führen durch das ver-
lassene Dorf, das völlig überwachsen ist.

*Das Dorf **Langáda** war in den »Jahrhunderten der Unsichtbarkeit« im 16. und 17. Jh. mit bis zu 400 Gebäu-*

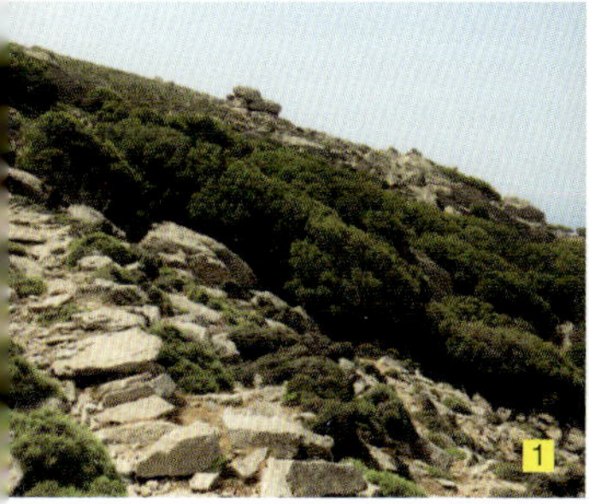

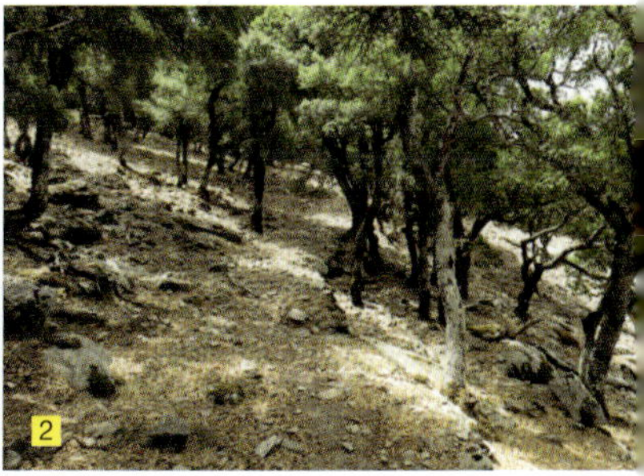

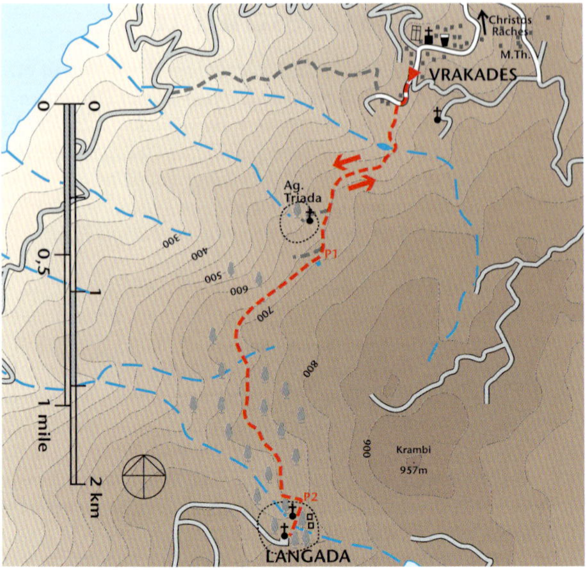

den der wichtigste Ort von Ikaría. Wegen der Piratenüberfälle wurden die Ortschaften an der Küste verlassen.

Im dichten Bewuchs liegen noch Ruinen verstreut, wie links oben die frühere Schule und eine (renovierte) Kapelle (re.). Nachdem die Bewohner im 18. Jh. wieder ans Meer gezogen waren, verfielen die Häuser.

0.55 *Der einzige Bewohner des Ortes lebt neben der* ***Marienkirche*** *am großen Festplatz. Auf dem riesigen Platz wird am 15. August unter den Platanen eine gewaltige Panigíri, die Kirchweih, gefeiert.*

1.50 Zurück geht es denselben Weg nach **Vrakádes**, wo man in der Taverne neben der Kirche einkehren kann.

Von der Terrasse aus lässt man sich oben am Gegenhang das Haus zeigen, in dem 1947 der Komponist ***Mikis Theodorakis*** *lebte. Es hat zwei ungleich hohe Dächer.*

Während des griechischen Bürgerkrieges wurden er und andere kommunistische Intellektuelle auf Ikaría verbannt. Der Schuss ging jedoch nach hinten los: Die Verbannten fanden bei den Bauern interessierte Zuhörer. Noch heute spricht man vom »Roten Ikaría«, da die Bewohner überdurchschnittlich kommunistisch wählen.

20 Im Felsenmeer

Für die Tour auf der Eríﬁ-Hochebene braucht man einen Mietwagen. Die 4-stündige Rundwanderung bietet am Rand der Steilküste gewaltige Ausblicke, erfordert aber Orientierungsvermögen. Über weite Strecken verläuft sie pfadlos, Markierungspunkte sind aber teilweise vorhanden. Trotzdem sollte man sich unbedingt markante Stellen einprägen. Alles Notwendige ist mitzuführen, da die Gegend unbewohnt ist.

■ 7,5 km, Höhenunterschied 110m, leicht bis moderat

RGZ Man ist über Christos-Raches Richtung Stausee gefahren und etwa 300m davor links abgebogen. Auf einer kleinen Asphaltstraße fährt man noch etwa drei Kilometer zum Ende des Asphaltbelages und stellt das Auto ab.

Zu Fuß folgt man in der Verlängerung dem Feldweg, pas-
!! siert eine Linksabzweigung und findet 100m später einen
0.00 nach rechts führenden **Pfad** 1 (**P1:** N37°33,871'/E26°04,197', 870m). Durch kniehohen Farn hindurch macht man sich auf in einen weiten Sattel, wo man nach links einschwenkt. Nach einem Wäldchen aus Kermes- oder Stecheichen 2 teilt sich der Weg auf einer kleinen **Anhöhe** (**P2:** N37°33,556'/E26°04,352'). Wir wandern rechts hinab, überqueren einen Feldweg, später ein felsiges Bachbett und befinden uns dann in einer großen, ummauerten Senke. Die Bewohner haben sie längst verlassen. Wir durchqueren sie in der bisherigen (östlichen)
0.20 Richtung und stoßen auf einen quer laufenden **Fahrweg** (**P3:** N37°33,471'/E26°04,550'). Hier steht ein Baum mit

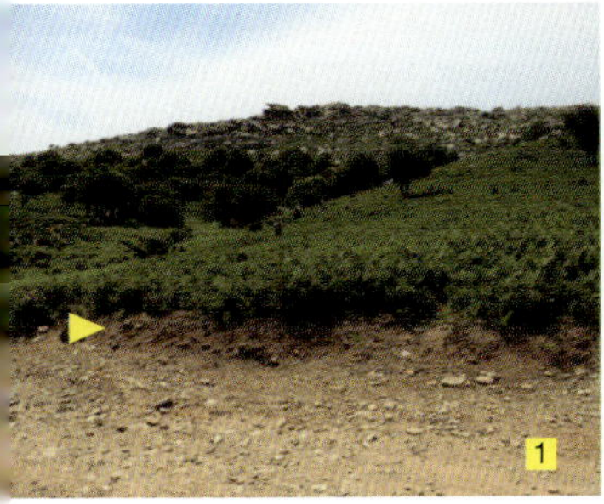
1

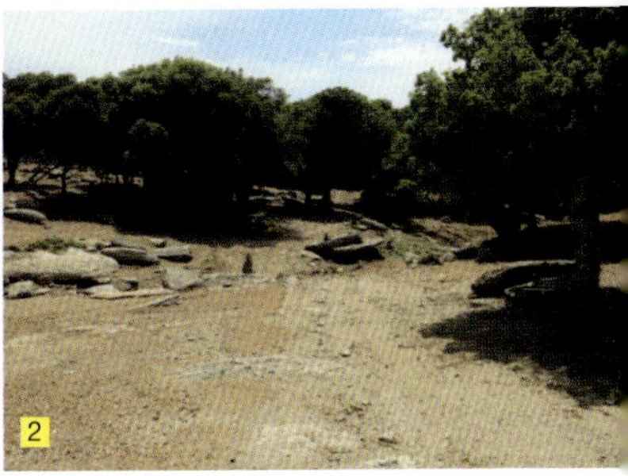
2

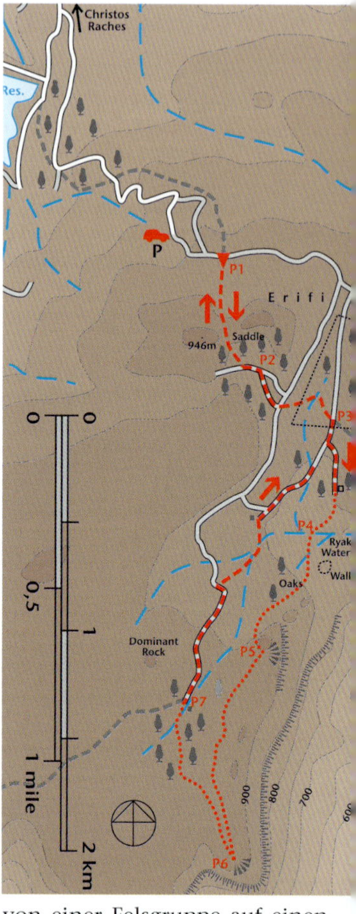

Wegschildchen. Geradeaus würde man weiter unten Wasserfälle erreichen – wir gehen hier jedoch nach rechts. Nach der Ummauerung wendet man sich an der Abzweigung nach links. Der Fahrweg endet in einem Wäld-
0.30 chen an einem **Ziegenpferch** (li.).

Ab jetzt geht es pfadlos weiter: Erst halbrechts hinunter durch den Bach (**P4:** N37°33,204'/E26°04,526'), dann weiter über Felsen und durch einen weiteren Bach. Von dort ziehen wir halblinks durch Farn aufwärts und kommen an einem ummauerten Ziegenpferch am Felsen (li.) vorbei. Dann geht es durch einen Sattel oberhalb einer mit Eichen bestandenen Mulde (re.). Zwei weitere Felsgruppen bleiben links, während wir hinab in eine Senke [3] laufen, von dort wieder ansteigen und links von einer Felsgruppe auf einen Bergkamm steigen. Links liegen riesige flache Steinplatten wie Baumkuchen aufeinander. Die höchste Felsformation
0.55 links [4] bietet einen atemberaubenden **Sitzplatz** (**P5:** N37°32,780'/E26°04,335', 940m). Vom Rand des Melissa-
★ Gebirges schaut man aufs Meer hinaus. Im Dunst sind links Foúrni, dahinter Sámos und rechts Pátmos auszumachen.

Wir gehen – mit respektvollem Abstand zur Hangkante – weiter auf einen riesigen, kugeligen Felsen zu, der über

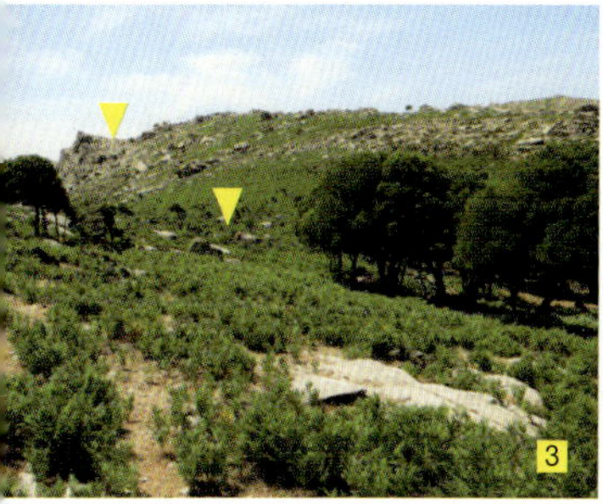

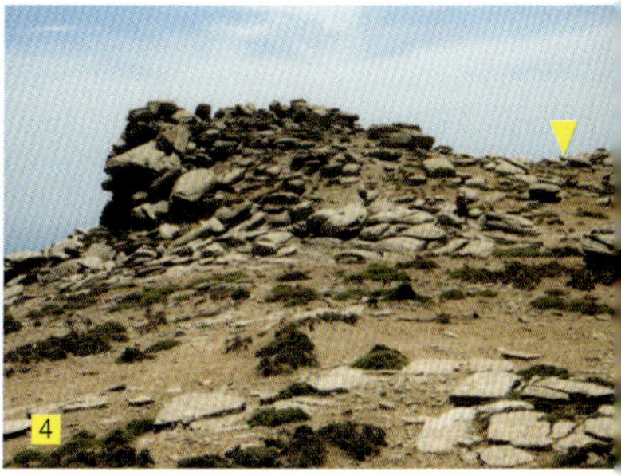

den anderen geschichtet ist (war es Obelix?) 5. Hier zeigen sich die Kykladen: ganz links Amorgós, dann Donoússa und Náxos (**P6:** N37°32,351'/E26°04,159', 980m).

Zurück geht es weiterhin pfadlos hinunter in eine bewaldete Mulde, die sich rechts unterhalb vom markanten Felsblock mit dem stehenden Stein 6 befindet. Nachdem ein Bachlauf durchquert ist, trifft man bei einem Stahl-
1.35 mattenzaun auf einen **Pferch** und einen Fahrweg (**P7:** N37°32,796'/E26°04,026'), dem man folgt. Später kürzt man ihn auf einem Pfad ab und gelangt wieder in die große ummauerte Senke. Am Baum mit den Wegschildchen (**P3**) geht man links, dann nochmals durch
2.15 das felsige Bachbett und zum **Fahrweg.** Von dort hinauf zu Punkt **P2** und links hinauf durch das Eichenwäldchen. Wieder im Freien, verlässt man den Fahrweg nach rechts
2.35 und sieht nach dem weiten Sattel erfreut wieder das **Auto.**

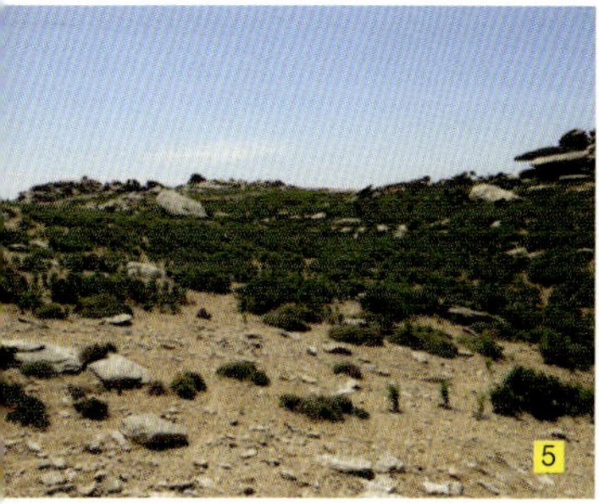

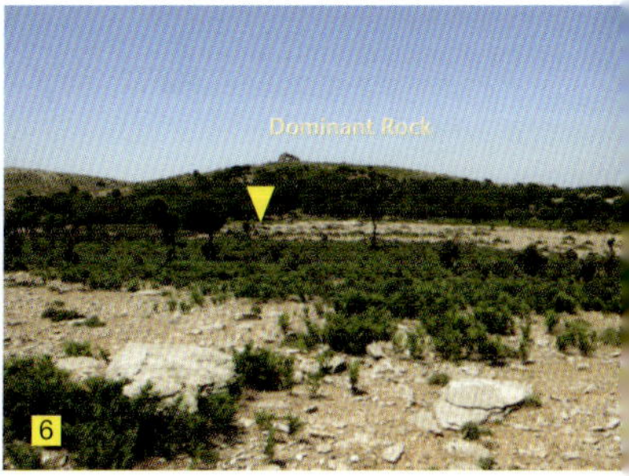

21 Nás

Auf dieser 5-stündigen, schattigen Rundtour erkundet man den nördlichen Teil der Westküste. Aufwärts verläuft sie auf Waldwegen, führt dann durch den Canyon des Chálaris zum Strand von Nás und auf einem Panoramaweg wieder nach Armenistís. In Nás gibt es schöne Lokale zum Einkehren.
■ 13 km, Höhenunterschied 310m, mittelschwer

RGZ In **Armenistís** geht man auf der Straße Richtung Nás, hat
0.00 bald das Leuchtfeuer querab an Steuerbord liegen und
0.10 sieht kurz darauf links oberhalb die **Kapelle Ágios Sávas**
[1], zu der ein Weg hinaufführt. Oben laufen rechts Fahr-
0.15 spuren nach rechts hinauf zu einem **kleinen Haus.** Da-
hinter geht es pfadlos, links vom Graben, ein kurzes Stück
0.20 zu einem **Feldweg** hinauf.
Diesen nimmt man nach links und durchschreitet nach einer Rechtskurve ein Wäldchen. Der Feldweg mündet in einen breiteren Weg – hier geht es links zu einem Weingarten (**P1:** N37°37,741'/E26°04,781', 170m).
Von dort wandert man hinauf in den duftenden Kiefernwald und genießt nach einer Kurve auf dem Höhenrücken den Blick auf das Tal des Chárakas. Weit im Hintergrund erhebt sich der Kérkis, der höchste Berg von Sámos. Nach einem etwas steileren Anstieg wird der Weg wieder fla-
0.35 cher. Zwei **Linksabzweigungen** werden *nicht* beachtet.
Der Weg steigt langsam an und führt durch zwei Kehren.
Nach einer Furt (mit Rechtsabzweigung) erreicht man die
0.50 **Asphaltstraße.**
Aber schon 30m weiter oben entdeckt man freudig rechts

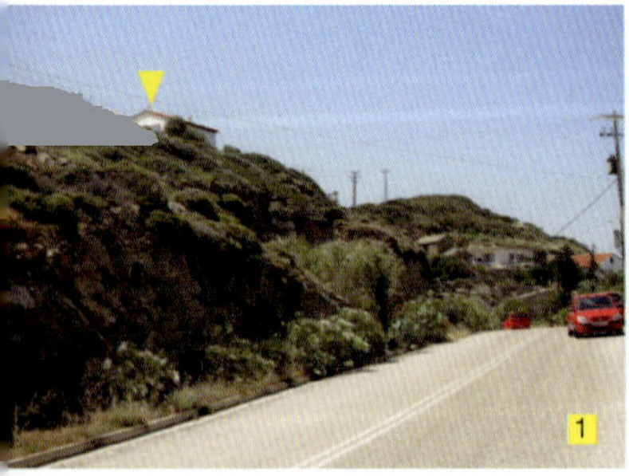

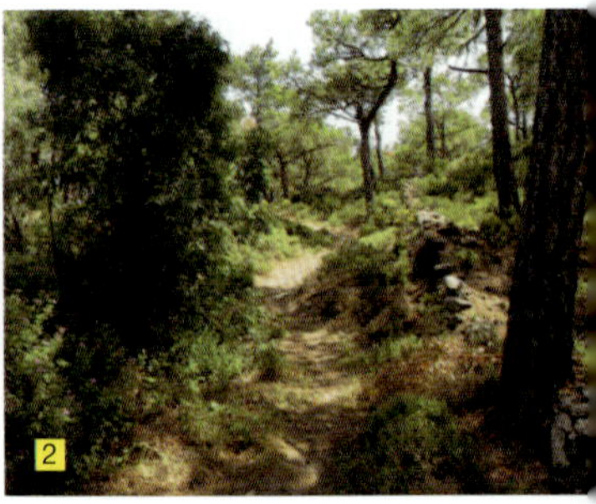

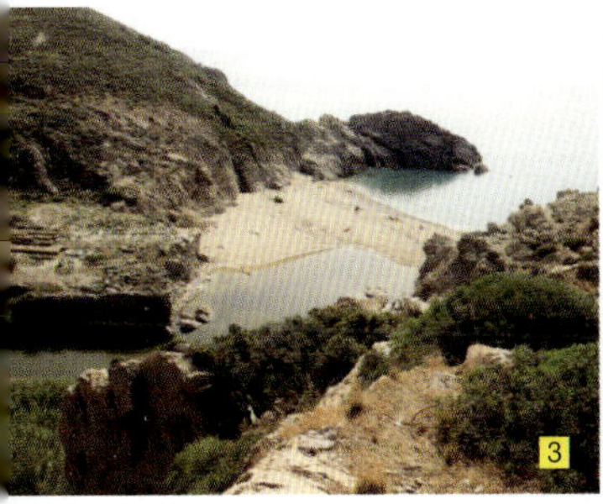

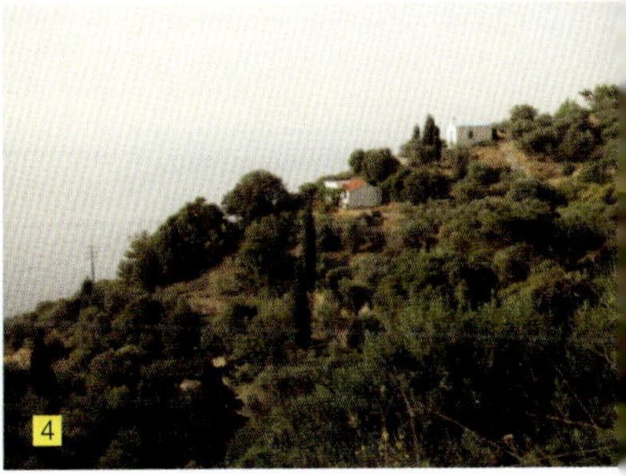

eine Mauer im etwas höher liegenden Gebüsch! Links der Mauer führt ein Pfad aufwärts und später auf einer Lichtung (Wassertank li.) über einen Fahrweg. Links von einem ummauerten Ziegengehege (**P2:** N37°36,960'/E26° 04,633', 235m) geht er weiter aufwärts [2]. Den oben folgenden Fahrweg geht man nach rechts, vorbei an einer Kapelle und einigen Wohnhäusern und danach zur Straße.

1.05 80m nach dem **Ortsschild** von Ágios Dimítrios schwenkt man rechts hinab in einen *Betonweg*.

> ***Alternative:*** Zu den Tavernen von **Ágios Dimítrios,** sind es weitere 500m auf der Straße. Um von dort zu P3/P6 zu gelangen, benutzt man einen Verbindungsweg (s. Karte).

Vom *Betonweg* nehmen wir die zweite Linksabzweigung nach der Brücke, Richtung »Canyon Chalares«. 20m vor
1.15 einem üppigen **Ferienhaus** mit mächtigen Betonstützwänden geht man einen Fahrweg rechts abwärts (**P3:** N37°36,563'/E26°04,400' = P6 ㉒). Nach 100m dann rechts durch ein Gatter, Richtung »Nas Bay«.

Am waldigen Hang führt ein etwas anstrengender und steiniger Pfad (S. 85 [4]) abwärts. An dessen Gabelung geht
1.25 man links. Ein **Gatter** wird passiert. Hinter einer mit
!! *Oleander* bewachsenen Stelle könnte man Gefahr laufen, zu weit nach unten in ein felsiges Feld zu steigen: *Also Achtung! Der Weg verläuft fast eben!*

1.45 Ein kaputter **Zaun** wird durchschritten (**P4:** N37°36,894'/ E26°04,181' = P7 ㉒), dann eine Matratzentür und nochmals ein Gatter. Kurz danach zweigt links ein Pfad zum Bachbett ab ㉒. Wir gehen hier geradeaus und treffen auf
!! einen Strommast. Nach einigen Metern *unterquert* man

2.05 die rechts verlaufende **Stromleitung** und gelangt nach
zwei Gattern hinauf zu einem Haus (re.) und einem
Betonweg.

Diesen wandert man abwärts und später an der Gabelung
nach links. Bei einigen Ferienhäusern führt eine abkür-
2.15 zende Treppe nach **Nás** mit netten Lokalen. Die unterhalb
liegende, enge Bucht ist zum Sonnenbad und -untergang
äußerst beliebt [3].

In der Antike liefen hier die Pilgerschiffe zur weiten Überfahrt nach Délos aus. Dort war der Geburtsort der Artemis, der das hier über der Bucht stehende ***Heiligtum*** *im 5. Jh.v.Chr. geweiht wurde. Erhalten ist nur das Fundament aus riesigen Quadern.*

Bis ins 19. Jh. sollen hier noch mehr antike Bauteile gestanden haben. Danach wurde der Marmor zu Kalk gebrannt, andere Teile sind beim Bau der Kirche von Rachés »recycelt« worden.

Von der Straßengabelung vor den Lokalen geht man 50m Richtung Schlucht und findet wieder den Pfad nach links hinauf zu den Treppen. Oben geht man links und nach knapp 10 Minuten an der Gabelung nochmals.

Fast horizontal wandelt man über der abendlichen Küs-
tenlandschaft [4] dahin. Wenn der zuletzt abfallende Fahr-
2.50 weg endet, führt ein Pfad hinab zur **Straße.** Von hier sind
3.05 es dann noch 15 Minuten nach **Armenistís.**

▷ Dimitri Ioanidopoulos und seine deutsche Frau Helga wandern auf Wunsch mit ihren Hotelgästen. Für ihre sehr schönen Studios unterhalb von Ág. Sávas (S. 80) ist eine Reservierung ratsam. Tel. + Fax: 22750-71310.
www.villa-dimitri.de

▷ *Ursulas Ikaria newsletter* berichtet laufend über das Neueste aus Ikaría. *ursula.kastanias@ikaria.ch*

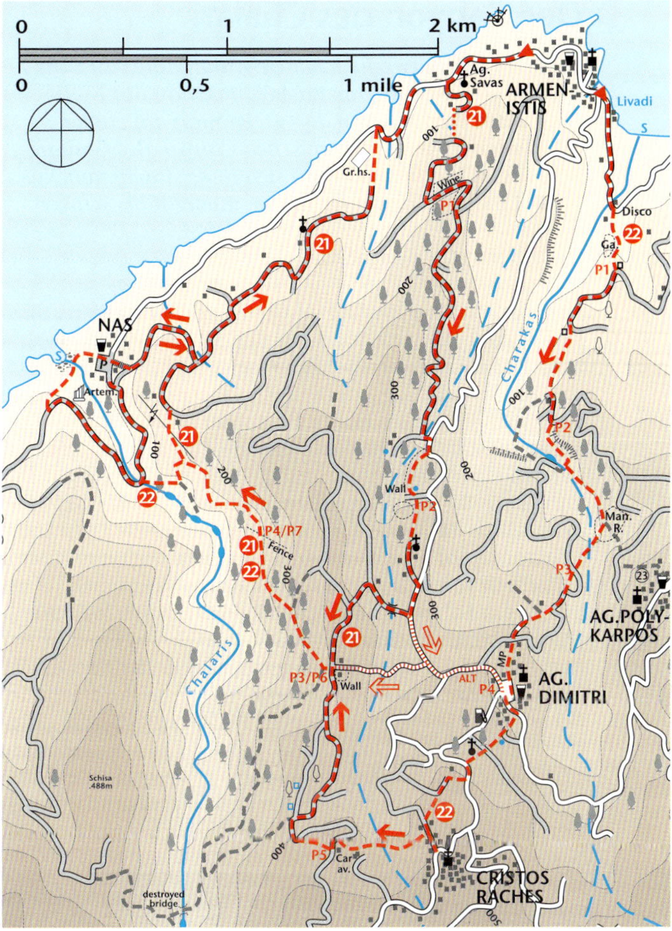

▷ Der Bürgerverein (engl. Welfare Association) von Rachés kümmert sich um den Erhalt vieler Wege und hat eine schöne kleine Broschüre darüber zusammengestellt. Zu kaufen in Armenistís und Rachés.

㉒ Der Canyon des Chálari

Erstes Ziel der sehr schönen Wanderung von 6 bis 7 Stunden ist Christós-Rachés, das man auf Eselspfaden erreicht. Von dort steigt man auf steilen Pfaden in den fast tropischen Canyon des Chálari-Flusses hinab und erholt sich in der Bucht von Nás.
■ 11 km, Höhenunter. 400m, moderat bis schwer

▷ *Karte siehe vorige Seite*

RGZ Von der Straßengabelung im Ostteil von **Armenistís** (Bus-
0.00 stopp) geht man die Straße zu den Sandstränden abwärts
0.07 zum **Damm**, der den Schilfbewuchs im Tal durchschneidet. An dessen Ende, vor der Disco, verlässt man die Straße auf einem Pfad nach rechts. Dort steht links steht eine Orientierungstafel, rechts eine weitere Disco. Man umläuft danach einen Garten (re.) und gelangt durch eine Tür mit ausgeklügeltem Schließmechanismus in felsiges Gelände. Rechts liegt das Tal des Chárakas, dahinter steile Felswände. Langsam geht's aufwärts – nach einem weiteren Gatter unterhalb von Bauruinen für ein kurzes Stück nach rechts
0.15 auf einem **Fahrweg** (**P1:** N37°37,469'/E26°05,252', 90m). Nach etwa fünf Minuten verlässt man ihn in einer Linkskurve und folgt einem Pfad geradeaus. Er läuft an einem alten Stall (re.) und Oliventerrassen vorbei und mündet
0.25 bei einem Häuschen in einen **Waldweg.** Diesem folgt man nach links hinauf und geht an einer Gabelung nochmals links, weiterhin bergan.

Dann heißt es aufgepasst: Nach drei Minuten führt in ei-
!! ner Linkskurve des Waldweges ein *Pfad rechts abwärts* (**P2:**

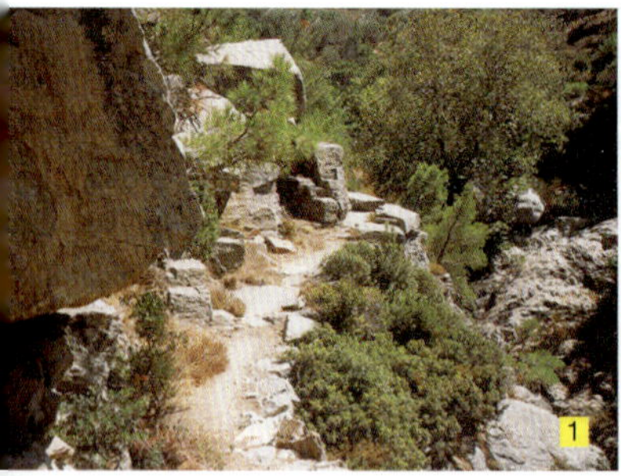

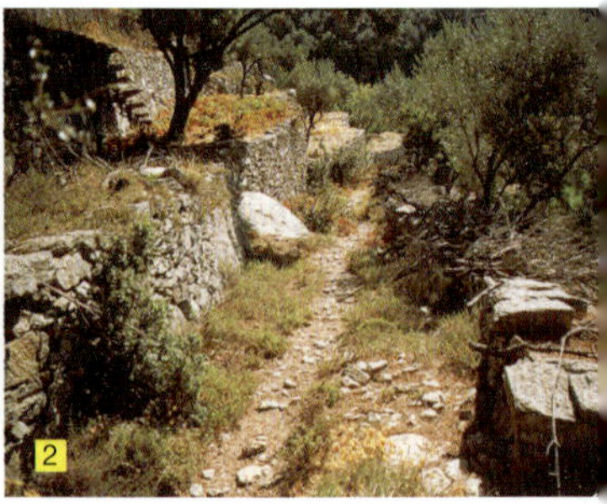

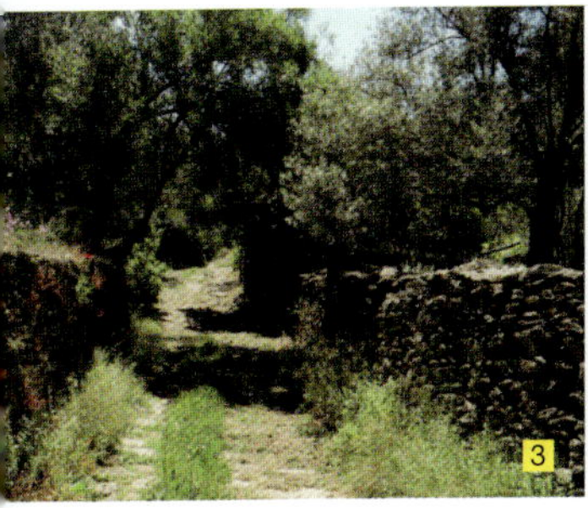

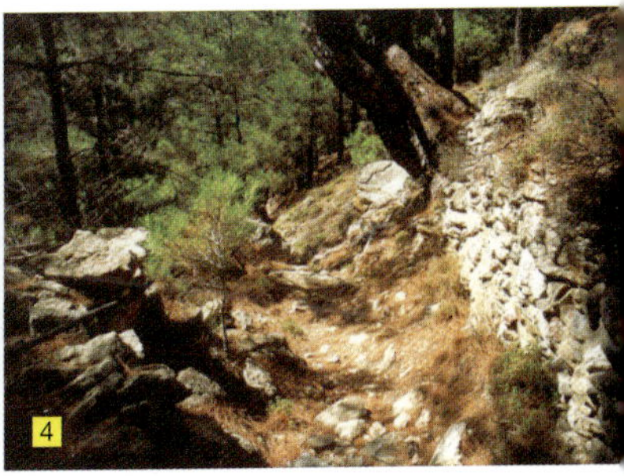

★ N37°37,131'/E26°05,134',180m) und dann oberhalb eines
0.30 felsigen **Bachlaufes** [1] entlang. Bald folgen Wasserlöcher,
in denen kleine Schildkröten gerade Schwimmunterricht
haben. An einer kurz darauffolgenden Gabelung des Pfades
könnte man rechts auf einem anderen Weg nach Armeni-
stís zurückkehren. Wir schlängeln uns aber weiter bergan
0.40 und gelangen durch ein Gatter zu **»Manolis Ranch«**.
Man folgt dem Wegweiser Richtung »Agios Dimitrios«
nach rechts [2], später abwärts. Nachdem man den Chára-
kas nochmals durchquert hat, steigt man auf der anderen
Seite durch terrassierte Olivenhaine an. Bei einem kleinen
Haus (**P3:** N37°36,778'/E26°05,205, 220m) überquert man
0.55 einen **Fahrweg** und gelangt weiter oben zur Kurve eines
Betonweges. Ihm folgt man bergan. Vor der fast ebenen,
sanften Linkskurve zweigt man in einen Pfad nach rechts
ab (Ferienhaus re.). Bei der Pfadgabelung geht es links auf-
wärts. Auf dem folgenden steilen Betonweg überquert
man einen Sandweg und findet dahinter, links von einem
1.05 bunten Ferienhaus, einen Eselsweg nach **Ágios Dimítrios**
(**P4:** N37°36,510'/E26°04,968', 320m). Hier warten bereits
mehrere Tavernen.
Vom Dorfplatz wandert man auf der Straße Richtung Polí-
karpos horizontal aus der Ortschaft hinaus und nach
60m, nach einer Linkskurve, nach rechts in einen schma-
len Fußpfad. Dieser geht bei einem Wohnhaus in einen
Fahrweg über. Bei seiner Gabelung geht man rechts auf-
wärts und nach 30m, bei einem *Wasserbassin* (li.), *nach
rechts*. Auf einem Trampelpfad kommt man durch lichten
Kiefernwald und überquert danach einen Fahrweg. Ober-
halb einer steingedeckten Kapelle (re.) geht es auf der
1.15 **Straße** etwa 50m nach links.

Beim Gemeindehaus (re.) biegt man rechts von der Straße ab und geht den Betonweg links hinauf. Nach 70m biegt man links in einen mauergesäumten Eselsweg ein, der anmutig durch die Gärten zieht ③.
1.20 Hinweisschilder führen hinauf zur Kirche von **Christós Rachés** (425m).

Nach der Pause geht es von der Kirche etwa 50m in derselben Gasse abwärts, dann aber den kleinen Pfeilen nach, die nach links zum »Chalares R. Canyon« zeigen. Mauergesäumte markierte Fußpfade führen uns reizvoll am unteren Ortsrand entlang. Nach einem Bach biegt man bei
!! einem *winkelförmigen Haus nach rechts* ab und durchquert
1.35 eine weitere Senke. Weiter oben nimmt man den **Fahrweg** nach links und biegt nach 50m, unterhalb eines
!! *Wohnwagenhauses,* rechts abwärts in einen Pfad durch die Phrýgana ab (**P5:** N37°36,121'/E26°04,386', 340m). Auf
1.40 einem Feldweg erreicht man zwei **Wasserpumpen.**

Mehrere Wanderziele sind hier angeschrieben, wir gehen den Feldweg weiter abwärts. Auf ihm gelangt man zu ei-
1.50 nem **Ferienhaus** mit etwas zu groß geratenen Betonstützwänden (re.). Nach 20m weisen uns Pfeile nach links (**P6:** N37°36,563'/E26°04,400' = P3 ㉒) und 100m danach nach rechts durch ein Gatter zur »Nas Bay«.

Am waldigen Hang führt ein etwas anstrengender und
★ steiniger Pfad ④ abwärts. Bei dessen Gabelung geht man
2.00 abwärts. Ein **Gatter** wird passiert. Hinter einer mit Oleander bewachsenen Stelle könnte man Gefahr laufen, zu
!! weit abwärts in ein felsiges Feld zu steigen: *Also Achtung! Der Weg verläuft fast eben!*

Im Canyon sieht man Wasserlöcher, auf die man sich jetzt langsam freuen kann. Ein kaputter Zaun wird durchschrit-
2.20 ten (**P7:** N37°36,894'/E26°04,181'), später eine **Matratzentür.** Dann geht's, 20m nach einem weiteren Gatter, den Pfeilen folgend, nach links steil hinab zum Flussbett und
2.35 bei der Gabelung rechts zu den **Wasserlöchern.** Man könnte ein gepflegtes Bad nehmen, bevor man rechts vom Bach durch die Felsen zum Meer weiter zieht.

2.40 An der **Kehre** der Fahrpiste scheiden sich die Geister. Freunde von Kultur und Bad (Seite 82) wandeln nach links, Anhänger von leiblichen Genüssen eilen nach
2.50 rechts zu den Tavernen von **Nás.**

Wer nicht mit dem Taxi nach Armenistís zurückfahren möchte, hat einen schönen Fußweg vor sich. (Siehe ㉑)

23 Zwei Schluchten

Die 6- bis 7-stündige Tour zu einem Stausee und dem Kloster Mounté in den Hügeln verläuft großenteils auf Waldpfaden. Ein gewisses »Gespür für Pfade« ist hilfreich. Zu Anfang und zum Schluss führt sie durch zwei Schluchten. Eine Abkürzung ist möglich.

■ *12 km, Höhenunterschied 490m, schwer*

RGZ Bis RGZ 0.40 siehe Wanderung 22

0.40 In »**Manolis Ranch**« folgt man dem Wegschildchen aufwärts Richtung Ágios Polikarpos. Links von einem aufgehäuften Steinturm gelangt man in Gärten und dann auf einen Feldweg. 50m weiter rechts gibt es für die Wanderer
1.00 eine Rampe links hinauf zu einem Pfad nach **Ágios Polikarpos** (315m). Dort geht es nach dem ersten Haus nach rechts zum Dorfanger mit Kafeníon.

Links vom Kriegerdenkmal führt der Weg weiter in eine kurze Gasse und dann auf einen schattigen Stufenweg.
!! Man überquert einen Betonstreifen, biegt *bei Wasser-*
1.05 *schläuchen rechts ab* und trifft auf eine **Straße.**

Abkürzung: Geht man diese Straße eben nach links, steht man nach sechs Minuten über einem weiten Tal. Dort biegt man in den Sandweg talwärts nach links und nach 50m wieder rechts ab. Auf einem schön beschatteten Feldweg umläuft man das Tal, kommt nach 20 Minuten zwischen Kiefern zur Abzweigung nach links in den Wald (P6), RGZ 2,25. (Weiter oben steht rechts ein Haus.)

1.05 Nachdem man, 10m rechts versetzt, die **Straße** überquert

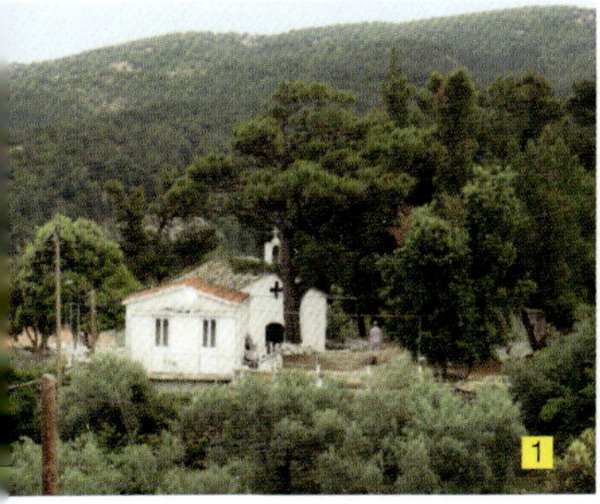

1

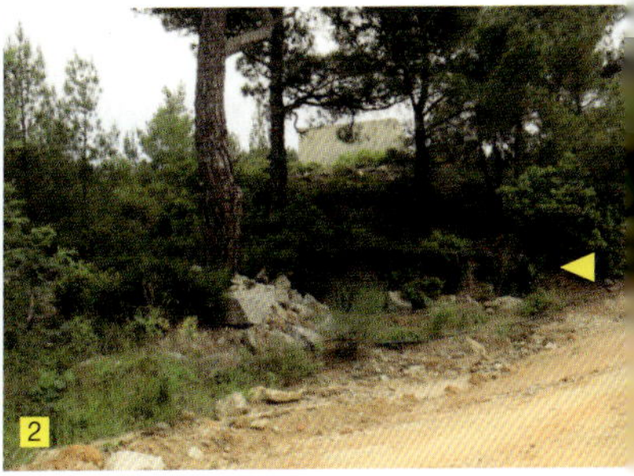

2

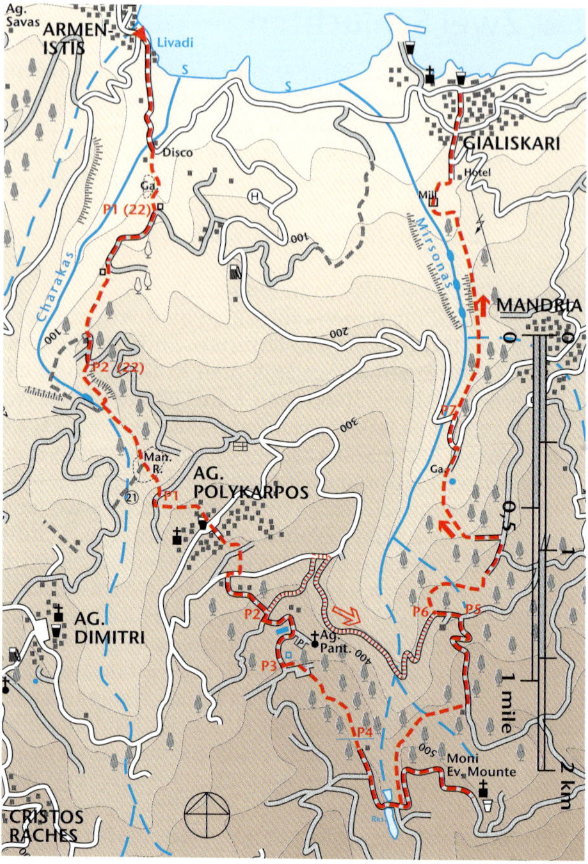

hat, geht man neben einem großen Wohnhaus den brei-
ten Fahrweg aufwärts. Man passiert zwei weitere Wohn-
1.10 häuser (li.) und trifft dann auf einen quer laufenden **Fahr-
weg** (**P2:** N37°36,521/E26°05,697', 400m). Hier wandert
man 50m bergan nach rechts und biegt dann nach links
in einen horizontalen Fahrweg ab, der später an der Kir-
che Ágios Panteleimonas (li., mit großem Parkplatz) 1
vorbeiführt. 150m danach liegt rechts ein großes Wasser-
bassin. Nach weiteren 80m stehen links, etwas versteckt
!! *zwischen den Bäumen, zwei Wasserbehälter* (**P3:** N37°36,410/
E26°05,697'). Hier beginnt ein Waldpfad nach links 2,

der gleich darauf einen Fahrweg überquert. Ausrangierte LKW warten dort auf fachgerechte Entsorgung. In einem
1.15 Waldstück weiter oben überquert man eine **Betonrinne** (**P4:** N37°36,312'/E26°05,890'). Nach dem Waldstück
1.20 kann man oben auf dem **Kamm** einen Blick ins nächste
1.25 Tal werfen. Ab einem **Ferienhaus** (li.) benutzt man den
1.30 Zufahrtsweg und gelangt zum **Staussee** (480m). Dort findet man eine ungewohnte, eher nordische Gegend vor 3. Auf der Fahrpiste kann man einen Abstecher hinauf zum
1.40 **Kloster Evangelistria Mounté** (490m) machen.

Das frühere Nonnenkloster aus dem 18. Jh. sitzt auf einem Felssporn mitten im Wald. Die dreischiffige Kirche besitzt alte Ikonostasen der drei Kirchenpatrone. Sehenswert sind zudem wertvolle Silberikonen und ungewöhnliche Deckenmedaillons.

Ein Priester betreibt zeitweise das Café, in dem man rasten kann. Außerdem gibt es vor dem früheren Wohngebäude einen wunderschönen Picknickplatz.

1.50 Zum **Stausee** zurück sind es wiederum zehn Minuten. (Es gibt kurz davor eine Abkürzung nach rechts hinab durch den Wald.)

Direkt rechts vom unteren See beginnt ein Pfad, der auf Höhe des Staudamms nach rechts führt. (Davor die Markierung nach rechts (= Abk. s.o.) nicht beachten!) Der Pfad verläuft dann mit weitem Blick an den Felsklippen entlang. Im Meer ist keine Insel zu sehen – Mýkonos, die nächstgelegene, ist 42 km weit weg. Beim Hinabsteigen
2.00 hat man ein **Bachbett** erreicht, gelangt auf Fahrspuren hinauf zu einem kleinen Haus (re.) und zu einem Waldweg, den man nach links hinab schlendert.
2.15 Bei der **T-Gabelung** (**P5:** N37°36,491'/E26°06,297') wan-

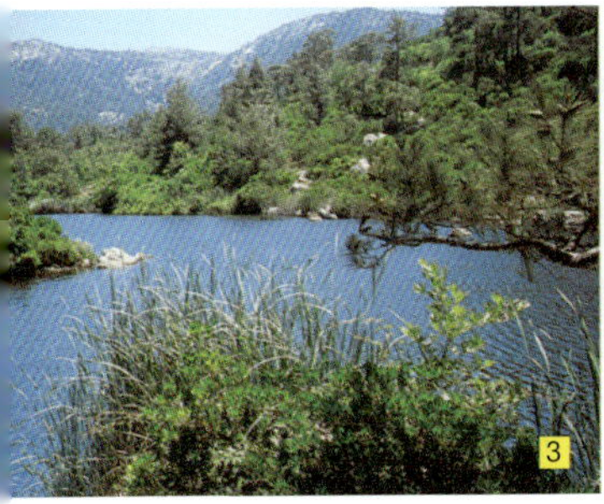

3

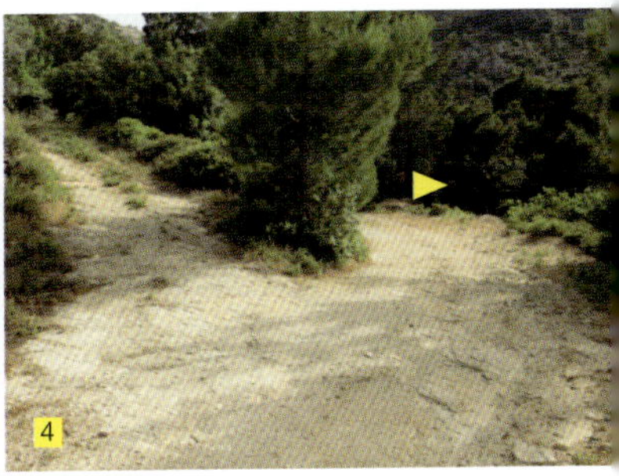

4

dert man links Richtung Ágios Políkarpos hinab. Nach 300m kommt links eine Hauszufahrt und kurz danach die
2.25 **Rechtsabzweigung** eines Waldpfades ④ (**P6:** 37°36,712'/ E26°06,140', 655m). Er führt durch lichten Wald, über einen kleinen Bach und dann zu einem Waldweg. Bei einer
!! Rechtsabzweigung geht man *geradeaus abwärts* und findet
2.35 nach 50m links **Markierungen** zu Wegspuren, denen man neugierig folgt. Ja, es ist der Pfad ans Meer!

Der frühere Fahrweg ist streckenweise etwas zugewach-
2.55 sen. Mittendrin ein besser passierbares **Wegstück.** Ein kleines Staubecken (re.) liegt später am Pfad, bevor man
3.10 bei kleinen Gärten (li.) den Fahrweg zur **Straße** hinauf nimmt.

Sie führt talwärts zu einer Kurve, wo es zwischen Gebüsch geradeaus weitergeht (**P7:** N37°37,031'/E26°06,331'). Der Pfad führt wunderbar an der kieferbestandenen Schlucht des Mýrsonas entlang, hinter der sich schon Armenistís zeigt.

Der Rest ist schnell erzählt: Bei Stromleitungen (re.) wendet man sich nach links zum Bach hinab. Kurz davor biegt der Pfad nach rechts und läuft an einer schmalen, betonierten Wasserrinne entlang bis zum Hotel *Ikaro Star* am
3.40 oberen Ortsrand von **Gialiskári.**

▷ Beim Anmieten von Leihwagen in Ágios Kírikos oder Armenistís sollte man nachfragen, ob man den Wagen nach der **Inseldurchquerung** am anderen Ort zurückgeben kann!

24 Das Schutzdach Gottes

Fast ausschließlich auf Fußpfaden wandert man in 6 bis 7 Stunden zur Hauptsehenswürdigkeit von Ikaría, der Felsenkapelle des Klosters Kristí und weiter nach Kámpos. Die gut markierten Pfade führen durch üppiges Grün – da sollte man die Augen offenhalten. Im Kloster sind Getränke erhältlich.
■ 10,5 km, Höhenunterschied 450m, schwer

RGZ In **Gialiskári** führt uns rechts vom **Supermarkt *Marinos***
0.00 eine steile Betonstraße aufwärts. Eine **Kreuzung** wird
0.05 überquert, später geht es in einer scharfen Linkskurve geradeaus weiter zum Hotel *Ikaro Star* (li.). Beim Stromhäuschen am Ende der Zufahrt geht man noch 20m weiter geradeaus und dann nach rechts durch einen Mauerdurchlass. Fünf Minuten lang geht es an einer kleinen Wasserrinne entlang bis zur Ruine der darüberstehenden Mühle (**P1:** N37°37,495'/E26°06,26').

Zehn Meter danach hangelt man sich durch eine felsige Engstelle. Etwa 15m dahinter folgt man dann auf Felsplatten den roten Punkten links hinauf in Richtung Stromleitungen. Etwa 20m unterhalb der Leitungen führt unser Pfad nach rechts durch stärkeren Bewuchs. Die felsige Schlucht zur Rechten bietet bald schöne Ausblicke zur Küste 1 und auf die unten liegenden felsigen Wannen. Ein
0.35 **Bachlauf** wird schräg nach rechts überquert (**P2:** N37° 37,203'/E26°06,372', 150m), bevor man in dichteres Kieferngehölz gelangt und danach die Straße (**P3:** N37° 37,031'/E26°06,331') erreicht.

Geht man sie links hinauf, findet man nach 200m rechts

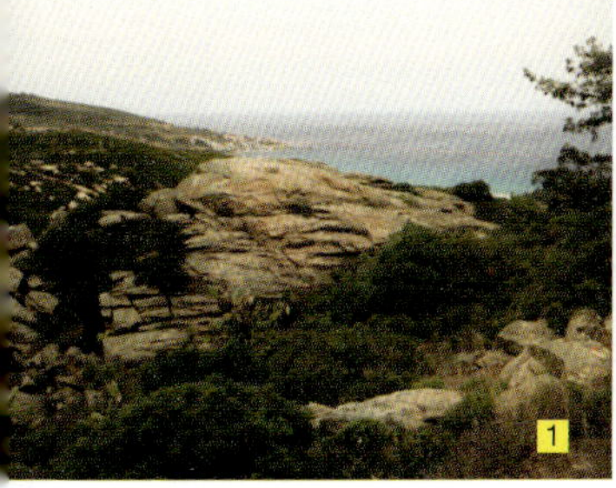

1

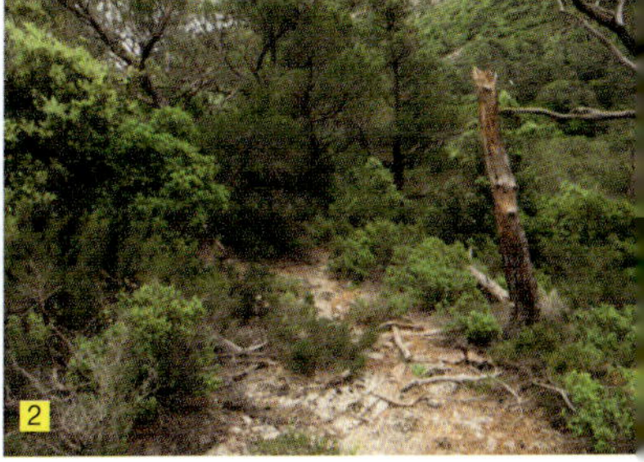

2

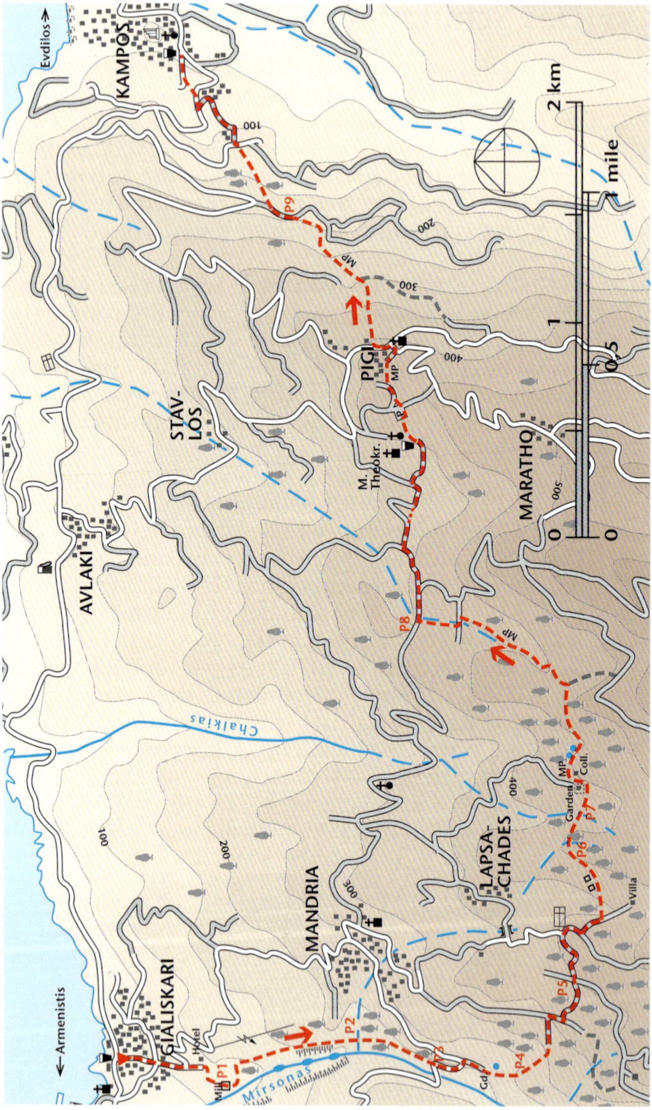
← Armenistis
Evdilos →
KAMPOS
PIGI
STAV-
LOS
AVLAKI
MARATHO
M.
Theokr.
LAPSA-
CHADES
MANDRIA
GIALISKARI
Hotel
Mill
Mirsonas
Chalkias
Gd
Villa
Garden
Coll.
MP
P1
P2
P3
P4
P5
P6
P7
P8
P9
100
200
300
400
500
0
1
2 km
0
0.5
1 mile

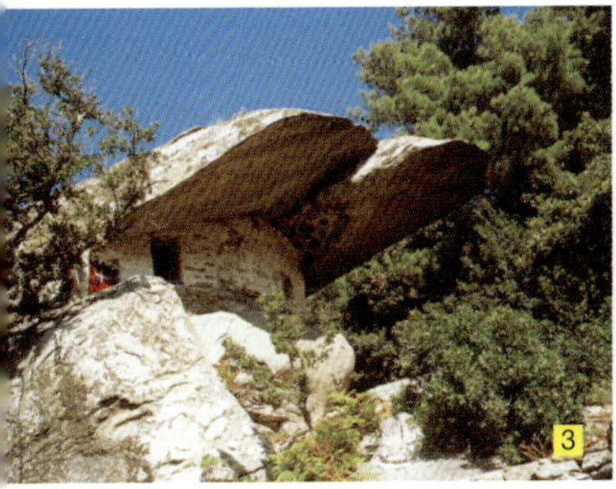

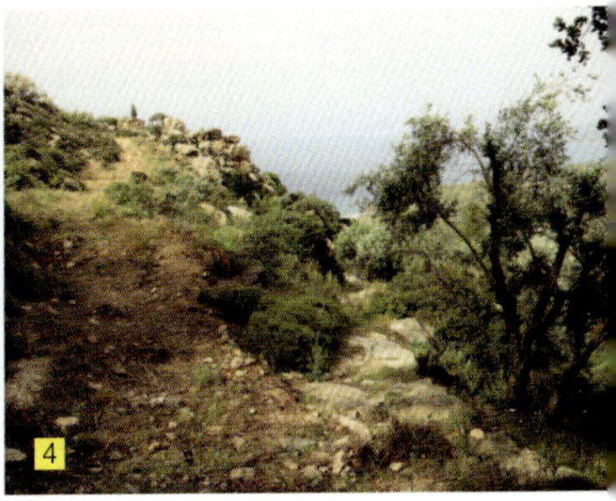

0.45 einen **Feldweg** hinab zu Gärten (re.). Es folgen ein etwas
zugewachsenes Pfadstück mit einem kleinen Wasser-
1.00 becken (li.), dann ein besser gehbares **Wegstück (P4:**
N37°36,727'/E26°06,196').
Es wird dann breiter, biegt links ein und stößt auf einen
1.20 **Waldweg.** Ihn geht man rechts hinauf und biegt drei Mi-
nuten später nach links in einen anderen Waldweg ab.
Nach weiteren zwei Minuten stößt man auf einen breiten
1.25 **Waldweg (P5:** N37°36,627'/E26°06,563', 390m). Dort
lässt man die Bienenstöcke links liegen und erreicht wei-
ter oben eine Betonstraße, an der links ein Friedhof liegt.
Wir gehen rechts aufwärts und biegen nach 200m nach
links in einen Feldweg ab. Nach 100m zweigt links ein
Pfad ab, der uns oberhalb von alten Gebäuden erst durch
1.40 Wiesen und dann durch ein **Bachbett** führt **(P6:**
N37°36,457'/E26°06,788'). Auf der Lichtung kurz danach
leitet der Pfad nach links in einen Kiefernwald. Von ei-
1.55 nem **Höhenrücken** aus blickt man ins nächste Tal. Inmit-
2.00 ten dichter Vegetation erreicht man einen **Bach (P7:**
N37°36,600'/E26°07,081') und findet weiter oben einen
umzäunten Garten (li.), den man umläuft. Zehn Meter
nach dem Sonnenkollektor verschwindet unser Pfad wie-
2.10 der rechts im Gebüsch und führt zu zwei tollen **Felsen-**
bassins, die man sich nicht entgehen lässt.
2.15 Bald erreicht man eine **Pfadgabelung** mitten im Wald
und geht links, später durch lichteres Gehölz ②. Im Tal
geht man einen Fahrweg 50m nach links und folgt dann
2.35 rechts einem Bächlein zu einem weiteren **Fahrweg (P8:**
N37°37,008'/E26°07,710').
Diesen wandert man rechts hinauf und wendet sich oben
an der Gabelung links. Bald ist das Ziel in Sicht: Die kleine

Klosterkirche samt dem rechts darüberliegenden »Schutzdach Gottes«. Eine lange Rechtskurve kann man durch den Wald abkürzen. Im Talboden verlässt man den breiten Fahrweg durch die Schranke nach rechts und gelangt
2.55 hinauf zum **Kloster Theokrísti.** Das Pilgergasthaus hält das Nötigste für die Versorgung bereit.

Der Legende nach entführten Piraten eine Nonne aus Lésbos, die jedoch auf Páros flüchten konnte und sich dort 35 Jahre lang im Wald versteckte. Später bargen Landsleute ihre Gebeine, gerieten aber vor Ikaría in Seenot. Die Reliquien waren daraufhin für Jahrhunderte verschollen und tauchten um 1600 wieder auf, was dann, um die Geschichte kurz zu machen, zur Gründung des Klosters führte.

In der Kirche sind vor allem die Fresken von 1688 interessant. Links fallen die großen Darstellungen der Heiligen Georg und Michael ins Auge. Über der Eingangstür mahnt die Apokalypse an das Ende der Welt.

Östlich davon ist die **Grottenkapelle Theosképasti** unter zwei Felsplatten eingefügt worden ③. Das »Schutzdach Gottes« kann nur gebückt betreten werden, ist aber trotz spärlicher Ausstattung beeindruckend.

Direkt unterhalb zeigen die kleinen rot gesprühten Helfer
3.00 den Weg hinauf zu einem **Abstellplatz** für LKW, den man auf der rechten Seite überquert. Eine kurze Fahrstraße führt hinauf zu einer niedrigen Mauer, die uns nach rechts leitet. Nach 50m führt rechts ein Pfad zu den Häusern von **Pigí** hinab, wo man schnell auf einem Fahrweg nach rechts zur abwärts führenden Straße gelangt. Unten an der Straßengabelung geht es ein kurzes Stück links hinab.

Unterhalb des Schulsportplatzes (li.), direkt rechts neben einem größeren Gebäude, beginnt der Fußweg ans Meer. Er ähnelt erst einem Bachbett, entpuppt sich später aber als sehr schöner Pfad ④. Nach einiger Zeit stößt er auf ei-
3.40 nen **Feldweg** (**P9:** N37°37,251'/E26°09,085'). Hier geht man 70m links und wieder rechts abwärts durch die jetzt dichter bewachsene Gegend. Bei einem Haus wird eine größere Betonfläche diagonal überquert, danach erreicht man die Hauptstraße. Geradeaus führt ein Weg in drei Mi-
3.55 nuten nach **Kámpos.** Hier gibt es ein Café. Gut, dass man die Mobilnummer des Taxifahrers Kostas kennt: 0030-6974010680.

㉕ Eher für Pfadfinder …

… oder für erfahrene Wanderer ist diese 5- bis 6-stündige Inseldurchquerung gedacht. Allein der Anstieg auf den Höhenzug des Oros Athéras dauert schon 3 bis 4 Stunden. Man passiert Eichenwälder, Felslandschaften und die Reste einer Burg.
Oben in Nähe des Grates gibt es wenige Markierungen. Deshalb sollte man nur bei sicherem Wetter starten. Bei der Ausrüstung sollte man besonders auf eine gute Karte, GPS falls vorhanden, Windschutz und ausreichend Wasservorrat achten. Wasser könnte saisongemäß in den Bächen nachgefüllt werden. Die Telefonnummer des Hotels sollte im Handy gespeichert sein.
■ 8 km, Höhenunterschied 725m, schwer

RGZ Der Startpunkt im Tal des Aris liegt an der **Straße** zwi-
0.00 schen Karavostamo und Mitiapo ① (**P1:** N37°37,877'/
E26°13,816', 135m). Links vom Einstieg steht der Rahmen einer früheren Orientierungstafel. Schon nach 10m wendet man sich rechts und wählt einen rot markierten Pfad, der fünf Minuten später beschattet ist. Nach einem Drahtgatter wird der Pfad deutlicher. Von einer undeutlichen
0.18 **Rechtsabzweigung** aus (**P2:** N37°37,812'/E26°14,012',
255m) könnte man 100m rechts im Wald zu einer Georgskapelle gelangen. Ansonsten steigen wir hier weiterhin geradeaus an. Später geht es im Zickzack durch hohe Xerovumi ②, der Weg bleibt aber gut erkennbar. Eine undeutliche Abzweigung (**P3:** N37°37,734'/E26°14,335', 460m) leitet links kurz zu einem Aussichtpunkt.

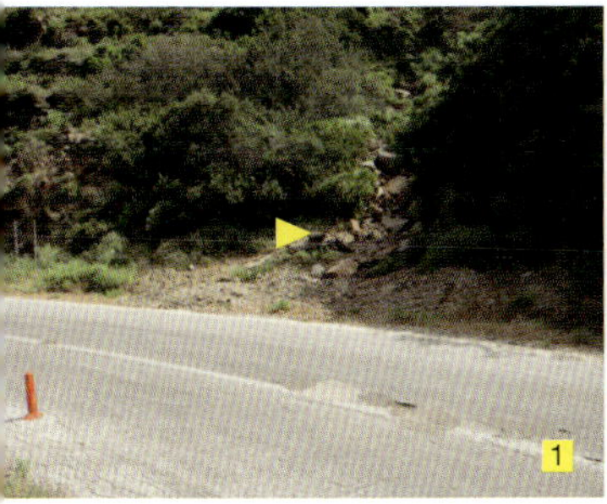

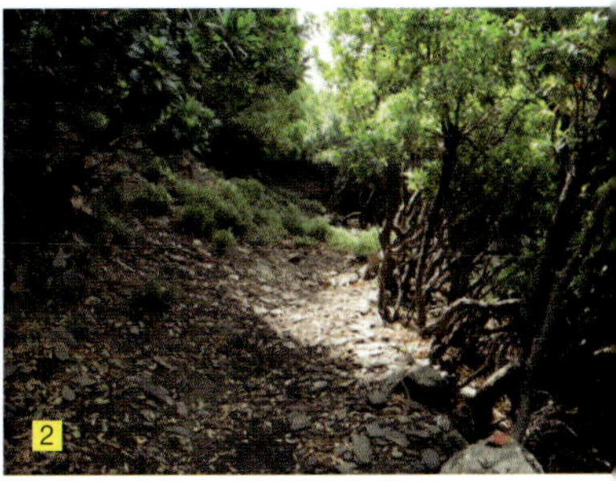

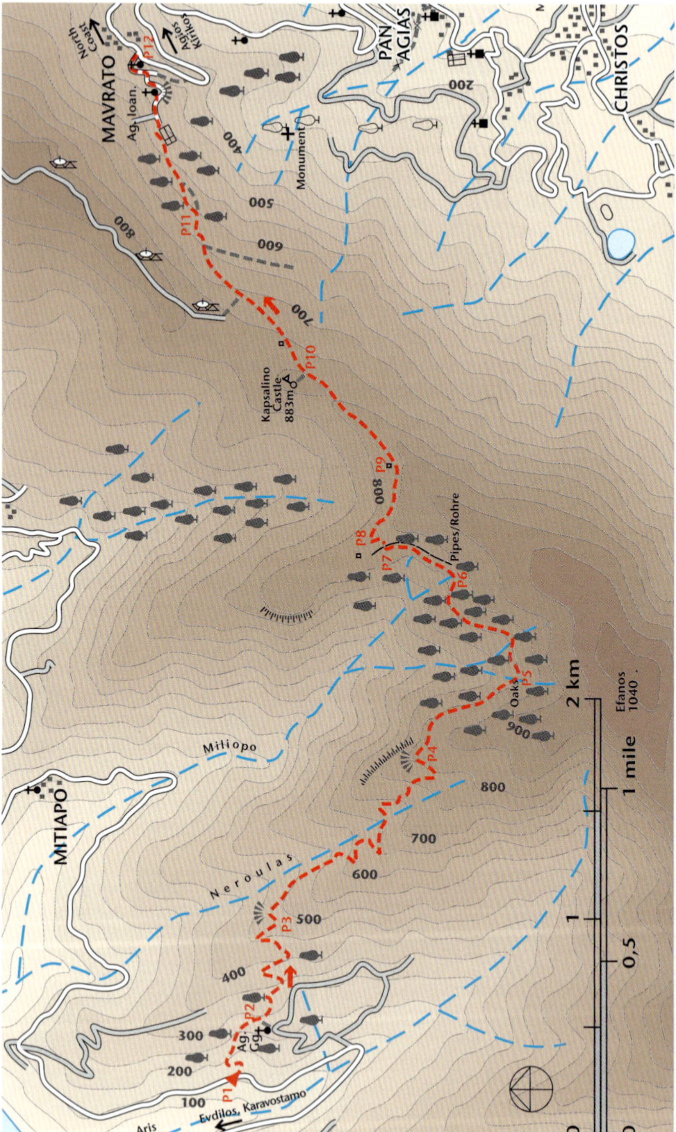
MAVRATO
Ag. Ioan.
North Coast
Agios Kirikos
PAN AGIAS
CHRISTOS
Monument
Kapsalino Castle 883m
Pipes/Rohre
Oaks
Efanos 1040
MITIAPO
Miliopo
Neroulas
Ag. Gg.
Evdilos, Karavostamo
Aris
P1
P2
P3
P4
P5
P6
P7
P8
P9
P10
P11
P12
0
0,5
1
2 km
0
1 mile

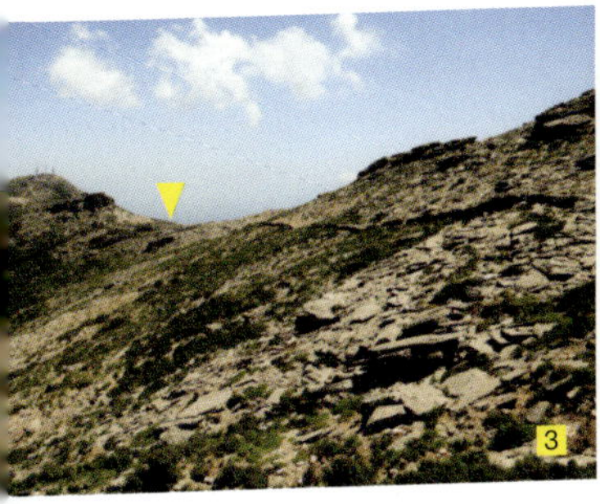

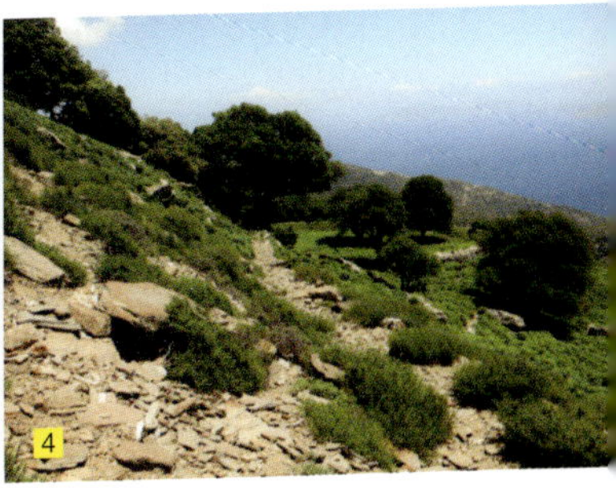

Links unterhalb des weiteren Pfades liegt das steile Felsen-
tal des Neroulas, den man weiter oben queren wird. In ei-
1.00 ner scharfen **Rechtskehre** wendet man ihm den Rücken
zu und geht in Serpentinen weiter, bis man den Neroulas
1.30 dann durchquert. Es geht weiter aufwärts zu einem **Weg-
schild** aus Blech, das hier schon das Kástro ankündigt
(**P4:** N37°37,325'/E26°14,859', 825m). Links ein steiler
Felsabsturz.

Ab hier geht es ein längeres Stück horizontal, später durch
1.40 einen Eichenwald (s. Seite 73) und durch eine **Bachrinne**
(**P5:** N37°37,073'/E26°15,091', 830m). Es folgen eine
★ weitere Rinne, Eichenwald und eine dritte Rinne (**P6:**
N37°57,225'/E26°15,377', 780m).

An Wasserrohren entlang geht man auf Schieferplatten
fast eben weiter. Wenn die Rohre unterbrochen sind und
!! ein drittes Rohr darüber liegt, geht es am *einzelnen* Rohr
waagerecht weiter hinein in einen lichten Eichenwald.
Dann ist auch dieses Rohr unterbrochen (**P7:** N37°
37,312'/E26°15,476', 795m). Von hier geht man pfadlos
!! zwei Minuten zwischen Felsen nach *rechts aufwärts*, und
findet mit etwas Gespür einen Pfad, der nach links leicht
2.10 ansteigt. Er führt uns zwischen Eichen in den **Sattel** links
von einer Felsengruppe, in dem ein Wegschild steht (**P8:**
N37°37,415'/E26°15,530', 860m). Uff, der Aufstieg ist ge-
schafft! Mit den Angaben des Blechschildes sollte man
sich nicht allzu sehr befassen, es dreht sich im Wind.

Geradeaus sieht man den Antennenberg und davor den
Felsen des Kástro Kapsalinó ③. Der Weg dorthin ist deut-
lich auszumachen. (Die in der Terrain-Karte eingezeichne-
ten Ruinen sind nicht zu finden.) Man macht sich auf den
2.15 Weg, passiert eine **Schutzhütte** (li.) (**P9:** N37°37,379'/

2.25 E26°15,678', 840m) und geht vorbei an der **Abzweigung** hinauf zum Kástro (**P10:** N37°37,588'/E26°16,049').

*Das **Kapsalinókástro** auf der Felskuppe ist kaum erforscht. Es ist nur eine mörtellose Ringmauer erhalten, die vermuten lässt, dass es sich um eine byzantinische Fluchtburg aus den »Dunklen Jahrhunderten« (7. bis 10. Jh.) (s.S. 16) handelt. Von hier konnten beide Küsten überwacht werden.*

Beim Weiterwandern sieht man jetzt rechts im Meer den Foúrni-Archipel und später Ágios Kírikos. Der Weg be-
2.35 ginnt dann zu fallen, passiert die **Abzweigung** hinauf zu den Antennen und läuft auf einen Eichenwald zu ④.

In diesem Wald übergeht man eine undeutliche Rechtsabzweigung (**P11:** N37°37,905'/E26°16,550', 630m) und fin-
2.55 det Naturstufen, die am **Friedhof** (re.) vorbei auf einen Betonweg führen. Hier geht man abwärts und sollte die grandiose Aussicht von der Kapelle links oben nicht verpassen! Auf Stufen, dann auf Beton, erreicht man beim
3.05 **Kinderspielplatz** von **Mavráto** die Asphaltstraße (**P12:** N37°38,009'/E26°17,054', 445m).

Falls der Taxifahrer Andreas jetzt helfen kann: 0030-6946855916.

▷ Für Geschichtsinteressierte bietet das Buch »Die Kreuzritter von Rhodos. Bevor die Johanniter Malteser wurden« von Dr. Michael Losse eine Fülle von Informationen. (Vlg. Jan Thorbecke, Ostfildern 2008)

26 Spaziergang um »Ágios«

Die Insulaner verwenden gerne diese Kurzform für ihre Inselhauptstadt Ágios Kírikos. Wir wollen in knapp 2 Stunden ein wenig durch ihre Umgebung streifen, dabei zwei Dörfer besuchen und vielleicht in einem netten Kafeníon einkehren. Die Tour verläuft meist auf Seitensträßchen und auf einem alten Plattenweg.

■ 4,5 km, Höhenunterschied 70m, leicht

RGZ Links von der Hafenkirche in **Ágios Kírikos** (Kriegerdenk-
0.00 mal) beginnen Stufen, die zur Hauptkirche (li.) führen.
0.05 Auf der Straße geht es zur **Schule** und vor dem Schulhof
rechts hinauf. Oben biegen wir nach links, gehen nach
40m die Straße rechts aufwärts und bei der Rechtsabzwei-
gung geradeaus. Nach dem Hotel *Pyrgos* kommt man an
0.10 einem **Wohngebäude** (re.) vorbei, das wohl eine Wind-
mühle darstellen soll.

Von hier geht's auf einem Betonweg rechts oberhalb von einem Tal weiter, über dem drei Kirchen wachen. Wir nehmen uns die rechte mit dem vierstöckigen, filigranen Campanile als Ziel. Unten im Tal steht eine alte Wassermühle [1]. Das Wasser wurde von oben zugeleitet und fiel senkrecht auf ein horizontal liegendes Mühlrad.

0.15 100m nach einer **Baumgruppe** führt die Straße über ei-
nem Wasserdurchlauf nach rechts. (**P1:** N37°37,131'/
E26°17,274', 105m) – rechts ein Abstellplatz). Wir gehen
!! dort bei der *ersten* der zwei Linksabzweigungen nach
links. Sofort nach dem dort rechts stehenden *Wohnhaus*
mit Laube biegt man nach rechts in einen schmalen öf-

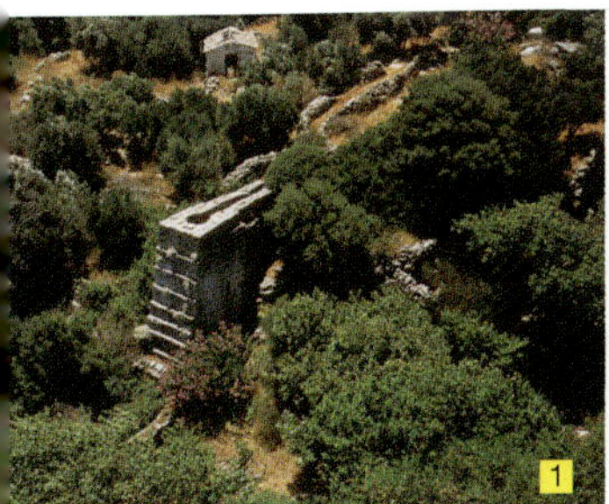

1

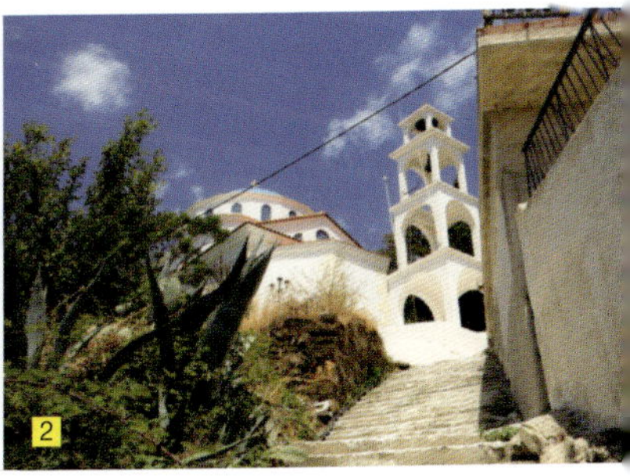

2

fentlichen Pfad ab. Zwischen Gärten und Wasserrinnen
0.25 bummelt man zur **Kirche von Panagía** hinauf [2]. (Das
Monopáti rechts neben dem Glockenturm ist weiter oben
zugewachsen.)

Wir gehen auf der Ortsstraße im Rechtsbogen zwischen
Gärten und Häusern ostwärts bis zur Terrasse des Dorfkaf-
eníon. Zeit für ein schnelles Fix? An der Gabelung dane-
0.30 ben geht es links hinauf zur **Hauptstraße** und dort ab-
wärts. Der abkürzende Pfad durch die Senke ist ebenfalls
zugewachsen, so dass man 10 Minuten lang auf Asphalt
0.40 bis zur **Kirche** von **Koudoumás** (li.) trotten muss. (Hier
könnte man zur Kirche hinaufgehen, sich um 180° dre-
hen und ㉗ folgen.)

Unterhalb der Kirche führen auf der rechten Straßenseite
Stufen abwärts. Unten geht man links, folgt bei zwei Häu-
sern dem Fahrweg nach rechts hinab und findet bei zwei
Garagen rechts alte Schieferplatten als weiteren Weg. Sie
enden weiter unten auf einer kleinen Straße, die man
rechts hinab und dann an einem Bach entlanggeht. Wei-
ter unten biegt man nach rechts und gelangt zur Haupt-
1.00 straße, die zum Hafen von »**Ágios**« hinab führt.

▷ Zwei der wenigen Hotels in Ágios Kírikos: Hotel Kastro Tel. 22750-23480, Pension Akti Tel. 22750-23905

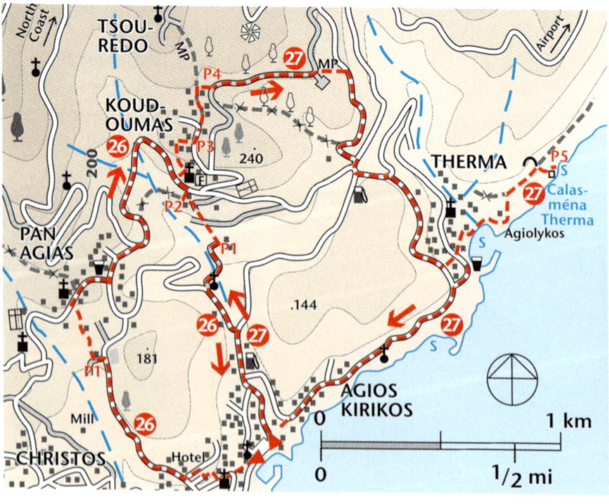

27 Die Sonnenbank

Diese wunderschöne 4-stündige Wanderung führt auf schattigen Pfaden auf die Anhöhe nach Koudoumás und dann hinab in den Badeort Thérma. Dort bevorzugen wir allerdings das Bad im Meer, wozu es in der Nähe eine ganz besondere Stelle gibt. Die Lokale in Thérma sind ab Juni geöffnet.
■ 7 km, Höhenunterschied 225m, mittelschwer

▷ *Karte siehe vorige Seite*

RGZ An der Nordseite des **Hafens von Ágios Kírikos** geht
0.00 man die Straße landeinwärts. Wenn sie sich **teilt**, gehen
0.05 wir links Richtung Panagía aufwärts. In einer Linkskurve, nach einer Motorradwerkstatt (re.), führt zwischen Häusern unser Sträßchen *geradeaus* weiter, folgt einer Rechtskurve, passiert eine kleine Kapelle (re.) und kommt nach
0.10 einer Linkskurve an einen kleinen **Bach.** Platanen beschatten die Idylle. Man steigt langsam an, macht eine Rechtskurve und geht da, wo Fahrzeugen die Zufahrt versperrt ist, nach links. Ein alter, mit großen Schieferplatten belegter Weg, ein Kalderími, führt nach links hinauf [1] (**P1:** N37°37,897'/E26°17,446'). Feigenkakteen runden das schöne Bild ab. Weiter oben hat der Weg leider einen Aufstrich aus Beton. Der Fahrweg macht eine Rechtskurve, in der man nach links zwischen zwei neu gebauten Häusern hindurch geht.
Wenn der Pfad abzufallen beginnt, entdeckt man rechts
0.20 **Stufen,** die durch üppige Vegetation zur Straße hinaufführen (**P2:** N37°37,506'/E26°17,494', 90m).

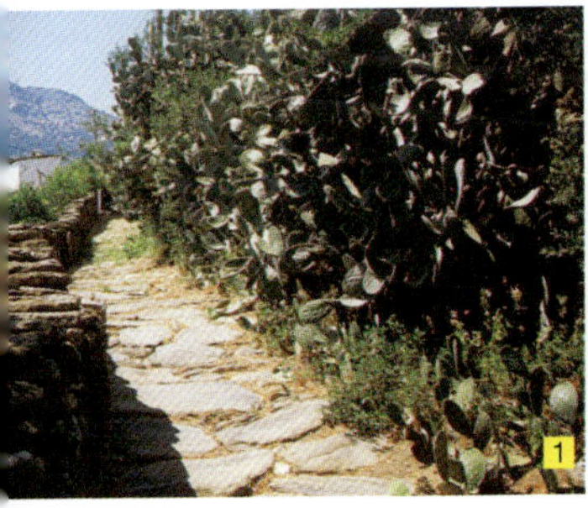

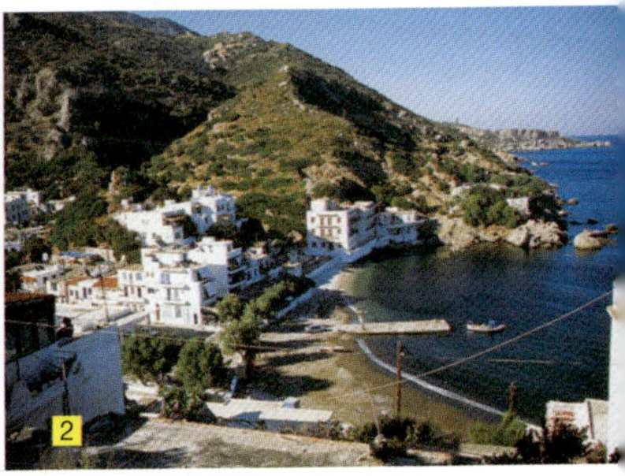

Diese überqueren wir diagonal nach links und nehmen die Rampe nach rechts hinauf zur Kirche von **Koudoumás.** (Neben der Kirche ist die Feuerwehrstation.) Vor der Kirche dreht man sich um 180° in einen alten Pflasterweg, der langsam den Hang hinaufzieht. Bei der halbrunden Apsis eines Hauses führen rechts Stufen auf Schieferplatten zwischen den Häusern nach rechts hinauf zu einem ebenen Betonweg (**P3:** N37°37,586'/E26°17,555', 200m). Ihm folgt man etwa 100m nach links, dann den weißen Steinstufen nach rechts hinauf. Der alte Weg ist teilweise von Weinlauben beschattet.

Wenn man ins nächste Tal sehen kann, findet man direkt
neben dem Haus zur Rechten einen Trampelpfad, der
vom breiten Pflasterweg rechts hinabführt und gelangt so
0.30 zu einem **Fahrweg** (**P4:** N37°37,652'/E26°17,606').

Bis zum Feuer von 2003 gab es in der Talmitte ein Mo-
nopáti, das aber danach zugewachsen ist. Wir gehen da-
her den Fahrweg nach links. Nach einem weiten Rechts-
bogen, in der Nähe eines Müllplatzes (re.), macht der Weg
eine enge Linkskurve. Genau dort führt ein manchmal et-
0.40 was zugewachsener **Eselspfad** geradeaus abwärts zu einer
Betonstraße, die man rechts hinabgeht. Unten steht ein
0.50 großes **Getränkelager**, bei dem man die Hauptstraße er-
reicht und abwärts geht.

Nach 30m, vor der Tankstelle, nimmt man die zweite
Straße nach links, Richtung Thérma. Vor der ersten
großen Kurve biegt man in eine schmale Straße rechts
hinauf ab. Sie führt über dem Tal dahin. Über Stufen mit
einem Handlauf aus zwei Stahlrohren gelangt man nach
1.05 **Thérma** [2] hinab.

Die Mädchenskulptur vor dem Kurhaus erreicht nicht die Qualität klassischer griechischer Bildhauerei. Ältere Menschen in Bademänteln gehen achtlos vorbei, um warme Radonbäder gegen Gelenkbeschwerden zu nehmen. Anfang Juni beginnt der Badebetrieb.

Wir suchen uns unser eigenes Bad. Dazu steigen wir zur Pension »Agiolykos« am Felssporn über dem anderen Ende des Strandes hinauf. Von dort geht man direkt hinter dem Haus und einer riesigen Tamariske im Gelände aufwärts zu Stromleitungen und erreicht einen gut markierten Pfad nach rechts/bzw. Nordosten. In den Felsen linker Hand findet man später ein Höhlenversteck aus der Bürgerkriegszeit.

1.10 Auf einer freien Stelle **gabelt** sich der Pfad. Man geht
rechts abwärts und bemerkt rechts unterhalb Ruinen und
Mauerbögen frühbyzantinischer Bäderbauten. Schließlich
erreicht man Felsplatten am Meer. Ganz verborgen, rechts,
gibt es auf flachen Felsplatten ein geschütztes Plätzchen
★ zum Sonnen mit einem davorliegenden naturgeformten
1.15 **Meerwasserpool** (**P5:** N37°37,508'/E26°18,551'). Hier ist's
schön.

Das hier austretende heilende Wasser war schon in der Antike bekannt. Der damalige Ort über unserem Badeplatz wurde vor 2000 Jahren durch ein Erdbeben zerstört und heißt heute ***Calasména Thérma.***

Zurück, wenn auch ungern, nimmt man denselben Weg
1.30 nach **Thérma.** Bei den einladenden Tavernentischen unter Tamarisken, führt eine Treppe hinauf zur schmalen
Fahrstraße, an der es nach links und dann hoch über der
1.50 Küste zurück nach **Ágios Kírikos** geht.

ISBN 978-3-9808802-7-5

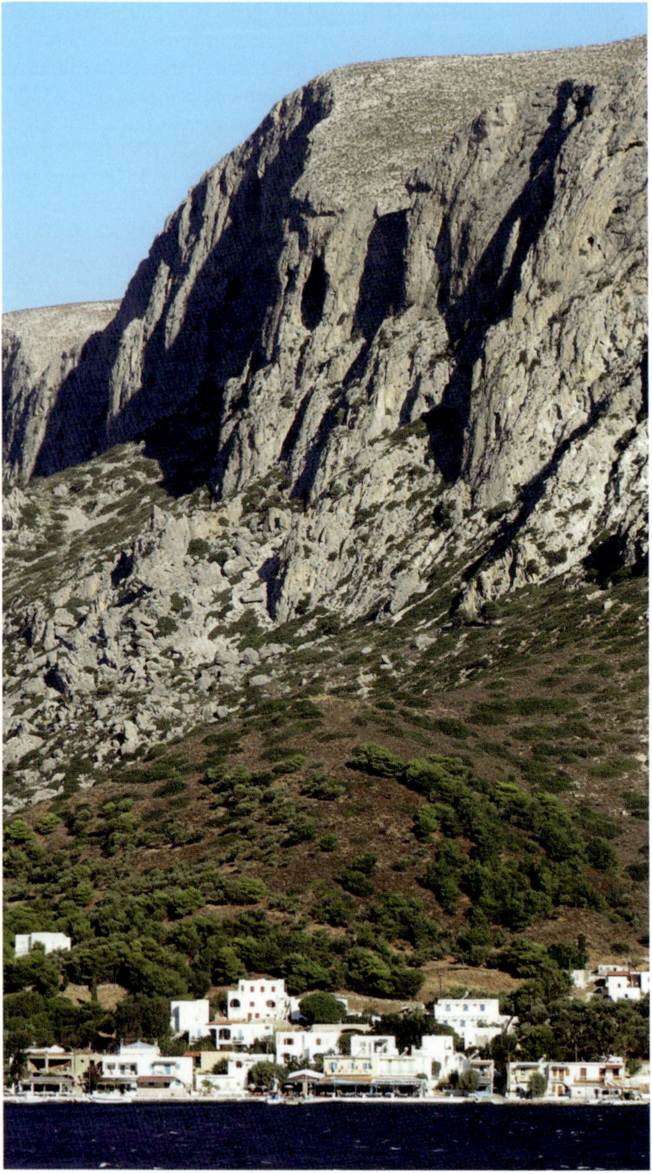

Kálymnos

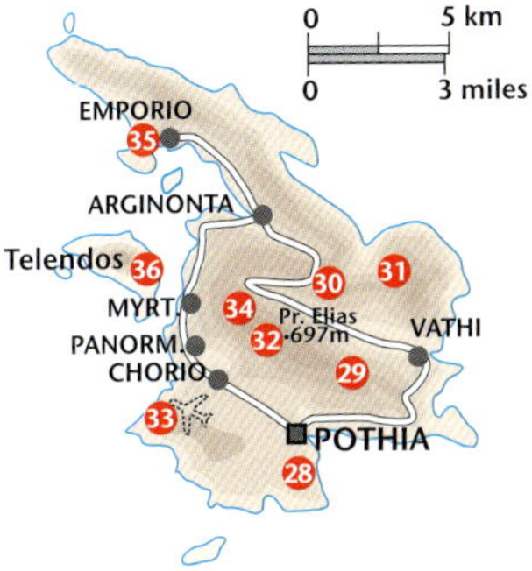

Die frühere Insel der Schwammtaucher ist die viertgrößte des Dodekánes. Drei mächtige Gebirgszüge, die parallel von Nordwesten nach Südosten verlaufen, haben zwei Täler gebildet, in denen sich die größeren Siedlungen befinden: Póthia, Chorió, Panórmos und Vathí. An der Westküste erinnert die Vegetation zusammen mit der Bebauung an liebliche oberitalienische Landschaften. Die Orte Myrthiés und Massoúri bieten den Besuchern, meist jüngeren Kletterern aus ganz Europa, ausreichend Quartiere und Lokale.
Die Berggegenden dagegen sind meist kahl und nicht mehr bewohnt. Diese Kargheit macht aber mit den Reiz der beschriebenen Inseldurchquerungen aus.
Für Individualtouristen wird einiges getan, vor allem für die Kletterer. Kletterfelsen bis zum Schwierigkeitsgrad 9 können bezwungen werden.
Für Wanderer werden alte Pfade markiert. Es gibt detaillierte Inselkarten von Skaï-Terrain (Nr. 337) und Anavasi (Nr. 10.32). Die letztere zeigt zwar mehr Pfade, diese sind jedoch oft nicht leicht zu finden. Ein gut funktionierendes Bussystem führt zu den Start- und Endpunkten der beschriebenen Wanderungen. Taxizentrale: 22430-50300

Télendos

In einem gewaltigen Erdbeben im Jahre 554 v.Chr. löste sich die heutige Insel von Kálymnos. Die imposante Ansicht bei der Überfahrt trügt nicht: Es ist etwas Besonderes, hier die Ferien zu verbringen. Die Felsen reichen fast bis ans Meer, lediglich ein schmaler Küsten- und Strandstreifen bleibt den Menschen. Die Wanderung 36 lässt dies spüren. Bis spät abends kann man zur Hauptinsel übersetzen oder auch von dort zum Abendessen in die beliebten Hafentavernen von Télendos fahren.

㉘ Die Eremitage über dem Meer

In 4½ Stunden besucht man erst das große Sávas-Kloster über der Stadt und gelangt danach auf Eselswegen zur abgelegenen Eremitage Ágios Geórgios. Verpflegung sollte man dabeihaben, Wasser gibt es im Kloster.

■ 10 km, Höhenunterschied 190m, mittelschwer

RGZ Vor der großen Kirche **Ágios Nikoláos** beim **Schiffsanle-**
0.00 **ger von Póthia** geht man auf Stufen die breite Rampe
nach rechts hinauf, bis sie waagerecht verläuft und später
rechts ein respektables Gebäude steht. Wenn die Straße
abwärts führt, nehmen wir den flachen Stufenweg nach
0.05 links. Bevor man das **Hotel** »Panorama« (re.) passiert,
geht man die Straße nach links hinauf und biegt nach
30m nach rechts in eine schmale Gasse ein. Links oben
sieht man einen Kirchturm als Zwischenziel. Weitere Stu-
fen führen nach 30m links hinauf und links versetzt über
0.10 die Hauptstraße zum **Friedhof.**
Unterhalb davon geht man die schmale Straße 100m
nach links. Dort zweigt neben Wasserrohren ein Pfad (**P1:**
N36°56,773'/E26°58,847') durch Zypressen nach rechts
hinauf ab. Unten breitet sich der Hafen aus – in der Ferne
zeigen sich Kos und links davon Psérimos.
0.15 Bei einer **Felsengruppe** (re.) verlässt man die Wasserlei-
tungen auf einem Trampelpfad nach rechts hinauf zum
0.20 riesigen **Betonkreuz** (140m). Ein paar Schritte links hinab
geht es zu den Kapellen des Ágios Pétros; Platz für eine
Verschnaufpause. Auf einer Straße, die vor einem Zaun
0.25 nach rechts abgekürzt wird, gelangt man zum **Kloster**

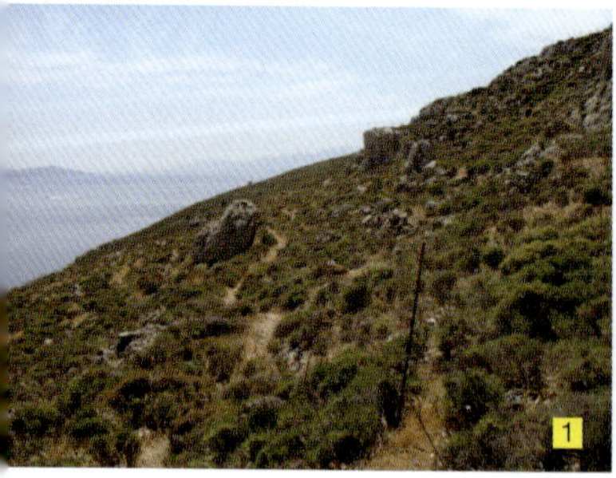

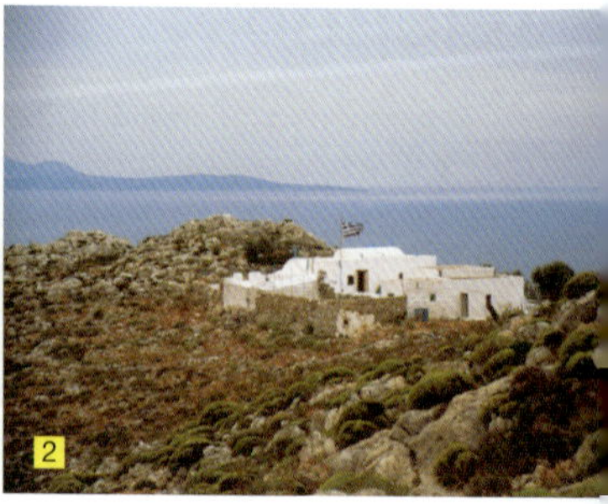

Ágios Sávas, auch Moní ton Agíou Pándon (Allerheiligen) genannt, das 190m über Póthia thront.

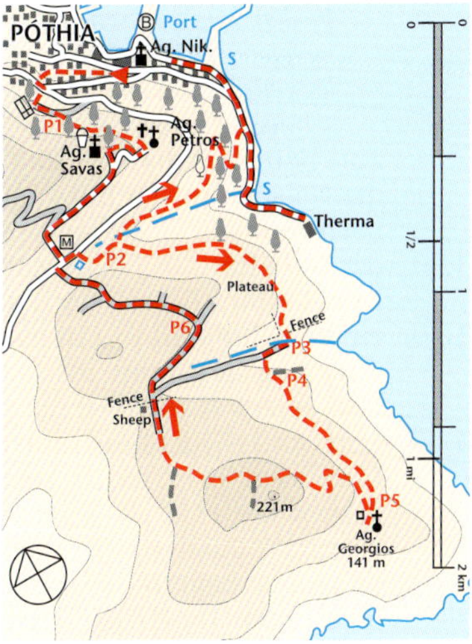

Das Frauenkloster von 1912 ist eine aufgelockerte Anlage aus Kapellen und Wohnzellen. In der erst 15 Jahre alten Hauptkirche steht der silberne Sarkophag des Heiligen Sávas, der 1948 gestorben ist. Nach 40 Jahren wies sein Leichnam keine Verwesungserscheinungen auf, worauf er 1991 heilig gesprochen wurde. Beim Eingang der völlig ausgemalten Kirche ist links der Heilige Spíridon zu sehen, der durch das Vertauschen von Pferdeköpfen die Kraft Gottes demonstriert.

Auf der Straße geht es dann hinab zum **Folk-Museum** mit bäuerlichen Gegenständen und alten Fotos von Schwammtauchern.

Auf der Hauptstraße unterhalb wandert man 70m nach
0.35 links bis zum **Wasserbecken** (re.). Zehn Meter links davon geht es 20m abwärts und dann in einen Pfad. Ein Holzschild (**P2:** N36°56,503'/E26°58,734') weist bald zum Ziel der Wanderung. (Auf dem Rückweg biegt man hier nach links ab.) Rechts oberhalb der Senke ① geht es später
0.45 aufwärts zu einem **Plateau** unterhalb eines Felsens und von dort links von einer niedrigen Felswand in den nächsten Graben. Hinter dem Maschenzaun (**P3:** N36°56,138'/E29°59,042') steigt man den Fahrweg etwas länger als eine Minute (130 Schritte) an und findet links einen Trampelpfad, der nach einer Gabelung nach rechts aufwärts zu ei-
1.00 nem **Höhenrücken** (**P4:** N36°56,046'/E26°58,980, 125m) führt. Danach wandert man am Hang entlang, bis man
1.15 **Ágios Geórgios** ② (**P5:** N36°55,744'/E26°59,021') erreicht.

In den verschlossenen Räumen lebte bis vor kurzem der weitgereiste Mönch Barnabas abseits allen Trubels. Mittlerweile hat es ihn in eine Küstenkapelle mit Straßenanschluss gezogen.

Zurück nimmt man für 80m denselben Pfad und geht bei
der Gabelung nach links auf den Hügel. Dort biegt man
nach rechts in einen breiteren Pfad ein. Wenn man nach
1.30 der **Gabelung** rechts abwärts geht, sieht man unten das
Dorf Vothíni liegen. Nach Passieren eines Gatters neben
1.40 einem **Schafstall** (li.) in einer Senke geht man bei einer
Gabelung geradeaus. Bei einer weiteren Gabelung (**P6:**
N36°56,269'/E26°58,889') wandert man erst links auf-
1.55 wärts und wieder hinab zur **Straße.**

Dort biegt man rechts zum bereits bekannten Wasser-
becken mit Pfad ab. Beim Holzschild geht man diesmal
aber links durch das Trockenbett. Unterhalb einer wilden
Müllkippe beginnt ein Pfad, der zum Meer zieht. Nach-
dem man durch ein teilweise verbranntes Kiefern-
wäldchen gekommen ist, geht es in Serpentinen zur
2.15 **Straße** hinab und dort nach rechts zu den **Thermen.** Hier
2.20 kann man essen und baden. Im 1955 erbauten Kurgebäu-
de gab es früher die Möglichkeit, in schwefelhaltigem
Wasser ein heißes Bad zu nehmen. Ein kühles Bad hinge-
2.30 gen bietet der Stadtstrand von **Póthia.**

Ägäische Inseln

In der Antike wurde die Mitte der Ägäischen Inseln festgelegt: Das heilige Délos. Es wird kreisförmig umringt von den *Kykladen (von Kyklos,* der Kreis). Um diesen Inselring herum schwirren die Sporaden, die »Zerstreuten Inseln«. Diese umfassten ursprünglich alle restlichen Ägäisinseln bis hinauf nach Thrakien.

Später wurden die Sporaden unterteilt in die *Südlichen Sporaden* (von Sámos bis Rhódos, im südlichen Bereich auch *Dodekánes genannt),* die *Nördlichen Sporaden* (mit Skópelos und Skiátos), die *Ostägischen Inseln* (von Lésbos bis Sámos (das auch den Südlichen Sporaden zugerechnet wird) und im Norden die Nordägäischen- oder *Thrakischen Inseln* (von Thásos bis Límnos). Streng genommen, zählen geografisch zu den letzteren auch zwei türkische Inseln.

29 Der italienische Weg

Diesen Plattenweg haben die Italiener während ihrer Verwaltungszeit erneuert und so wird er noch heute nach ihnen benannt. Bis in die 1960er Jahre war er die einzige Landverbindung zwischen Póthia und Vathí.
Der leicht zu findende Weg führt durch eine karge Gegend ohne Kapellen, Häuser oder Bäume und ist in 3½ Stunden gut zu schaffen. Wenn man danach auf die Bergkette zurückblickt, hat man das Gefühl, etwas Besonderes gemacht zu haben.
■ 8 km, Höhenunterschied 370m, mittelschwer

RGZ Vom Hafen von **Póthia** gelangt man in zehn angeneh-
men Gehminuten zur ziegelgedeckten Kuppelkirche **Agía**
0.00 **Triáda** 1 über dem schönen Hotel »Themelína«. Von der
Kirche aus geht man den Stufenweg aufwärts, überquert die Straße und wendet sich oben nach weiteren Stufen nach links. Ein Betonweg führt zu den Serpentinen (**P1:** N36°57,352'/E26°59,064') des alten Fußweges. Beim Hinaufgehen kann man links an der gegenüberliegenden Talseite die Burgruine und das Kloster Chrysocheriás betrachten, darunter die vibrierende Stadt. Von hier nicht zu sehen ist die Anastási-Kapelle über dem Hafen. Sie erinnert an das tragische Unglück, als sich in der Osternacht 1980 vier junge Männer versehentlich mit Dynamit in die Luft sprengten. Die hier üblichen ausgiebigen Böllerschießereien an Ostern sind selbst bei Griechen berühmt-berüchtigt.
0.17 Wenn man von der **Anhöhe** aus Kos erkennen kann, ist

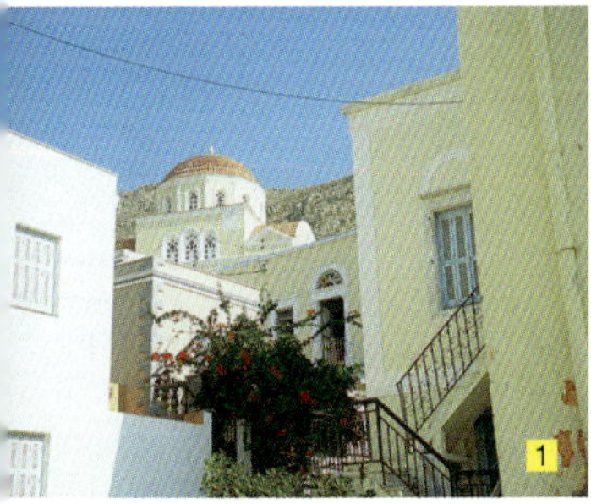

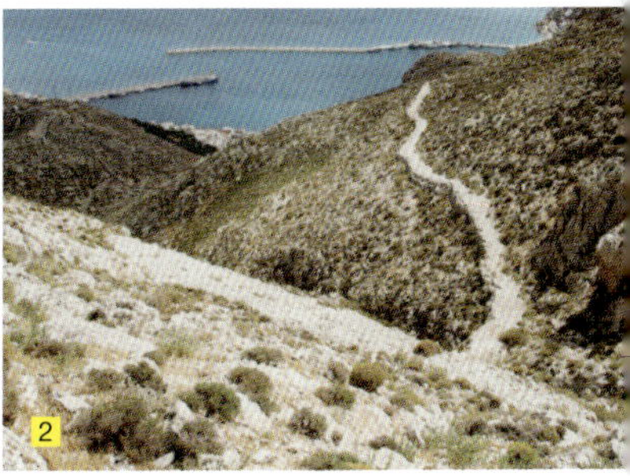

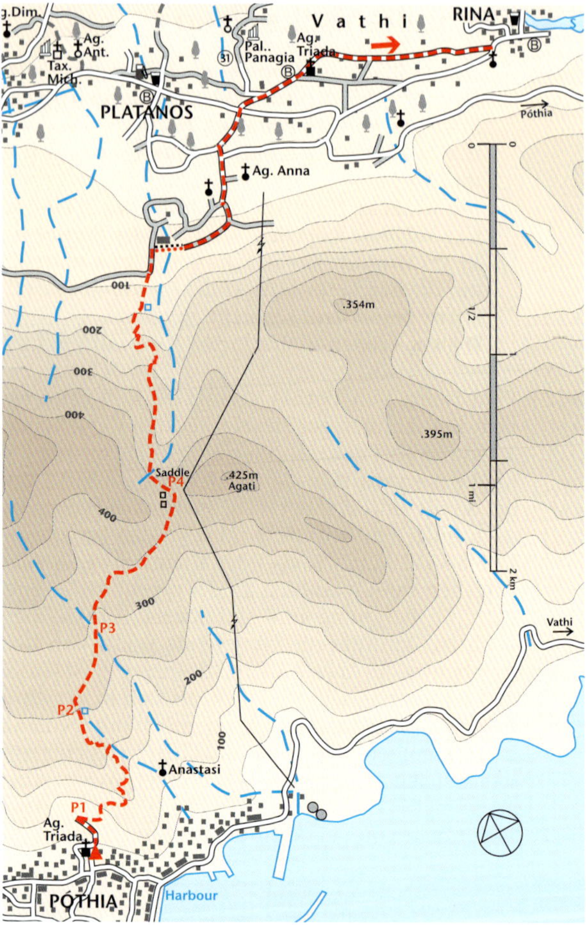

fast die Hälfte des Anstiegs geschafft. Der gut erhaltene
Weg ② zieht weiter aufwärts in eine breite Scharte mit
0.25 **Zisterne** (re.) (**P2:** N36°57,500′/E26°59,233′). Jetzt wird es
!! flacher, das Steinband führt über die Hochebene. Es *durch-*
0.45 *quert* eine breite **Geröllrinne** und zweigt nach rechts (**P3:**
0.55 N36°57,830′/E26°59,502, 205m) zum **Sattel** hinauf ab
(**P4:** N36°57,913′/E26°59,847′, 370m). Vom Dieselgenera-
tor in der Bucht laufen Stromleitungen herauf. Mittler-

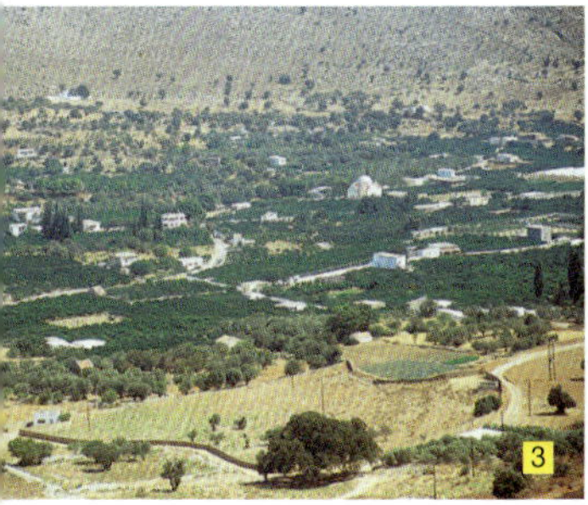

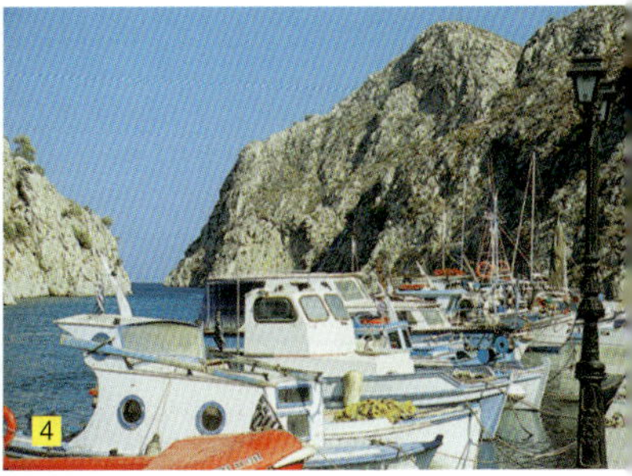

weile bezieht die Insel jedoch den größten Stromanteil untermeerisch aus Kos.

Der abwärts führende Weg 3, an dem sich »kugeliger« und »baumförmiger« Wolfsmilch breitmachen, führt um
einen Ausläufer des Berges herum und endet unterhalb ei-
1.20 nes **Wasserbehälters** (re.) in der Nähe eines großen
1.30 Schuppens im **Tal von Vathí.**

Dort nimmt man beim Strommast in der Kurve eines
Feldweges den *Trampelpfad* an einer Mauer (li.) entlang
nach rechts, durchquert einen Graben und wendet sich
1.40 dann nach links in einen Fahrweg, wo ein **Gatter** zu pas-
sieren ist. Rechts vom Weg liegt später die byzantinische
Anna Kapelle mit beachtenswerten Wandmalereien. Von
dort geht man die Straße zur Talmitte, kommt an der sil-
1.50 brigen Kuppel der Kirche **Agía Triáda** vorbei und gelangt
2.05 nach Rhína und zum **Hafen** von Vathí. Bei den bunten Fi-
scherbooten lässt es sich in einer der Tavernen prächtig
auf den Bus warten 4.

Der verborgene Hafen war im Mittelalter mit einer Kette versperrt. Heute sind hier immer ein paar Ägäissegler am werkeln und köcheln.

▷ McGilchrist's »Greek Islands« – Band 15 / Northern Dodecanese, bietet viele kulturelle Informationen zu den hier beschriebenen Inseln.
(nur auf Englisch, ISBN 978-1-907859-11-3)

30 Inseldurchquerung

Im ersten Abschnitt der 4-stündigen Wanderung durchstreift man das fruchtbare Tal von Vathí. Nach einem Aufstieg auf 360m gelangt man in eine romantische Schlucht und bei Arginónta wieder ans Meer. Die Strecke verlangt im mittleren Teil Orientierungsvermögen. Will man sie abkürzen, fährt man mit dem Bus bis Plátanos oder Metóchi.

■ ***10 km, Höhenunterschied 360m, moderat bis schwer***

▷ *Strecke bis Platanos siehe Karte Seite 116*

RGZ Vom **Hafen von Rhína** marschiert man auf der Straße land-
0.00 einwärts. An der Gabelung geht es rechts und immer gera-
0.18 deaus bis zur silbrigen Kuppel der großen **Triáda-Kirche**
(li.). Hinter weißen, sanft geschwungenen Mauern reifen
Mandarinen, Orangen, Granatäpfel, Feigen und Trauben [1].
Die Straße führt talaufwärts und bei der Verkehrsinsel mit
0.25 Riesenbaum rechts nach **Plátanos**, dem Ort mit dem letz-
ten Kafeníon vor dem Aufstieg. An der Autowerkstatt vorbei geht es weiter. Rechts sieht man auf einem Felsen zwei Kapellen. Links von der linken, der Michaelskapelle, stehen die riesigen Quader der hellenistischen Festung Empola.

Oben gibt's links noch mehr zu sehen: In die Festungsmauern wurde die frühchristliche Basilika Taxiárchis Michalis mit Bodenmosaik eingebaut.

Abkürzung: In der Karte ist ein abkürzender Pfad eingezeichnet, der Metóchi umgeht.

An der nächsten Gabelung folgt man rechts dem Hinweis-
0.35 schild bis zum Ortsschild von **Metóchi** und vor dem

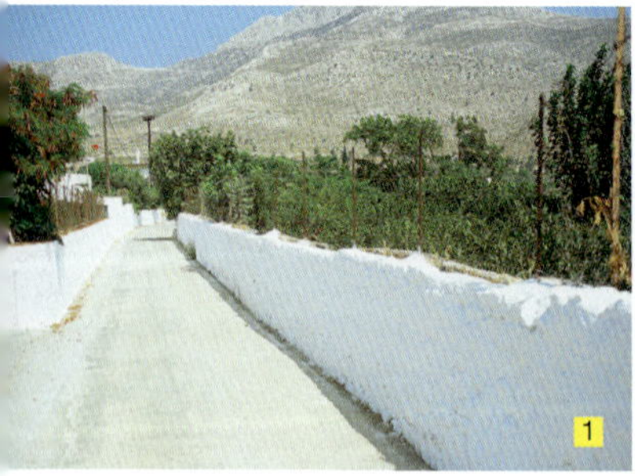

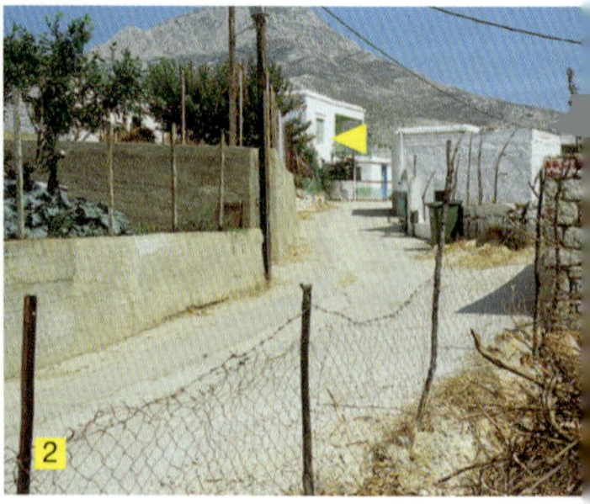

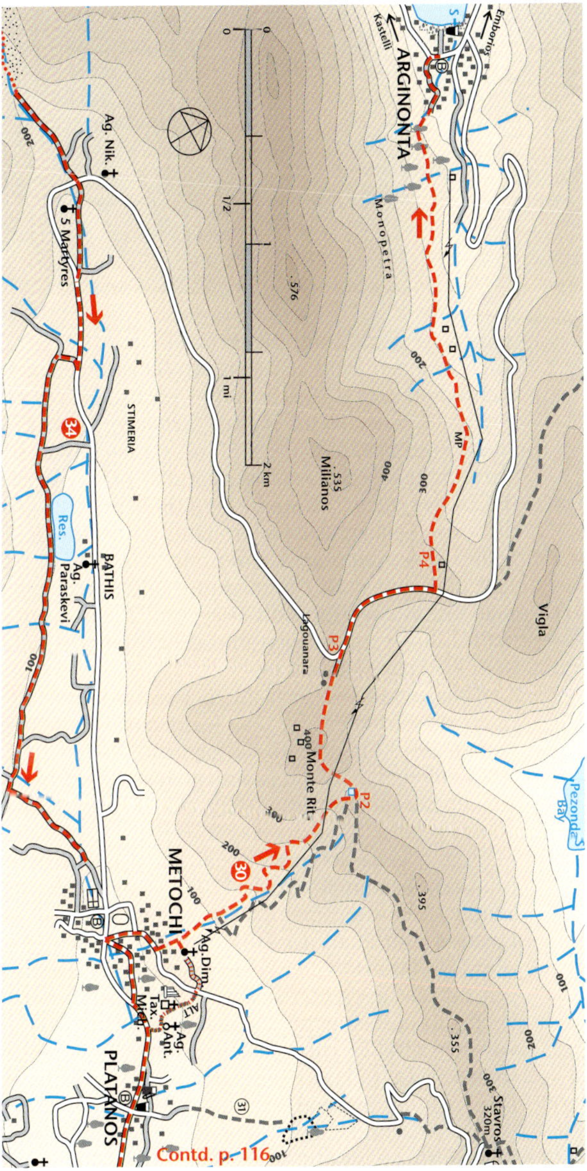
ARGINONTA
Kastelli
Emborios
Monopetra
MP
P4
P3
P2
Vigla
Miliános
535
576
Lagouanara
Monte Rit
395
355
Stavros
320m
Pezonda Bay
Ag. Nik.
5 Martyres
STIMERIA
BATHIS
Ag. Paraskevi
Res.
METOCHI
Ag.Dim.
Tax. Mich.
Ag. Ant.
ALT
PLATANOS
Contd. p. 116
0
1/2
1 mi
2 km

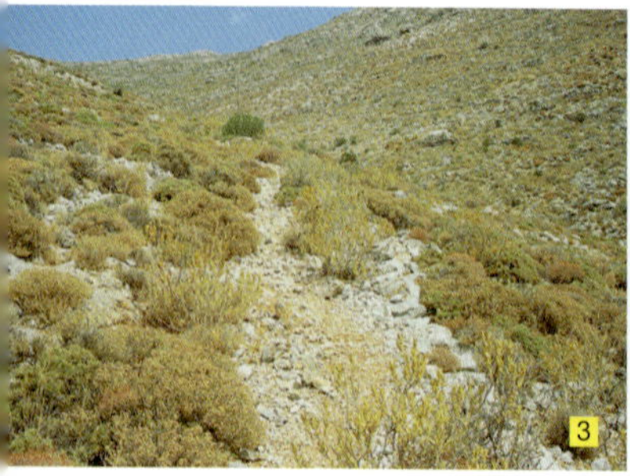

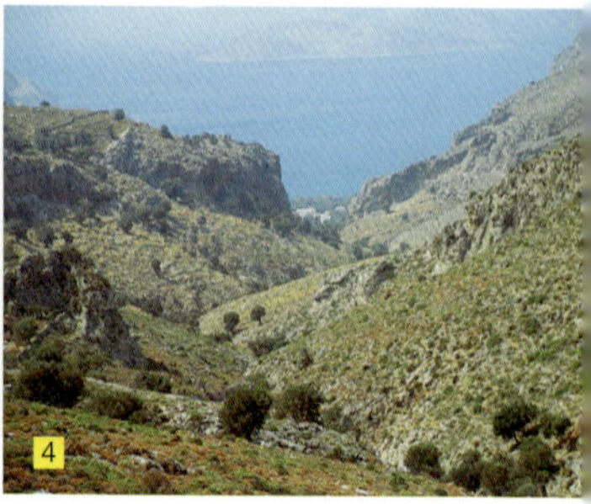

Sportplatz dem Schild Richtung »Kyra Psilí« nach rechts. Auch bei den beiden nächsten Gabelungen geht man rechts und achtet drei Minuten nach dem Ortsschild 2
!! auf einen zwei Meter breiten *Betonweg nach links* (**P1:** N36° 59,094'/E27°00,051', 50m). (Links davon steht ein Strommast – nach 15m folgen Stufen.) Der Weg läuft vor-
0.40 bei an der **Dimitri-Kapelle** (re.) und zunächst geradlinig links von Graben und Elektroleitung aufwärts 3.
0.55 Später beginnen **Serpentinen**, bei denen man sich *links*
!! *hält* und später die Stromleitung unterquert. Oben lässt
1.15 man ein **Wasserreservoir** (**P2:** N36°59,840'/E26°59,963', 320m) direkt links liegen und geht 10m oberhalb auf einem Pfad nach links.

Der Pfad schlängelt sich durch Wacholderbüsche, unterquert die Stromleitung und führt auf den breiten Bergrücken des Milianós zu. Es folgt ein ebenes freies Wegstück auf dem man, am Picknickhäuschen vorbei, abwärts
1.30 zur überbreiten **Straße** (**P3:** N36°59,895'/E26°59,570', 360m) gelangt.

1.35 Man geht etwa 400m rechts abwärts, bis links die **Leitplanken** beginnen. Noch 120m weiter steht links ein Schild »Achtung Kurve«. Fünf Meter davor ist links der Einstieg zum Pfad, der kurz darauf links an Hausruinen (**P4:** N37°00,218'/E26°59,488') vorbeiläuft. Elektroleitungen führen uns später sicher Richtung Arginónta weiter. Rechts ist die Schlucht von Monopétra eingesägt 4 – Foto vor dem Straßenbau. Später wird es wildromantisch mit
★ steilen Felsen, knorrigen Ölbäumen und malerischen
2.00 **Hausruinen.** Störend ist nur die Straße am Gegenhang. Durch eine hohle Gasse kommt der Wanderer dann in
2.30 **Arginónta** an die Straße. (Bus ca. 16.00 Uhr)

㉛ Die verborgene Marienkirche

Diese wunderschöne Wanderung von 6 Stunden führt von Vathí zu einer verborgenen Kirche in den Felsen des Koukoúla-Massivs und an eine einsame Badebucht.
Ohne den Abstecher zur Bucht verkürzt sich die Tour auf 3½ Stunden. Tavernen gibt es nur im Tal von Vathí.
■ ***11,5 km, Höhenunterschied 430m, schwer***

RGZ Wer die schönen Obstgärten des Tales von Vathí (griech.:
0.00 »tief«) schon kennt ㉚, kann mit dem Bus zur **Triáda-Kirche** fahren. Dort nimmt man die von der Hauptstraße nach rechts abzweigende Straße und geht nach weiteren 50m rechts aufwärts 1. Der Beton-/Feldweg führt bergan zu den Ruinen der frühchristlichen *Palaiopanagía-Basilika,* rechts von einer Kurve. Sie stammt aus dem 6. Jh. n. Chr. und besitzt ein kreuzförmiges Taufbecken und Mosaiken. (Weiter oben am Hang bietet die nachbyzantinische Panteleimon-Kapelle alte Wandmalereien.)

Geht man den Feldweg weiter, entdeckt man weiter oben links in einer Wiese zwei verfallene Kapellen, an denen ein Pfad rechts vorbeiführt. Achtzig Meter danach durch-
0.10 quert er eine **Zauntür** mit runden Betonpfosten (**P1:** N36°58,947'/E27°00,777'). Das fruchtbare Tal liegt da wie eine Oase, umgeben von kahlen Bergen, deren höchster, der Profitis Elias, ein Kloster trägt ㉜. Über der rechten Talseite steht in einem Sattel die winzige Stavrós-Kirche – unser Zwischenziel.

Der Trampelpfad durchzieht eine kleine Senke, passiert

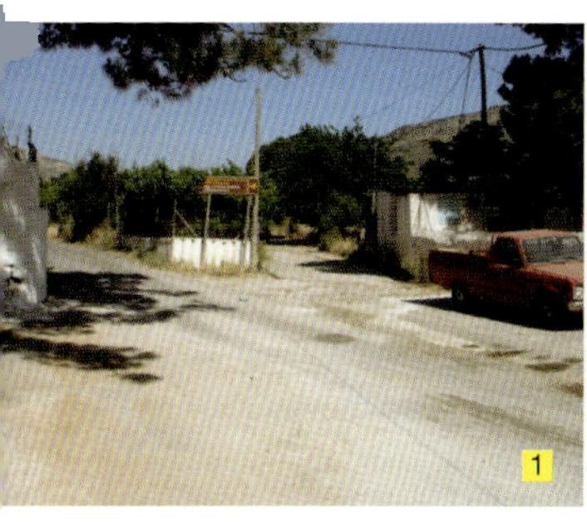

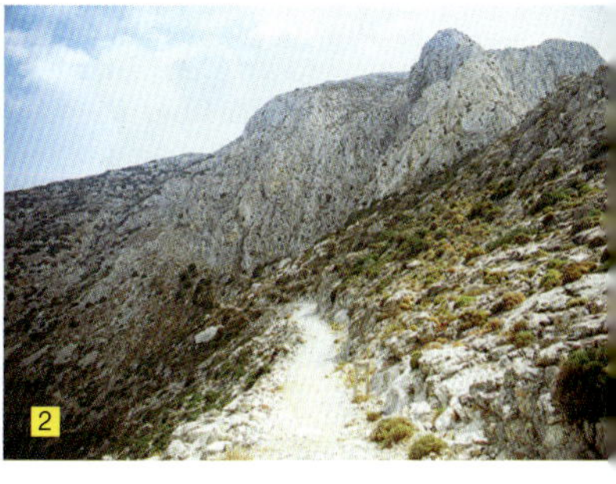

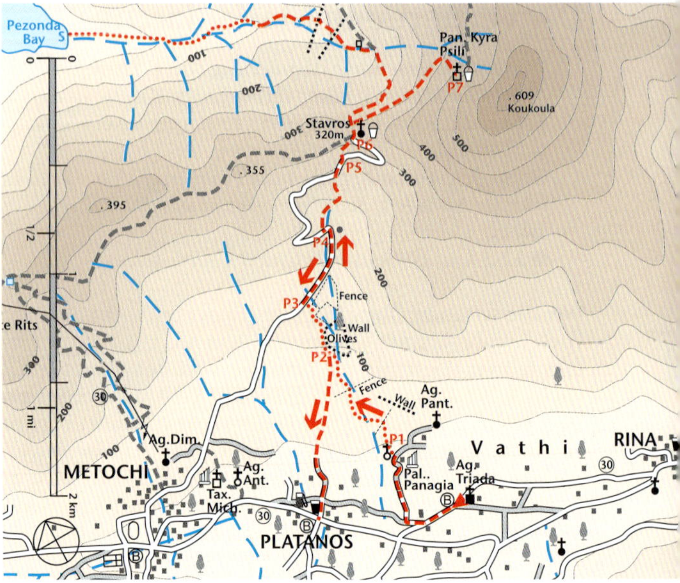

ein zweites Gatter und läuft auf die linke Ecke einer Mauer
0.20 zu, hinter der Olivenbäume stehen. Von der **Mauerecke** (**P2:** N36°59,139'/E27°00,683') geht man durch das Gatter halblinks aufwärts weiter zur nächsten Ecke. Dann links neben der Mauer pfadlos, später neben dem Zaun, bis
0.25 man auf die **Betonstraße** (**P3:** N36°59,326'/E27°00,639') trifft und weiter bergauf zieht.

0.35 Am Ende der ersten **Linkskurve** (**P4:** N36°59,476'/ E27°00,918') weist ein Pfeil nach rechts auf den alten Fußweg, den man sich nicht entgehen lässt und der außerdem den Anstieg verkürzt. Die letzten zehn Meter muss man über die von den Straßenbauern hinterlassenen Felsbrocken kraxeln und ist wieder auf der Straße. 50m weiter, nach der Linkskurve, gibt es wieder einen
0.45 Pfeil nach links hinauf – das alte **Monopáti!** (**P5:** N36°59,579'/E27°01,056'). Es führt zum Gebetsraum auf
0.50 dem 320m hohen Sattel: **Stavrós** (= Kreuz) (**P6:** N36° 59,661'/E27°01,130). Man kann jetzt das Meer sehen, eine Kirche allerdings nicht.

Also geht man den Hinweisschildern nach und folgt ei-

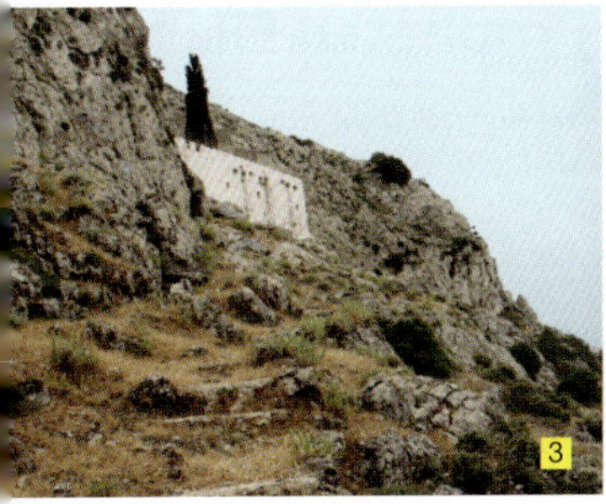

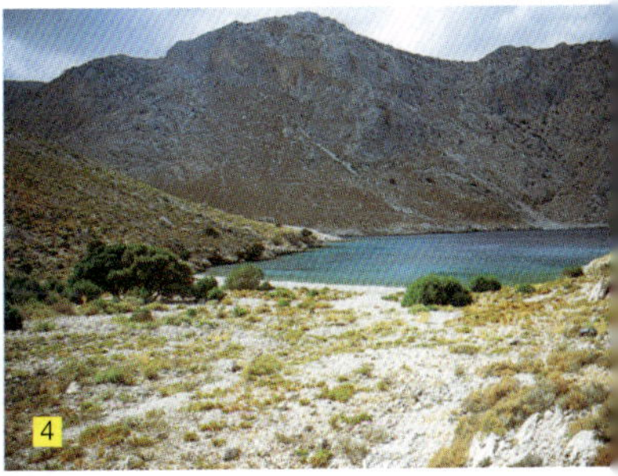

nem ebenen Pfad 2 nach rechts, der bald schmaler wird. Nach einigen Kehren entdeckt man rechts oben die ge-
1.10 suchte **Kirche** (**P7:** N36°59,608'/E27°01,468', 400m).

★ *Die **Panagía tin Kyrá Psilí** 3 ist erst im 18. Jh. erbaut worden, als Schenkung eines Kalymnioten in Osmanischen Diensten.*

Für die Gläubigen ist der rechte Raum der Höhle von Bedeutung, in den heilendes Wasser tropft. Natürlich gibt es auch eine Marienikone, einst von einer wassersuchenden Ziege entdeckt. Diese Ikone ist jetzt in Metóchi und wird zweimal im August in einer Prozession heraufgetragen.

1.25 Zurück am **Stavrós** könnte man abbrechen und auf direktem Weg zurückstiefeln. Wer noch Kräfte hat, wandert bei der Kapelle den gut markierten Fußpfad in die Senke hinab, durchquert einen Talboden mit quer laufenden Mauern und geht danach rechts oberhalb des Talbodens weiter. Das Meer ist von hier aus nicht zu sehen. Später durchquert man eine Rinne, geht kurz links oberhalb der Rinne, dann durch einen Hohlweg und einen breiten
2.10 Schotterstreifen bis zur **Bucht von Pezónda** 4. Sie erinnert an einen Gebirgssee, an drei Seiten von Bergen umgeben, die Öffnung zum Meer nicht sichtbar. Ein kleines Paradies, beschützt von der Marienkirche am oberen Talende.

2.50 Zurück geht es auf demselben Weg, ab **Stavrós** diesmal vielleicht bequem auf der Straße. Unterhalb des ummauerten Hains geht man später direkt ins Vathí-Tal nach
3.30 **Plátanos** und wartet vor der urigen Taverne auf den Bus.

★

㉜ Das Kloster des Propheten Elías

Auch auf Kálymnos wird der höchste Berg Profítis Elías genannt. Er ragt stolze 676m aus dem Meer heraus. Um ihn zu besteigen, braucht man ein bisschen Erfahrung im Berggehen und etwa 2 Stunden Zeit – für die Überquerung ins Vathí-Tal 5 Stunden. Unterwegs sind weder schattige Bäume noch Quellen zu erwarten. Es wird also ein etwas anstrengender Tag, jedoch mit weiten Ausblicken.
■ 9 km, Höhenunterschied 610m, schwer

RGZ Vom dreieckigen **Hauptplatz von Chorió** (Busstopp)
0.00 folgt man dem Schild »Kastro/Castle« bergan. Auf dem
steilen Felsen rechts sind die Ruinen der früheren Inselhauptstadt zu sehen, die bis vor 250 Jahren bewohnt war.
Man trifft auf eine Quergasse (links, nicht sichtbar, steht
!! eine Kirche), geht 20m *rechts abwärts* und dann links. Am
0.05 Ortsrand steht rechts eine **große Betonwand.** Hier beginnt ein Fahrweg durch die Schlucht. Etwa 150m nach
0.10 der Schlucht zweigen **Fahrspuren** nach rechts ab [1] (**P1:** N36°58,202'/E26°57,627', 160m).

Alternative: Der breitere Fahrweg wird nach 10 Minuten zum schönen Pfad, der in weiteren 30 Minuten in den Sattel führt (RGZ 1.50). Will man nicht den Gipfel besteigen, geht man hier geradeaus.

Gipfelstürmer gehen auf den Fahrspuren nach rechts in das Talbett und laufen geradewegs auf einen zwei Meter hohen und etwa 15 Meter langen, von tiefen senkrechten Rissen durchzogenen Felsen zu. Direkt links davon ist ein grobschottriger Pfad, der nach ein paar Metern nach links

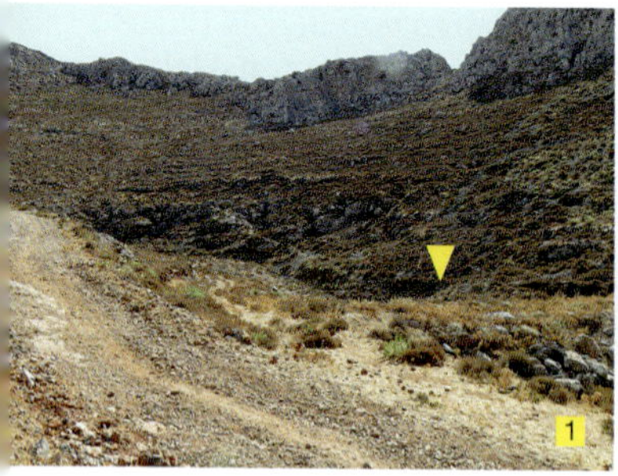

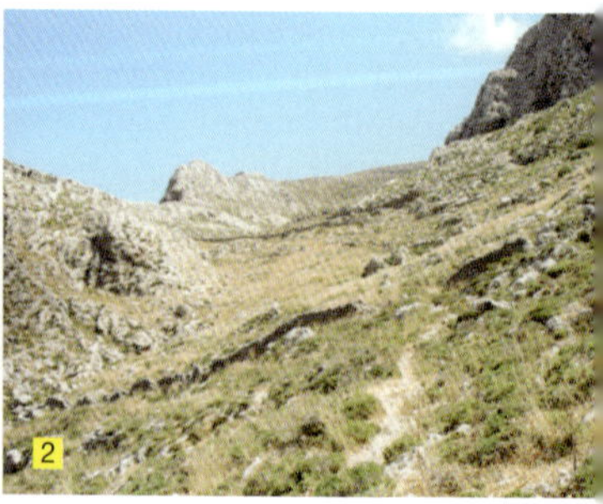

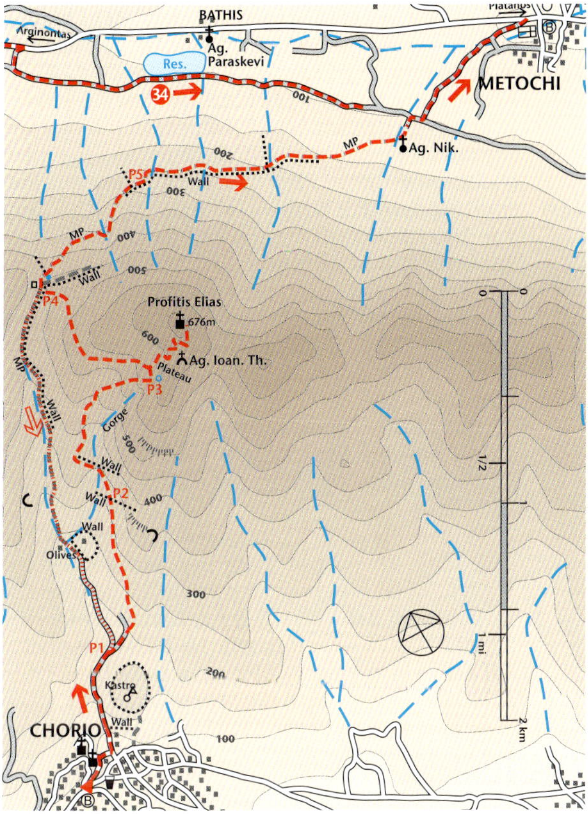

hinauf führt. Der hohe Felsen mit den Ruinen der Stadtmauer bleibt hinter uns, während der Pfad langsam ansteigt und oberhalb des ummauerten Olivenhaines entlang führt. Er durchquert später die Bresche einer schräg
0.30 laufenden **Feldmauer** ② (**P2:** N36°58,497′/E26°57,876′). Weiter oben baut sich links ein Felshügel auf, der das weite Tal teilt. Wir wandern einer quer laufenden langen Feldmauer entgegen, vor der der Pfad nach links schwenkt. Links von einem flachen, ausgehöhlten Felsen findet man
0.40 ein **Gatter**, hinter dem man sofort nach rechts geht. Ein Blick zurück erfasst die kühne Lage des Flughafens auf dem Bergrücken, die fast einem Flugzeugträger ähnelt.

Der Pfad schwenkt nach rechts. Oben sieht man jetzt das
Bergkloster 3 und unterhalb eine breite Geröllschlucht.
Jetzt sind nur es nur noch 290 Höhenmeter!
Nachdem sich weiter oben das Tal geschlossen hat, geht
es links von der Schlucht auf einem Geröllpfad vorsichtig
aufwärts, bis man ein grünes, geneigtes Hochplateau er-
reicht, eine riesige Ziegenweide. Am unteren Ende liegt
1.05 ein **Brunnen** (**P3:** N36°58,742'/E26°58,174', 535m).
Von hier zieht man am unteren Rand des Plateaus nach
links weiter und trifft nach drei Minuten auf den Haupt-
weg zum Gipfel, der von links heraufführt. (Hier geht
man später abwärts.) Auf ihm geht es rechts hinauf. Vor
1.10 einer einfachen **Höhlenkirche** 4 teilt sich der Weg kurz-
zeitig – rechts ist eine steilere Variante zum Kloster des
1.25 **Profítis Elías.**

> Das Kloster ist unbewohnt. Innen bietet es Räume für die beliebte Kirchweih am 20. Juli. Dafür wird alles Notwendige tagelang mit Eseln vom Tal heraufgeschafft.
> Außen bietet sich ein grandioser Ausblick. Über der grünen Ebene von Vathí liegt langgestreckt Kos mit dem Kéfalos-Gebirge, davor die flache Insel Psérimos, dahinter das vulkanische Nísyros. Links davon beginnt Asien – die türkische Halbinsel Resadyie.

Auf demselben Weg wandert man zum Hochplateau, aber
1.35 dort nach rechts durch die **Steinmauer.** Der schöne Pfad
5 führt später zu einem Durchgang in der kilometerlan-
gen Feldmauer, die vom Tal heraufzieht (**P4:** N36°59,072'/
E26°58,045').

> ***Abkürzung:*** Auf dem Pfad, später Feldweg, braucht man 45 Minuten nach Chorió.

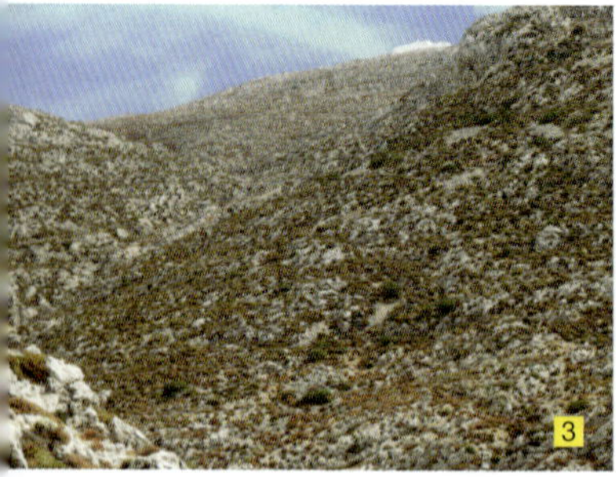

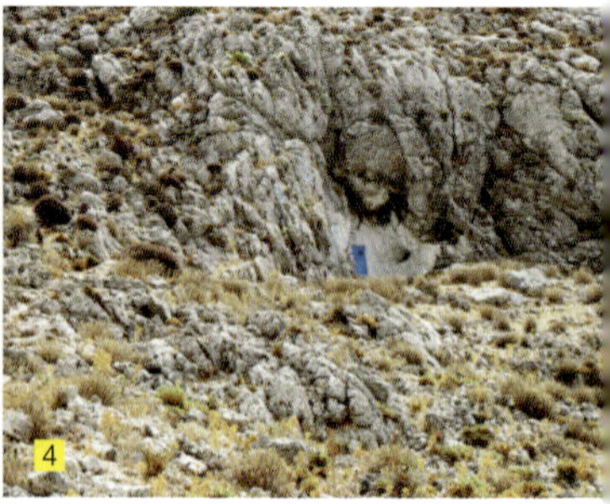

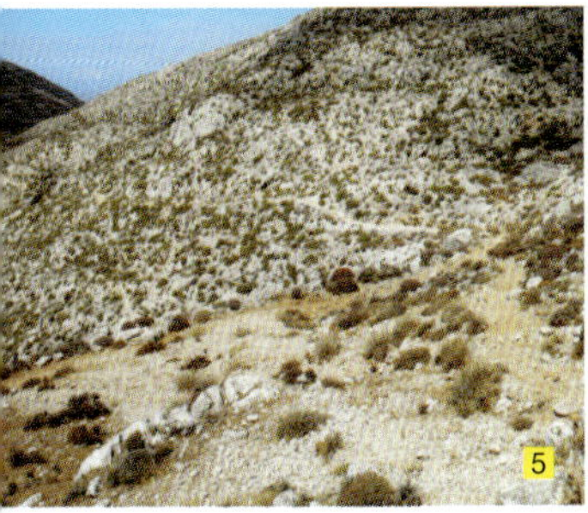

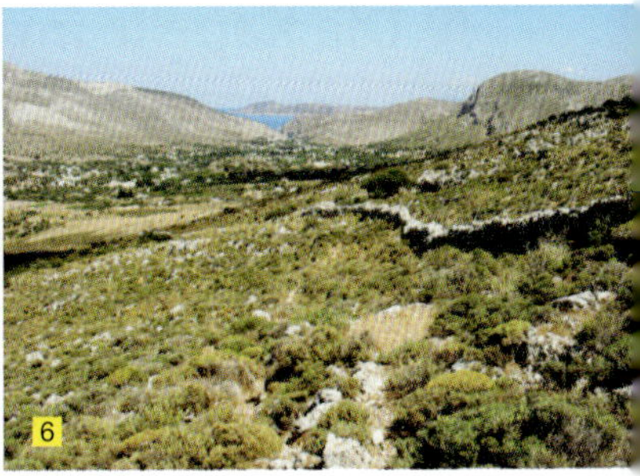

Ins Tal von Vathí führt der Pfad nach rechts zu einer Ruine,
1.50 die links im **Sattel** steht. Hier gabelt sich der Weg – wir gehen links abwärts, nach ein paar Metern nach rechts und unterhalb einer runden Zisterne durch ein Gatter. Diese Richtung wird bis zum Ende der Wanderung beibehalten,
2.10 das Tal samt Staubecken zur Linken. Nach einem **Mauerdurchgang** (**P5:** N36°59,187'/E26°58,478') geht es längere
2.20 Zeit fast horizontal weiter. Nachdem man ein **Gatter** passiert hat, geht man unterhalb einer endlosen Feldmauer in Richtung des fruchtbaren Vathí-Tals 6. Die Mauer soll die Wildziegen aus den Bergen von den Feldern fernhalten.
Vor einem Maschendrahtzaun, hinter dem eine Nikolaus-
2.45 Kapelle steht, geht es nach links hinab zu einem **Feldweg**
(65m). Auf ihm geht man 200m, biegt links ab und erreicht
2.55 **Metóchi.** Hier wäre ein Busstopp – zehn Minuten weiter
★ talauswärts liegt aber **Plátanos** mit seiner witzigen Kneipe.

Alternative für Alpenvereinsmitglieder: Bleibt man auf dem Feldweg (RGZ 2.45), kommt man zu einer scharfen Linkskurve, an der ein Elektromast steht. Hier beginnt nach rechts aufwärts der »Italienische Weg« über den Höhenrücken nach Póthia. Das wären nochmals drei Stunden.

㉝ Die Kapelle im Fels

Von Pánormos-Kandoúni aus wandert man auf einem Pfad in 2½ Stunden zwischen Meer und Fels zu einer Felsenkapelle und wieder zurück. Auf der Strecke gibt es keine Einkehrmöglichkeit, dafür aber grandiose Ausblicke.

■ *2 x 2,5 km, Höhenuntersch. 75m, leicht bis moderat*

RGZ Vom **Buswendeplatz von Kandoúni**, einem Ortsteil von
0.00 Pánormos, führt uns am Meer ein Betonpfad ein kurzes
Stück aufwärts und unter der Kirche Ágios Athanásios ent-
lang. Rechts im Meer türmt sich Télendos auf, davor
schwimmt die kleine Insel Kyriakí, auf der eine Kapelle
0.15 steht. Der Pfad ① führt später steil hinauf zu einer **Mauer-
brüstung** mit Gatter ② und von dort hinab in das Schot-
0.20 terbett einer tiefen **Geländerinne** (**P1:** N36°57,848'/E26°
55,686').

Obwohl Flugzeuge seit 2006 direkt über der Wanderstrecke abfliegen, wird man kaum belästigt werden: Es gibt täglich nur ein bis zwei Flüge nach Athen. Und nicht bei starkem Wind.

Links oben sieht man etwas später den Kletterfelsen »Mo-
0.30 nastery«. Nach einer **Kurve** erblickt man dann das Ziel, ei-
ne kleine, in die Felsen gebaute Kapelle ③. Nach Durch-
querung einer Schlucht durchschreitet man eine hohe
0.40 Feldmauer und erreicht die Kirche **Ágios Fótis** (**P2:**
N36°57,467'/E26°55,318', 75m). Der Ausblick ist grandios
und man hätte richtig Lust, hier einmal eine Panigíri, eine
Kirchweih, mitzufeiern. Im kleinen Raum neben der Kir-
che werden die Utensilien dafür aufbewahrt.

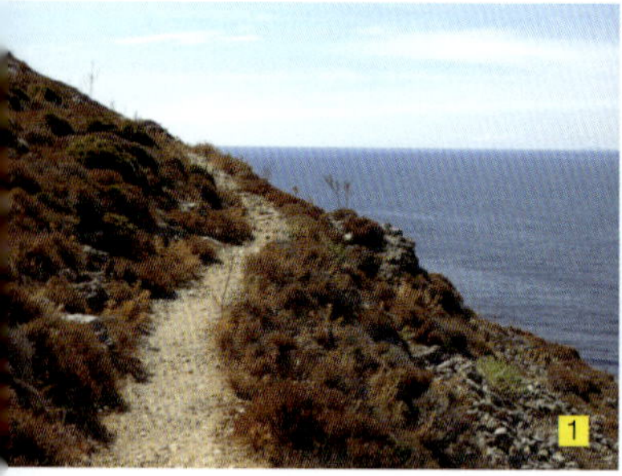

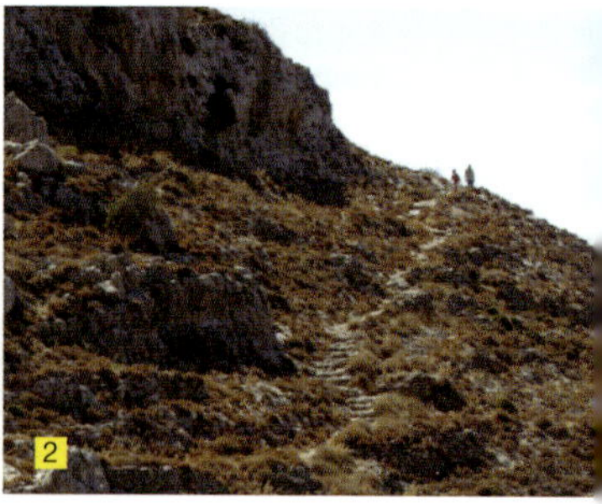

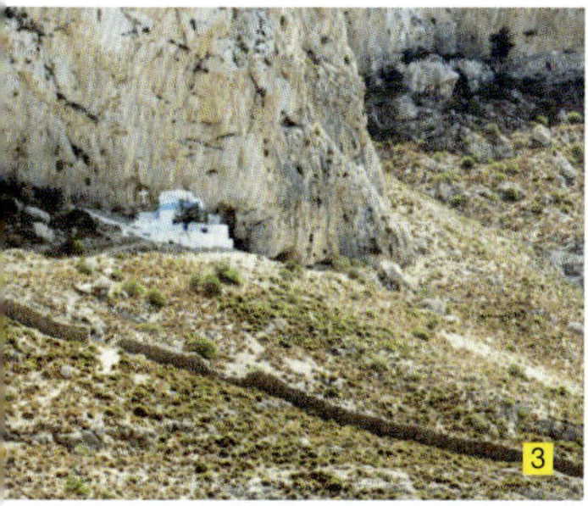

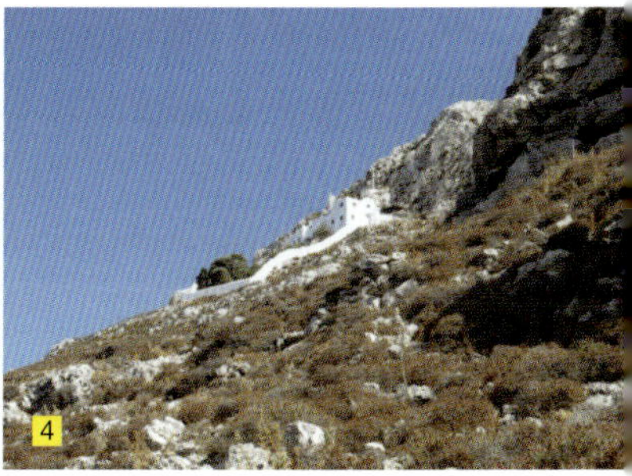

Unterhalb der Kirche führen undeutliche Ziegenpfade weiter nach Südwesten und um das Kap herum. Als Wanderweg sind sie kaum geeignet.

Wir machen es uns einfacher und gehen wieder denselben Weg zurück – mit Blick auf das imposante Télendos. Vorbei an der Athanásios-Kapelle erreicht man wie-
1.25 der den **Strand von Kandoúni.**

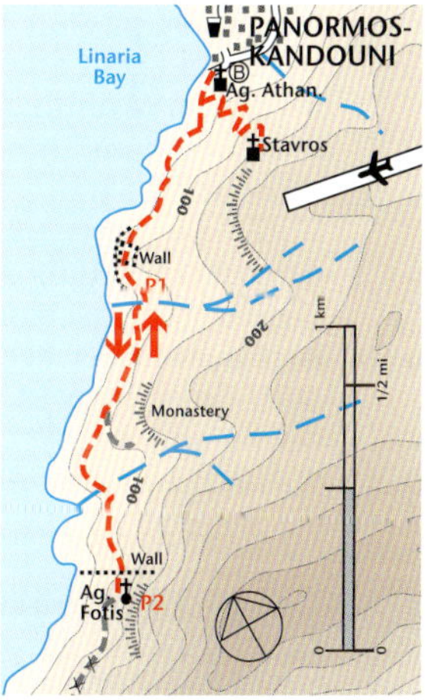

Wer noch Trainingseinheiten braucht, der geht natürlich vor der Kapelle in 13 Minuten schnell die 116 Höhenmeter hinauf zum **Stavrós-Kloster** mit Garten 4. Dort gibt es eine stimmungsvolle, reich geschmückte Kapelle mit integrierter Quelle. Der Ausblick lohnt die vergossenen Schweißperlen!

㉞ Über dem Zeus

Wer einmal auf den steilen Felsen über Massóuri picknicken möchte, sollte sich 2½ Stunden Zeit nehmen und die Roukoúni-Schlucht auf einem Felsenpfad durchsteigen, um die grandiose Aussicht auf Télendos zu genießen.
Man könnte daraus auch eine 5½ stündige Tour in die Vathí-Ebene machen. Allerdings muss dann ein längerer Abschnitt mit Gestrüpp durchquert werden. Nur im Bereich der Roukoúni-Schlucht ist der Pfad markiert - alles andere ist eher weglos.

- ***2 x 2,5 km, Höhenunterschied 250 m, mittelschwer***
- ***10 km, Höhenuntersch. 310m, moderat bis schwer***

RGZ Falls man **zu Fuß von Myrtiés nach Kamári** gehen möchte: Unterhalb von Kamári gibt es einen kleinen Pfad, der die Straßenkurven umgeht! siehe Karte.

0.00 In **Kamári** passiert man die **Doppelkapelle** (li.) an der Straße und geht 50m später die Betonstraße links hinauf. Bei einem Wohnhaus mit großer Antenne (re.) geht es links weiter und hinauf zu zwei größeren bunten Wohnhäusern [1].

Unterhalb dieser Häuser geht man durch eine Drahttür, deren Verriegelung aber erstmal gefunden werden muss! Weiter oben, bei einem zweigeschossigen Haus (re.), ver-
0.10 lässt man in der Rechtskurve den Weg durch ein **Gatter** nach links. Man ist im Reich der Kletterer – und (mittwochs und am Wochenende) der Jäger. Ein fast ebener
0.20 Pfad führt zu einem verrosteten **Drahtgatter** am Beginn der Schlucht [2].

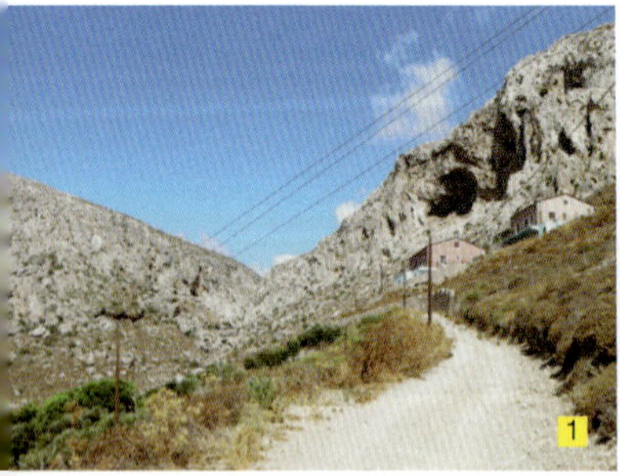

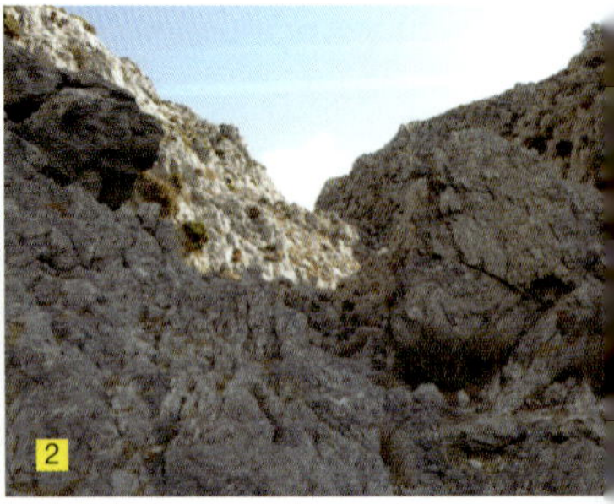

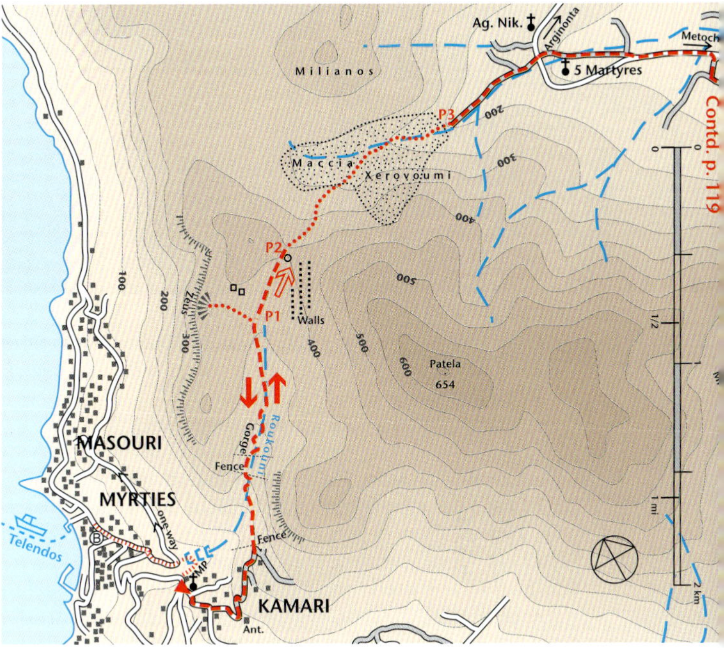

Nach dem dritten Gatter wechselt man die Bachseite ebenfalls dreimal und steigt auf einem Pfad aufwärts, den man als »Bergpfad« bezeichnen könnte. Nach einiger Zeit weitet sich die Schlucht zur Senke auf, die Rinne liegt rechts. Man wandert auf eine weite, allseits geneigte Fläche zu. Links wird bald eine weitere breite Fläche sichtbar.

0.50 Ist man in der **Senke** angekommen (**P1:** N36°59,497'/ E26°56,588'), wendet man sich nach links der (etwas grüneren) ansteigenden Fläche zu 3. Pfadlos steigt man sie durch kniehohen Bewuchs flach hinauf, später liegen rechts Hausruinen. Beim Weitergehen steigt hinter der Hangkante langsam Télendos empor. Zwischen den herumliegenden Felsbrocken sucht man sich einen **Picknickplatz** und genießt den Tag. Wir sitzen genau über dem Kletterfelsen mit dem Namen ZEUS.

1.00 ★

*Die gegenüberliegende Insel **Télendos** ist von Kálymnos etwa 750m entfernt. Bis zum gewaltigen Erdbeben im*

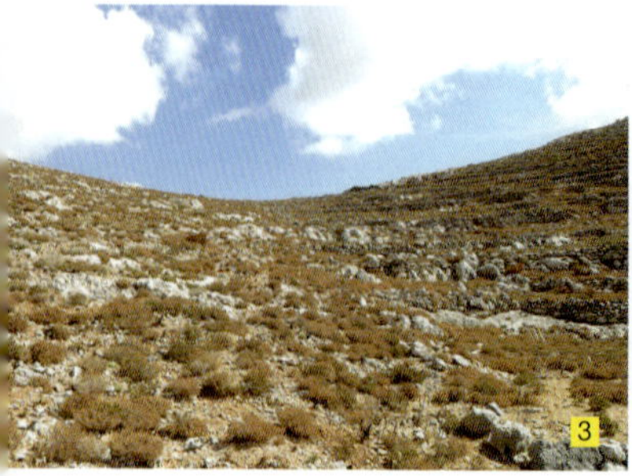

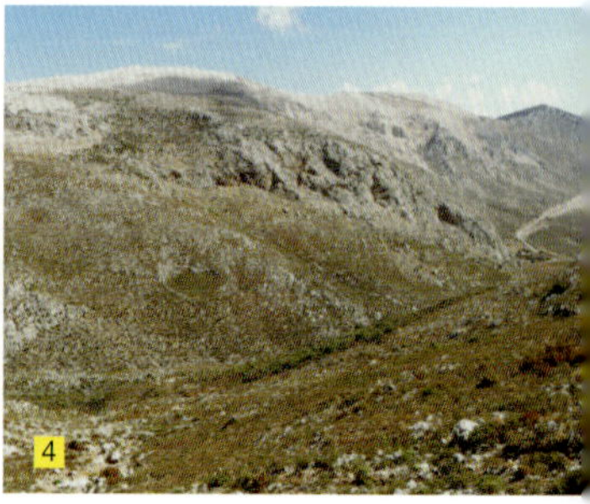

Jahre 554 n. Chr. war sie Teil von Kálymnos. Der heutige Sund von 10 bis 15 Metern Tiefe war eine damals dazwischen liegende Ebene.
Zurück nach Kamári geht es denselben Weg.

Will man ins **Tal von Vathí**, muss man unten in der Senke **(P1)** auf der etwas steinigeren Fläche nach links ansteigen. Weiter oben liegen rechts Terrassen und direkt im
1.15 **Sattel** ein Aloni, ein runder Dreschplatz (**P2:** N36°59,596'/E26°56,798'). Unten im Tal sieht man eine Kapelle in Nähe der Straße. Davor liegt aber ein Streifen Gestrüpp, der noch etwas Schweiß kosten wird [4].
Pfadlos steigt man weit links vom höheren Bewuchs ab-
1.30 wärts und erreicht die **obere Grenze** des Gestrüpps. Es ist am besten, sich ab dort in der Falllinie zum Bach durchzukämpfen, da sich dort Ziegenpfade befinden, die talauswärts führen. Teilweise kann man auch im Trockenbett gehen. Zu guter Letzt erreicht man einen Feldweg (**P3:** N36°59,672'/E26°57,403') und fünf Minuten später die
2.10 **Straße.**
Auf seitlichen Feldwegen marschiert man weiter nach
3.00 **Metóchi**, wo etwa um 17.30 Uhr der Bus kommt. Besser
★ warten lässt es sich allerdings in der urigen Taverne von Plátanos.

35 Die versteckte Burg

Oberhalb von Empório versteckt sich seit Urzeiten eine Burg im Fels. Auf dieser sehr schönen 3-stündigen Küstenwanderung werden wir sie besuchen und mit etwas Glück auch einige Kletterer in der Felswand hängen sehen. Anschließend bietet sich ein abgelegener Kiesstrand zum Baden an.
An drei Tagen fährt ein Boot ab Myrtiés, ansonsten nimmt man Bus oder Leihwagen.
■ 6 km, Höhenunterschied 185m, leicht

Direkt zum Pitikou Strand: Vom **Pier in Empório** geht man landeinwärts und an der Straßengabelung links. Nach 30m nochmals, dann breite Betonstufen hinauf. Oben folgt man dem Zaun nach rechts bis zu einem Mauerdurchlass. Danach geht es an der Mauer entlang auf Ziegenpfaden links hinauf zum Mauerdurchlass (= RGZ 0.50).

RGZ 0.00 Im angenehmen Badeort **Empório** geht man vom **Pier** landeinwärts, biegt bei der Straßengabelung nach rechts und findet nach dem letzten Haus links (Honigverkauf) den Aufstieg zu den Kletterfelsen 1. Wenn der Fahrweg endet, strebt man mehr oder weniger pfadlos direkt auf den Kletterfelsen zu, dessen ovale Öffnung den deutschen Namen *»Kreissaal«* trägt. Etwa 100m rechts davon sieht man, auf selber Höhe, auf einem kleinen Plateau das Zyklopenmauerwerk einer Burg. Unterhalb befindet sich ein Gatter zu einem in den Felsen geschlagenen Aufgang.

★ *Die hellenistische Burg* **Kastri** *wurde vor eine prähistorische Höhle gebaut. Die Reste der Wehrmauer zwischen*

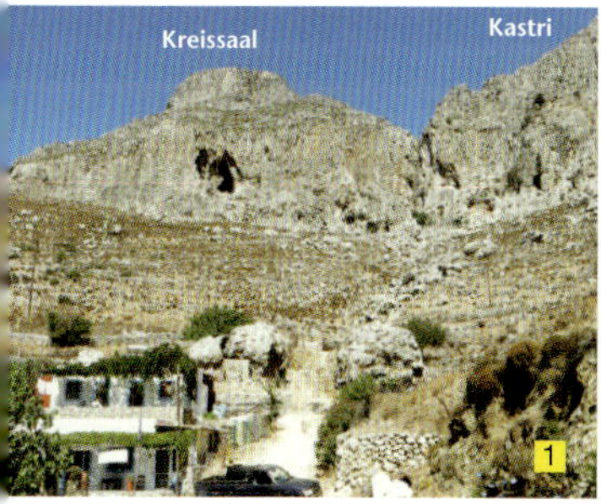

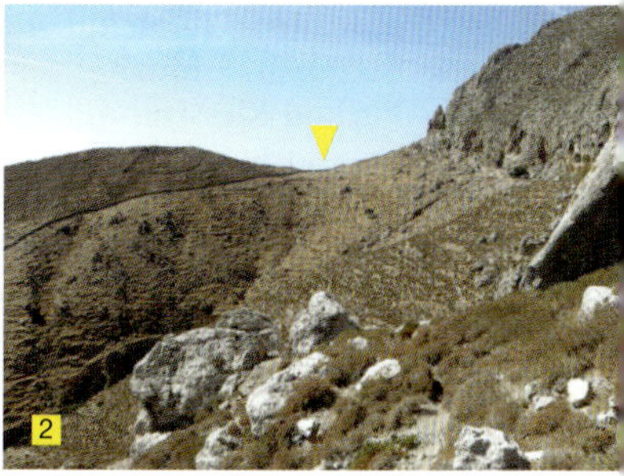

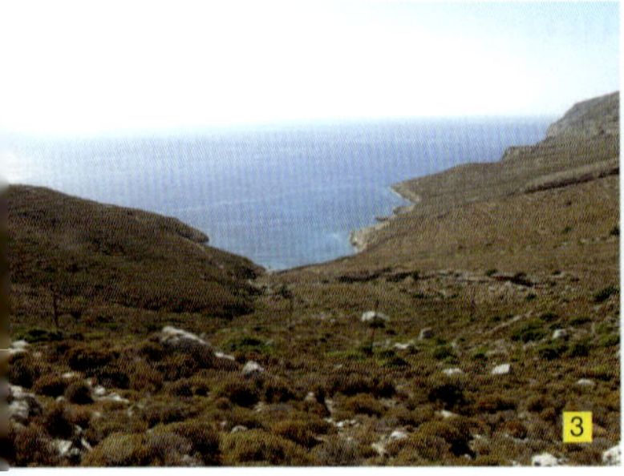

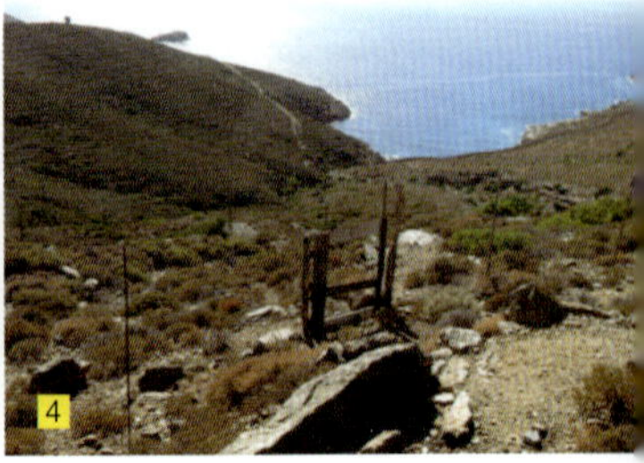

zwei turmartigen Befestigungen können erkundet werden.
Außerdem die Reste der Zisterne und einer Ölpresse.
Der überwältigende Blick aufs Meer kommt noch dazu!
0.20 Unterhalb vom *Kreissaal* gibt es ein **Gatter** im Zaun. Von
dort aus geht man pfadlos auf Ziegenwegen eben nach
links. Größere Felsgruppen passiert man am besten unter-
halb. Links auf der Insel Télendos kann man gut den Pfad
zur weißen Konstantin-Kapelle erkennen ㊱. In unserer
Wegrichtung sieht man später am Gegenhang in einer
langen Mauer einen Durchlass [2].
Etwa 100m rechts oberhalb unseres Weges liegen später
die Kletterfelsen *François Guillot* (die Höhle) und *Styx*. Ein
langer, abfallender Zaun wird direkt unterhalb der Felsen
passiert, dann geht es horizontal über kleine Getreideter-
0.50 rassen zum oben erwähnten **Durchlass** – eigentlich sind
es zwei. Hinter der Mauer [3] führt rechts ein deutlicher
Pfad abwärts. Von links nähert sich ein Zaun, entlang
dem unser Pfad abwärts läuft. Das vierte Gatter [4] ist für
uns markiert worden. Wir durchschreiten es und mühen
uns, meist pfadlos und
unter den Stromleitungen
hindurch, hinab zum
1.05 **Pitikoú-Kiesstrand.**
Von dort führt ein breiter
Pfad oberhalb der Bucht
entlang. Bei einer großen
1.30 **Ruine** trifft er auf einen
Fahrweg, der links in
1.40 **Empório** landet.

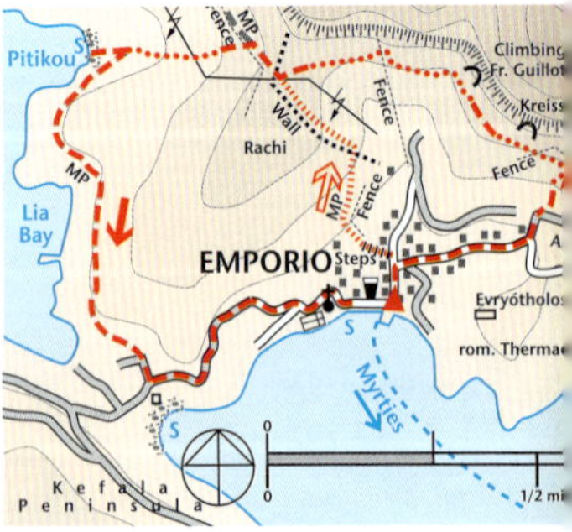

36 Télendos

Für 3 bis 4 Stunden wandert man abseits des schmalen besiedelten Streifens der kleinen Felsinsel und entdeckt einen verlassenen Ort inmitten felsiger Landschaft. Der Schlussanstieg ist schweißtreibend, Wasser sollte man dabei haben!
Will man die Hälfte des Weges mit dem Boot fahren, sollte man sich in Télendos nach den Fahrzeiten erkundigen.
■ ***6,5 km, Höhenuntersch. 190m, moderat bis schwer***

RGZ Nach kurzer Bootsfahrt von Kálymnos wendet man sich
0.00 vom **Anleger in Télendos** nach rechts und flaniert an
den Lokalen vorbei nordwärts. Am Ortsende erhebt sich
links die Ruine einer frühchristlichen Basilika. Die
großen, an den Ecken verwendeten Quadersteine sind
aber wohl noch älteren, wohl antiken Ursprungs.
Der angenehme Tamariskenweg führt an neueren Hotel-
bauten vorbei in die Küstenlandschaft. Oben im Berg sind
im Laufe der Erdgeschichte durch den unruhigen Unter-
0.10 grund gewaltige Höhlen entstanden. Die **Strände**, die
man passiert, sind winzig. Am »Paradise Beach« kann
man sich zwar wie im Paradies hinlegen, herumlaufen aus
Platzmangel aber kaum.
Hier steigt der Weg an und führt über einen felsigen
0.15 **Rücken** 1, auf dem man auf die Steinmännchen achten
sollte. Von der nächsten Klippe aus sieht man oben be-
reits die Konstantin-Kapelle. Nach dem Felsabbruch
nähert sich der Weg wieder dem Meer, verläuft dann par-
0.35 allel zur Küste und wird **breiter**.

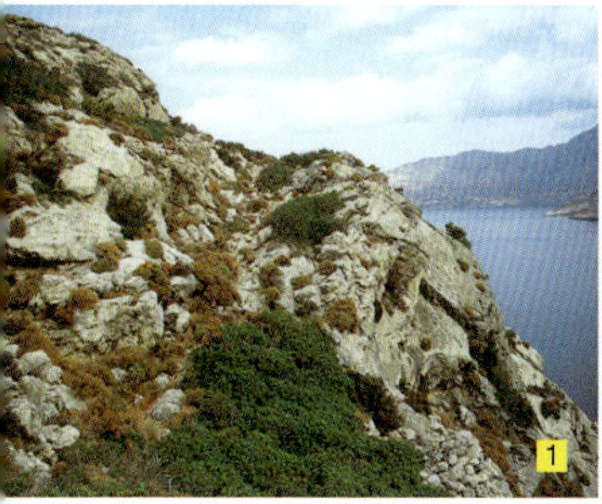

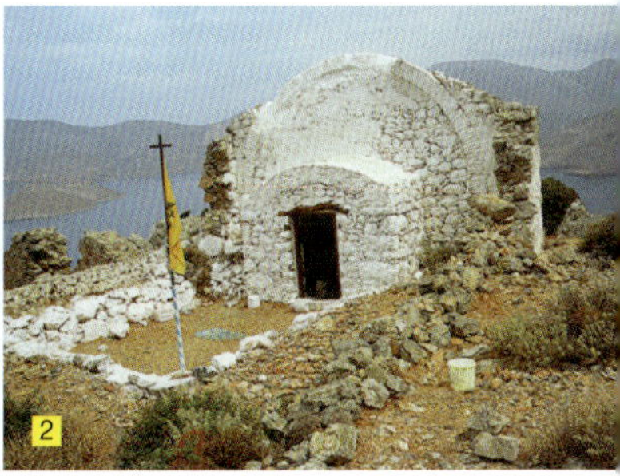

Nachdem man in einer
0.40 Senke ein **Gehege** (**P1:** N37°00,719'/E26°55,033') passiert hat, geht es ein längeres Stück aufwärts zu einer beschilderten,
!! trotzdem *undeutlichen,*
0.50 scharfen **Linksabzweigung** (**P2:** N37°00,881'/E26°54,792'). Wir steigen nach links auf, Richtung »Meltiades«, einem Kletterfelsen in der Nähe von Ágios Konstantínos. Es wird ein mühsamer, steil aufwärts führender Pfad über Felsen und loses Gestein. Beim Erreichen von
1.05 **Ágios Konstantínos** ist man überrascht, die Ruinen eines ganzen Dorfes zu finden (**P3:** N37°00,699'/E26°54,752', 190m).

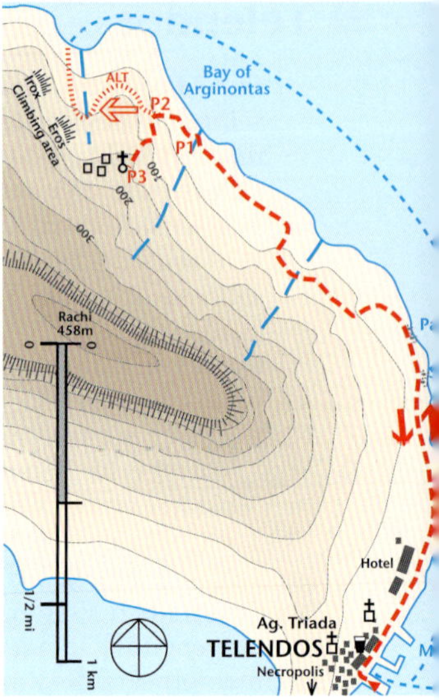

Die Kapelle ② *ist in die Apsis einer größeren Kirche eingebaut worden. Die Häuser und Zisternen wurden im 7. Jh. gebaut – hier oben war man vor Seeräubern relativ sicher. Erst 300 Jahre später zog man wieder ans Meer.*

Der ideale Rastplatz mit der Bucht von Arginónta und der Insel Kalávros zu Füßen. Links sieht man Léros.

1.25 Wieder unten am **Hauptweg** könnte man links in etwa 15 Minuten zu zwei Kletterfelsen gelangen und schauen, was andere aus dem Tag so machen. Außerdem gibt es dort unregelmäßig Boote zurück nach Télendos.

Zu Fuß gelangt man auf dem bereits bekannten Pfad nach
2.05 **Télendos** zurück.

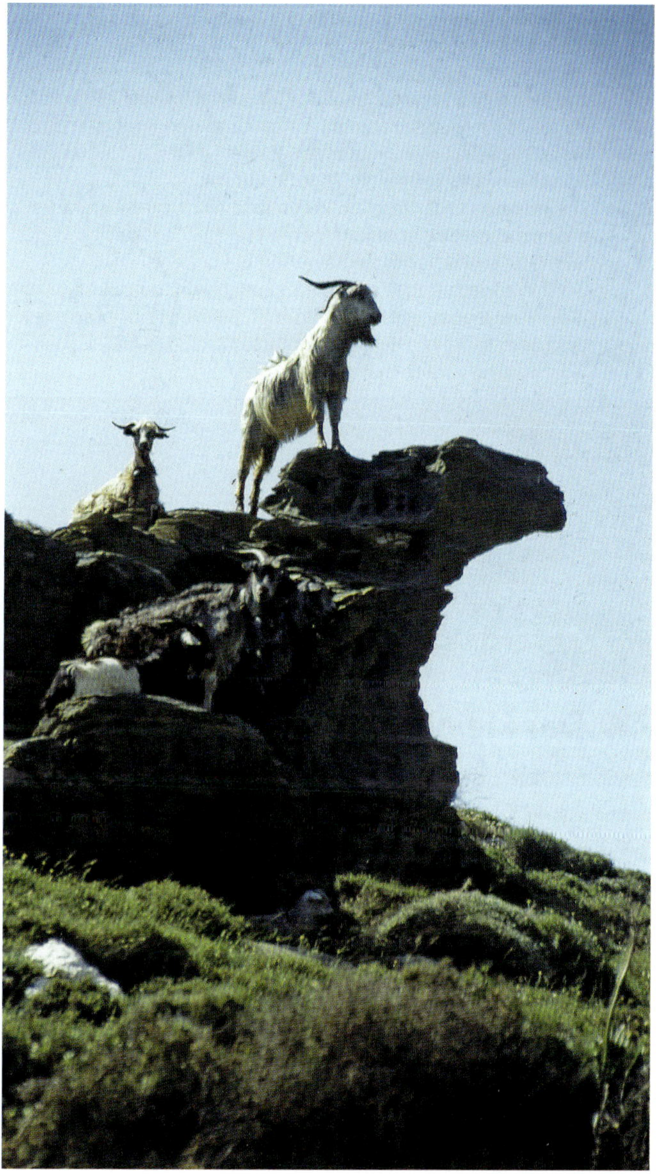

Agathoníssi

Die kleine Insel wurde erst vor 200 Jahren wieder besiedelt, da sie zuvor wegen ihrer einsamen Lage den Piraten schutzlos ausgeliefert war. Heute gibt es drei Dörfer, in denen ein unaufgeregtes Leben die Tage bestimmt.
Die privaten Quartiere am Hafen sind nicht zahlreich, aber ausreichend. Segler ankern gerne hier und lassen sich in den wenigen einfachen Hafentavernen bekochen.
Zum Wandern findet man kaum Eselspfade, da man hier mit dem Straßenbau sehr großzügig ist. Meist ist nur pfadloses Wandern möglich. Die Terrain-Karte Nr. 334, »Arki, Lipsi, Agathonissi«, sollte man dabeihaben.

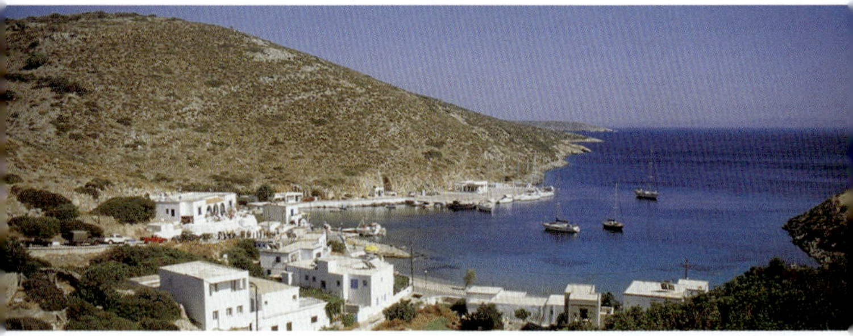

37 Das kleine Dorf

Die 3-stündige Tour führt durchs »Kleine Dorf« und zu zwei Kiesstränden. Auf dem Rücken zwischen den beiden Stränden muss man Ziegenwege suchen, ansonsten verläuft die Tour auf Fahrwegen und Pfaden. Am Weg gibt es keine Brunnen.
■ 3,5 km, Höhenuntersch. 95m, leicht bis moderat

RGZ Am Hafen von **Agios Geórgios** führt uns am Ende des **Ba-**
0.00 **destrandes** eine Straße hinauf zum »Kleinen Dorf« (Mikró Chorió). Hinter dem ersten Haus springt man noch schnell
0.10 links zur **Gipfelkapelle** des Heiligen Panteleímonas hinauf und verschafft sich einen Inselüberblick. Im »Kleinen Dorf« scharen sich die flachgedeckten Häuschen um den Dorfplatz, in den Höfen stehen rußige alte Backöfen.
Hinter den Häusern geht es rechts oberhalb einer Senke

0.20 auf einem Betonweg hinauf in einen flachen **Sattel.** Auf
!! Beton geht es weiter zur nächsten Senke, aber in der *ersten*
Rechtskurve geradeaus auf einem Monopáti links von einer
Mauer hinab. Am Ausgang der Senke liegt rechts vom
0.30 Trockenbett ein **Wassersammelbecken.**

Im folgenden Küstental hält man sich rechts und findet
etwa 20m rechts oberhalb vom Taleinschnitt schmale
Trampelpfade zum Meer. Schulmäßig achtet man auf
Eselsdung. Später benutzt man das Trockenbett und ge-
0.45 langt zum **Strand von Gaidaravlakos.** Hier geht man
links und findet am wenig genutzten Kiesstrand ein Plätz-
chen. Manchmal wird man von Kühen beäugt.

Am Ende des Strandes liegen die Reste eines runden Kalk-
ofens. Dahinter klettert man zwischen den Büschen und
dem Fels zwei Meter hinauf und folgt einem schmalen
Felsenpfad. Wenn die Mauer links unterhalb nach links
wegläuft, wenden wir uns im spitzen Winkel nach rechts
0.55 hinauf und durchqueren einen **Mauerdurchgang.** Vom
Höhenrücken geht es auf der anderen Seite pfadlos ab-
wärts, bis man bei einer großen Felsenfläche auf halber
Höhe einen Trampelpfad findet. Er führt hinab zum
1.10 schattigen **Spília-Strand.** Von dort geht's am Wasser ent-
1.15 lang nach **Àgios Geórgios.**

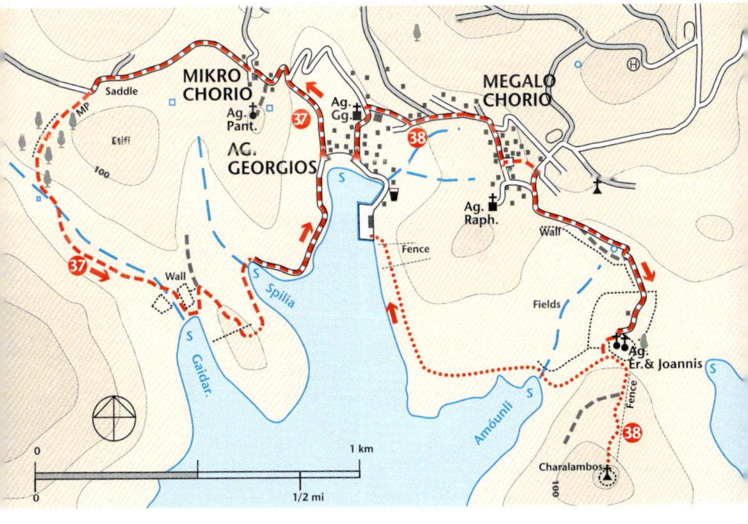

㊳ Über dem großen Dorf

Die knapp 3-stündige Wanderung streift den Inselhauptort Mégalo Chorió und führt hinauf zur Gipfelkapelle Charálambos, die bis zum Moscheenland am gegenüberliegenden Ufer leuchtet.
■ 4 km, Höhenunterschied 125m, mittelschwer

▷ *Karte siehe vorige Seite*

RGZ Vom Hafen von **Ágios Geórgios** führt uns die Straße auf-
0.00 wärts [1]. Nach der Kirche (li.) geht man bei der Gabelung
rechts und am Kraftwerk (re.) entlang weiterhin aufwärts
0.10 bis zur Gabelung vor dem **Postamt** und weiter nach
rechts ins »Große Dorf«. Beim schwarzen Kriegerdenkmal biegt man nach links ab – hinter einer Eck-Taverne nochmals. Kurze Zeit geht es auf Stufen aufwärts und dann die ebene Straße nach rechts zur Betonstraße ins Tal, der wir folgen. (Links sieht man eine ortsübliche »Anwohnerstraße«, ohne Häuser, aber mit beidseitigem Gehsteig.) Rechts von der Betonstraße liegt unterhalb der frühere Fußpfad, der aber durch Zäune unterbrochen ist. Nach einer Senke steigt der Weg wieder an und passiert ein Zauntor. Am Ende des Betonweges steht links in einem waldi-
0.25 gen Hain die **Doppelkapelle** des Johannes und der Irini
[2]. Die Johanneskapelle besitzt eine schöne Ausstattung. Vom Parkplatz geht man etwa 30m abwärts und sieht links ein Mauertürchen, hinter dem der pfadlose Teil beginnt. Erst umrundet man die Kirchenmauer und steigt dann vor dem Zaun zwischen Steinen an ihm entlang aufwärts. Ein ebenes Wegstück nach etwa 100m braucht man

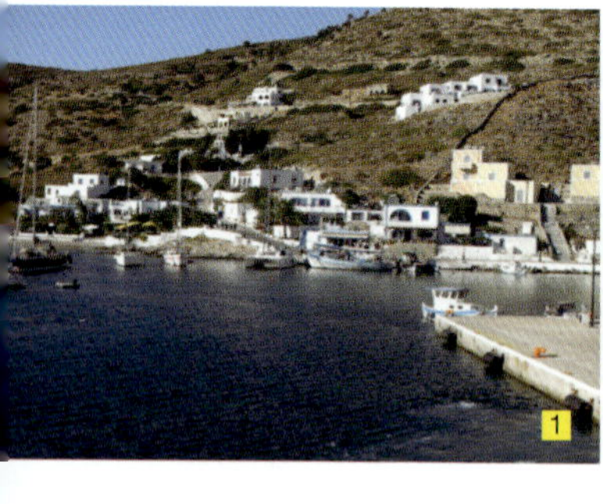

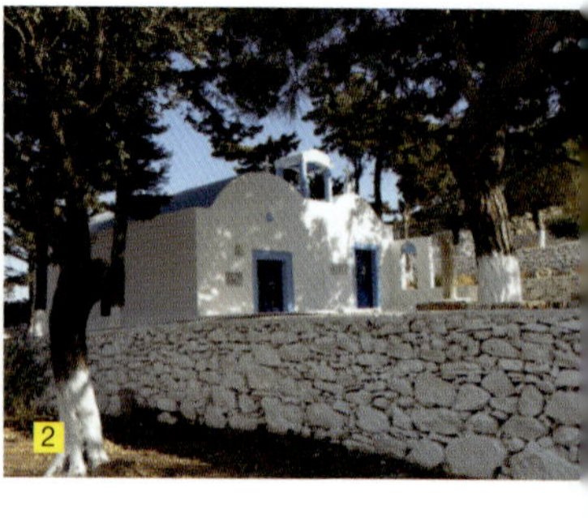

nicht zu beachten. Bald zeigt sich die Umzäunung der
0.40 **Gipfelkapelle** (**P1:** N37°26,968'/E26°58,495', 125 m).

Der Name Charálambos bedeutet »leuchtende Freude«. Bei den Ikonen fällt rechts der heilige Fanoúrius auf. Der Helfer der Schussel und Sachenliegenlasser schaut ziemlich hilflos zum Himmel.

Der Abstieg erfolgt wieder entlang des Zaunes, genau in
Richtung des Militärpostens auf dem gegenüberliegenden
0.50 Gipfel. Bei der **Doppelkapelle** könnte man denselben
Weg über Mégalo Chorió nehmen.

Alternativ dazu können Freunde pfadlosen Wanderns vor
0.55 dem Gatter links hinab zur **Amounli-Bucht** gelangen
und ins Wasser hüpfen. Von dort aus muss man sich dann
allerdings den weiteren Weg durch die Felsen suchen, hat
aber wegen der niedrigen Vegetation kaum Probleme.
Kurz vor Ágios Geórgios findet man in den zwei Zäunen
1.20 nahe am Wasser Durchlässe und erreicht die **Hafenmole.**
Dort hat der Autor dann bemerkt, dass er oben beim Hl.
Fanoúrius sein gelbes GPS-Gerät liegengelassen hat …

Kirchweih – Panigíri

Oft hat der Wanderer das Glück, völlig unerwartet zu einem Kirchweihfest dazuzustoßen. Die Kirche oder Kapelle ist mit Fahnen geschmückt, eine große Menge festlich gekleideter Gäste sitzt herum – in der Mitte mindestens ein Priester. Die Tische biegen sich unter der Last der Speisen, die die Frauen der Kirchengemeinde oder der Besitzer der Kapelle mitgebracht haben. Selbstgemachte Getränke werden gereicht; für Dosengetränke wird der Einkaufspreis berechnet. Sofort wird der Fremde eingeladen, die vielen Speisen zu kosten und ist in ein Gespräch verwickelt.

Die Feste finden jeweils am Namenstag des Kirchenpatrons statt:

23. April	Ágios Geórgios	20. Juli	Profítis Ilías
5. Mai	Agía Iríni	26. Juli	Agía Paraskeví
21. Mai	Ágios Konstantínos	27. Juli	Ágios Panteleímon
Chr. Himmelfahrt	Agía Análipsi	6. August	Metamórphosis
Pfingsten	Agía Triáda	15. August	Mariä Entschlafung
24. Juni	Ag. Ioánnis Pródomos	29. August	Ágios Ioánnis
29. Juni	Agíi Apóstoli	1. Sept.	Ágios Mámas
7. Juli	Agía Kyriakí	14. Sept.	Ágios Stavrós

Arkí

Hier steigen nur ein paar wenige Individualisten aus. Arkí wird komplett von den Nachbarinseln aus versorgt, selbst zu Taufen bringen seefeste patmische Popen den Taufkessel mit. Das bedeutet: Inselleben pur – mit drei wunderbaren Tavernen. Zum Baden kann man auch zum schönen Strand auf der gegenüberliegenden Insel Marathí schippern. Die Karte 334 vom griechischen Terrain-Verlag sollte mitgebracht werden.

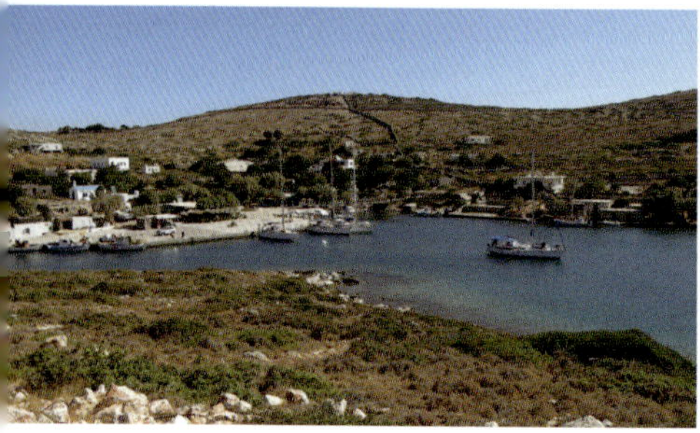

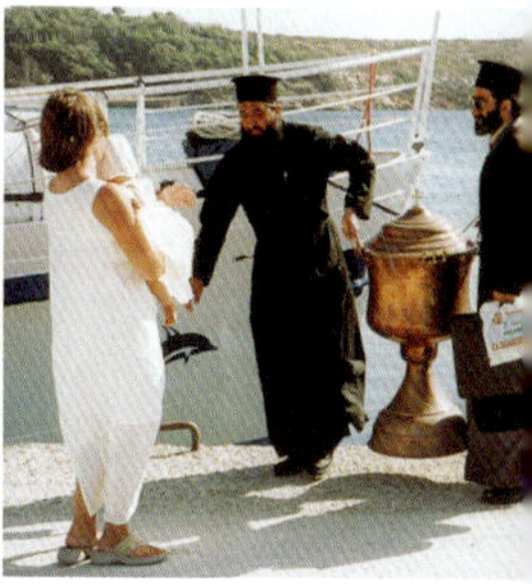

39 Inselstreifzug

Die 2½-stündige Wanderung führt meist pfadlos durch knöchelhohen Bewuchs zu zwei Stränden an der felsigen Ostküste. Die Orientierung bereitet keine Probleme.

■ 4,5 km, Höhenunterschied 70m, leicht

RGZ
0.00 Vom großen Hafenplatz aus, direkt links von der **Taverne *Nikolas,*** wandern wir auf dem Betonweg bergan. Bei den letzten Häusern geht er in einen Eselspfad über, der links von einer halbverfallenen Mauer in Richtung Panagía-Kapelle ansteigt. Ein Gatter und ein kaum zu erkennender Durchgang in einem Drahtzaun werden passiert, bis die
0.10 **Panagía-Kapelle** erreicht ist. Die Kapelle der Gottesmutter ist leider verschlossen, aber man ist ja gekommen, um den wunderbaren Blick über den Archipel bis nach Pátmos zu genießen, wo oben die weiße Chóra thront.

Wir umgehen die Hausruine am Betonweg und finden da-

hinter eine lange Mauer, auf deren linker Seite ein Trampelpfad abwärts verläuft.
0.15 **Mauerreste** begrenzen unterhalb eine Terrasse, auf der man horizontal nach links bis zum Ende geht. Ab hier geht es pfadlos weiter, aber der niedrige Bewuchs macht es erträglich: Unser Ziel ist eine kleine Bucht mit Bäumen. Die umlaufende Mauer kann landseitig überstiegen werden. Die drei Tamarisken, die die
0.30 **Limnári-Bucht** beschatten, kommen gerade recht. Sie ist die schönere der zwei Buchten der heutigen Tour.

Auf dem Weiterweg über den nächsten Hügel finden sich Ziegenpfade in Richtung eines höheren Steinhauses mit Bäumen. Dort gelangt man durch die rechte der zwei Türen
0.40 hinab zum **Kieselstrand von Kapsalias.**

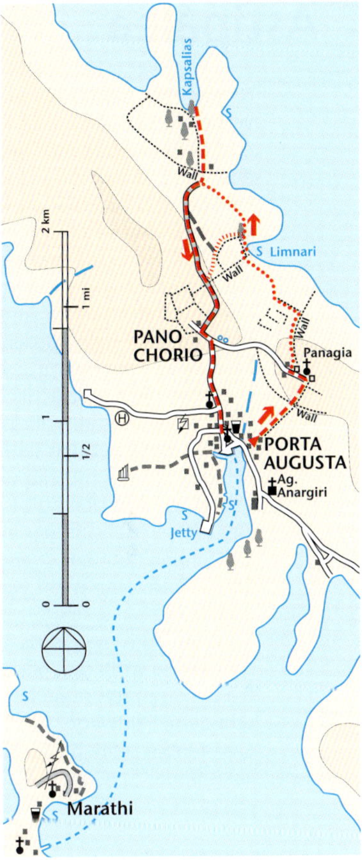

Zurück geht es wieder zu den zwei Türen, dahinter nach rechts und auf einem Fahrweg hinauf zum unbewohnten
0.55 »Oberen Dorf«, **Páno Chório.** Auf der Betonstraße schlendert man hinab zum Hafen mit dem imposanten
1.05 römischen Namen **Porta Augusta.**

Astipálea

Hier kommt man nicht zufällig vorbei. Die wenigen Schiffsverbindungen, hauptsächlich von Kálymnos und Amorgós, erfordern einen mehrtägigen Aufenthalt. Die Insel ist daher eher das Ziel von Individualreisenden und Stammgästen. Eine der schönsten Stadtsilhouetten der Ägäis über einem kleinen Hafen empfängt den Ankommenden. Obwohl in Baustil, Geschichte und Geologie ganz kykladisch – selbst das Erdbeben von 1956 in Santorin und Anáfi wurde mit erlitten – zählt Astipálea zum Dodekánes. Bis in die 1980er Jahre wurden viele Häuser der Oberstadt verlassen und an Fremde als Feriendomizil verkauft.
Die Insel, die hauptsächlich aus Schiefer besteht, hat die Form eines Schmetterlings mit großen Flügeln und einer dazwischenliegenden schmalen Landbrücke. Der westliche »Flügel« ist sehr hügelig und steigt teilweise mit schroffen Felsen an. Dort oben gibt es wenige Bäume, aber Quellen. Der Wasserreichtum der Insel wird von der Bevölkerung zum Obstanbau genutzt. Orangen, Mandarinen, Granatäpfel, Oliven und vieles mehr werden in der Livádi-Küstenebene angebaut.
Es ist gut zu wissen, dass es auf der Insel keine Schlangen gibt, da sie wohl den Boden nicht vertragen.
Bei den Wanderungen benutzt man hauptsächlich gut beschilderte Feldwege. Die Inselkarte 330 im M.1:25.000, von Skaï-Terrain sollte besser mitgebracht werden.
Taxis findet man am Hafen, Tel. 0030/6975706365.

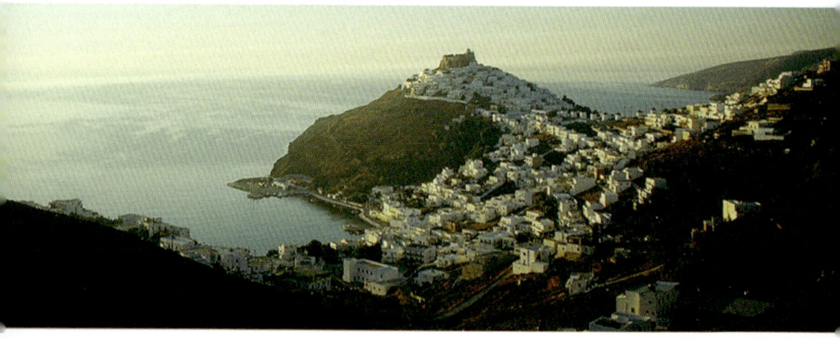

40 Burgblick

Die Burg und die darunterliegende Chóra von Astipálea gehören zu den schönsten Anblicken der Ägäis. Um sie voll zu genießen, steigen wir auf die gegenüberliegenden Hügel und sehen von dort auch weit ins Inselinnere. Die Rundwanderung zur schönen Badebucht von Konstantínos dauert etwa 4 Stunden. Die Strandbude dort ist in der Nebensaison aber eventuell geschlossen! Abgesehen von dem Stück auf der Küstenstraße verläuft die Wanderung auf Feldwegen.

■ ***11 km, Höhenunterschied 230m, mittelschwer***

RGZ Falls kein Bus fährt, geht man von der Oberstadt der Chóra eine halbe Stunde nach Livádi.
0.00 An der **Brücke** in **Livádi** führt uns die Strandpromenade
0.05 nach Süden, dann bergan zur **Johanneskirche** (li.). (Vorher kann man auf der Halbinsel Reste des Bodenmosaiks der frühchristlichen Basilius-Basilika anschauen.) Oberhalb der Kirche geht es durch eine Häusergruppe hindurch und dann steil aufwärts – das muss sein! Bei der Gabelung
0.30 im **Sattel** (200m) wendet man sich nach links, passiert ein Gatter und zieht weiter aufwärts. Rechts liegt weites Land mit einer schroffen Bergkette als Hintergrund. Nach der Kurve kommen die Felsbrocken gerade recht zur wohlverdienten Rast. Die Belohnung für den Aufstieg auf 230
★ Höhenmeter ist ein prächtiger Blick über die Ägäis.
Nachdem uns der Weg wieder ein paar Meter abwärts ge-
0.40 führt hat, könnte man *vor dem* **Wassertank** nach rechts in fünf Minuten zur Demetrius-Kapelle hinabgehen, die

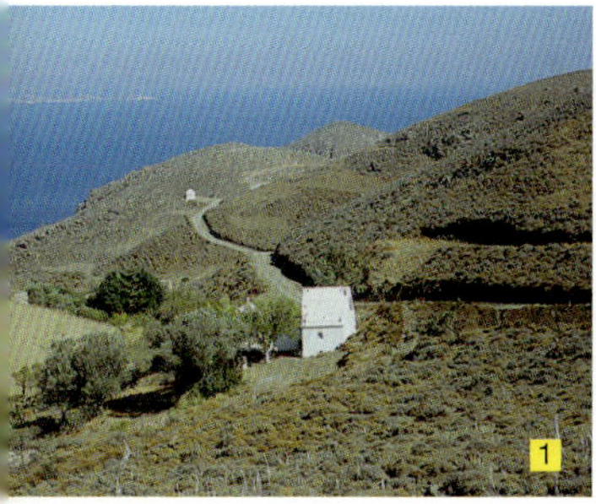
1

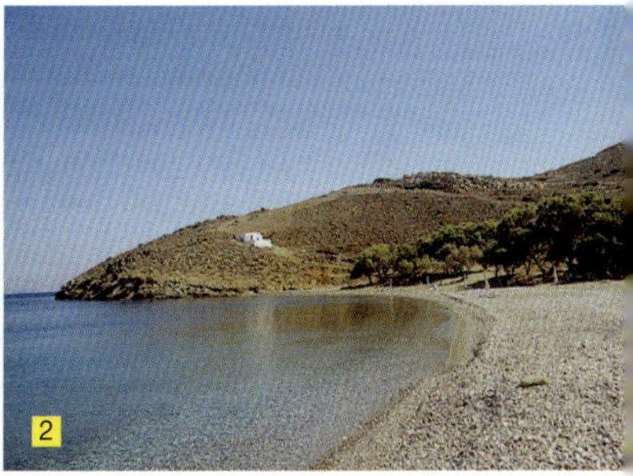
2

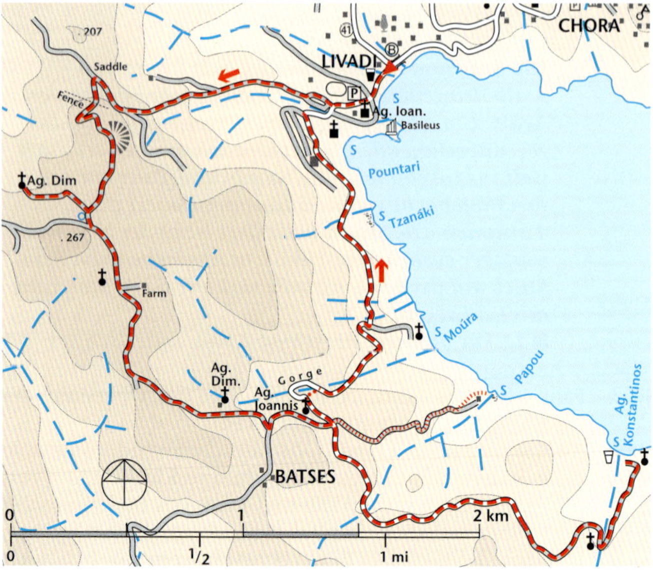

malerisch über einer Felsenschlucht klebt.

Bleibt man auf dem Hauptweg, biegt man *oberhalb des Wassertanks* an der Einmündung links ab und passiert bald einen Bauernhof (li.) und eine weiße Kapelle (re.). Gleich darauf blickt man ins nächste Tal und beginnt mit dem Abstieg, vorbei an zwei Kapellen 1. Nach der
0.55 **Demétrius-Kapelle** (einer weiteren) übergeht man die Abzweigung zum Weiler Batses und trifft unterhalb der Jo-
1.05 hanneskapelle auf die **Straße.**

Alternative: Geradeaus geht es zum 50m breiten Strand von **Papoú.** Er ist frei zugänglich.

Schöner ist es, nach rechts zu wandern und am Schluss
1.30 von Bambus begleitet in der Bucht von **Ágios Konstantínos** 2 zu landen. Auch wenn die Kantína geschlossen haben sollte, ist es hier wunderbar zum Baden. Und man könnte sich auch vom Taxi abholen lassen.

2.00 Zurück geht es wieder zur **Wegekreuzung** bei der Johanneskapelle, dort geradeaus und – die Straßenschleife abschneidend – durch eine Schlucht abwärts. An zwei weiteren Stränden könnte man nochmals ins Wasser hüpfen,
2.30 bevor man wieder **Livádi** erreicht.

41 Heiliger Johannes

Die Wanderung von 5 bis 6 Stunden führt, meist auf Feldwegen, durch ein grünes Hochtal zur abgelegenen, leider verschlossenen Kapelle Ágios Ioánnis Pródromos. Gegen den Durst helfen drei Quellen am Weg. Wer keine Zäune übersteigen möchte oder sich beim Pfadfinden schwer tut, sollte für beide Richtungen die Route auf der Sandstraße wählen. Gute Schuhe sind notwendig.
Als Abkürzung könnte man sich für etwa sechs Euro zum Staudamm fahren lassen.
■ ***20 km, Höhenunterschied 260m, schwer***

RGZ An der **Brücke in Livádi** geht es zwischen weißen Mau-
0.00 ern, hinter denen alle Früchte Griechenlands wachsen,
landeinwärts. Die große Abzweigung nach rechts (zur
Chóra) bleibt unbeachtet, so dass man später auf einer
breiten Naturstraße am Fuße des Staudamms ankommt
0.20 und rechts davon hinaufgeht. Neben dem **Tor** ist ein
Durchschlupf. (Sollte dies nicht mehr so sein, muss man
den Staudammzaun rechts umgehen.) Auf einem angeleg-
ten Weg neben dem Stausee trifft man bei Ruinen auf ein
0.30 **Gatter** (**P1:** N36°33,093'/E26°19,438'), das man passiert
0.35 und danach durch Schotter an das **Ende des Sees** gelangt.
Jetzt ist das Auge des Inselwanderers gefragt. Links oberhalb der Rinne, die von rechts herab kommt, beginnt bei einer Trockenmauer (**P2:** N36°33,012'/E26°19,370') ein eingewachsenes, aber markiertes Monopáti, das aufwärts in Richtung der Antenne oben im Gebirge führt. Ein kleiner Hügel bleibt rechts, links unten liegt ein weiteres

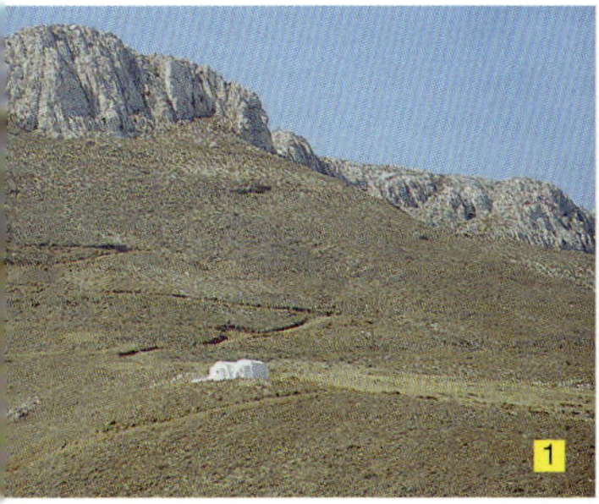

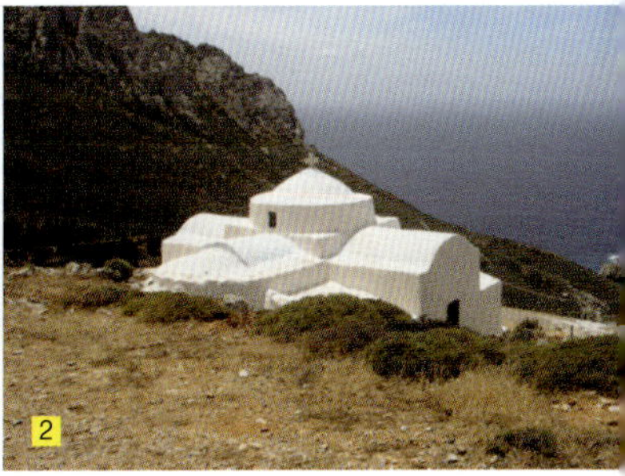

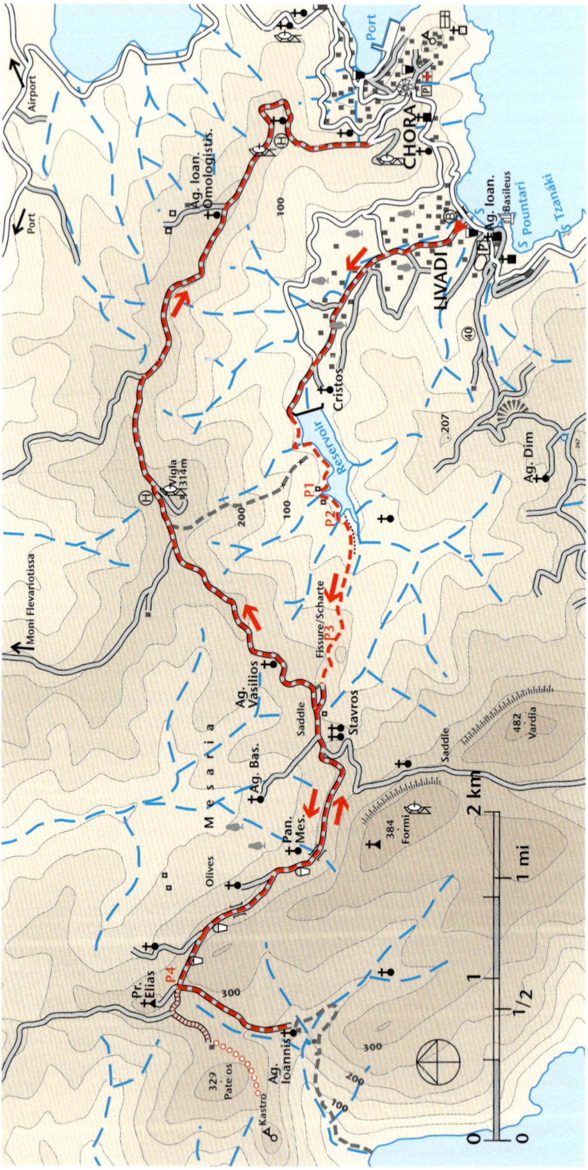

Airport
Port
Ag. Ioan.
Omologistis
Port
CHORA
Ag. Ioan.
Basileus
S Pountari
S Tzanáki
LIVADI
Cristos
Reservoir
207
Ag. Dim
Vigla
314m
P1
P2
P3
Fissure/Scharte
Moni Flevariotissa
Ag. Vasilios
Saddle
Stavros
Saddle
482
Vardia
M e s a r i a
Ag. Bas.
Pan. Mes.
384
Formi
Olives
Pr. Elias
P4
Ag. Ioannis
Kastro
2 km
1 mi
1
1/2
0
0

Trockenbett. Der Weg weicht später etwa 30° von der
Blickrichtung zur Antenne nach rechts ab. Später ist nur
noch ein markierter Ziegenpfad vorhanden. Man orien-
tiert sich weiterhin am 30°-Versatz zur Antenne und steu-
ert später auf eine weiter oben stehende Doppelkapelle [1]
1.00 zu. Nachdem eine **Scharte** (**B3:** N36°33,089'/E26°18,
720', 190m) durchschritten ist, erreicht man auf schma-
1.05 lem Pfad die Sandstraße und den **Sattel**, über dem links
die Kreuzes- bzw. Stávros-Doppelkapelle wacht. Die hüb-
schen, unverschlossenen Kapellen kann man anschauen,
muss aber wieder auf die Sandstraße zurück und dem
Schild »Kástro« nach Norden folgen.

Alle Wege nach rechts ins Tal werden ignoriert – angepeilt
wird die Gipfelkapelle Profítis Elías ganz hinten, links
über dem Hochtal. Im Tal sieht man weiße Tupfer von Ka-
pellen und Ruinen des verlassenen Weilers Mesária zwi-
schen den unbestellten Feldern, die im Frühjahr prächtig
blühen. Der Weg, an dem drei Quellen liegen, führt
1.35 schnell zur Gipfelkapelle. An der **Gabelung** (**P4:** N36°
33,625'/E26°17,404', 290m) unterhalb der Kapelle geht es
1.45 links hinab zur Kapelle **Ágios Ioánnis Pródromos** [2].

Es handelt sich um eine Kreuzkuppelkirche mit aufgesetztem Tambour, der wenig Licht einfallen lässt, so dass die karge Ausstattung kaum zu erkennen ist. Über ihre Entstehung ist nichts bekannt. Der Bau des Parkplatzes für die Kirchweih hat die Idylle erheblich gestört.

Auf dem rechten Felsen in Richtung Meer stand ein mittelalterliches Kástro, von dem umfangreiche Mauerreste übriggeblieben sind.

In 20 Minuten kann man auf einem Pfad links von der Talsenke zur Bucht hinabgelangen.

Bis zu den Kreuzeskapellen geht es wieder auf der Sand-
straße zurück. Die Chóra liegt hinter den Hügeln und
2.30 weist uns den Weg. Im **Sattel** empfiehlt sich der beque-
mere Umweg auf der Sandstraße, geradeaus über die Hü-
gel. Nachdem man einen Helikopter-Landeplatz passiert
hat, freut man sich am Blick über den tiefer liegenden In-
selteil und den östlichen »Schmetterlingsflügel«. Später
gibt es noch eine grandiose Aussicht auf Stadt und Hafen.
Vor den ersten Häusern steht 30m unterhalb des Weges ei-
ne Kapelle, deren Vorplatz der alte römische Mosaikboden
der frühchristlichen Vorgängerkirche bildet. Bei den
3.50 Windmühlen kommt man wieder in der **Chóra** an.

42 Der türkische Flügel

Im Jahre 1830 wurde eine Teilung der Insel zwischen dem unabhängig gewordenen Griechenland und dem Osmanischen Reich diskutiert. Alles, was östlich des Isthmus' lag, sollte türkisch bleiben, der Rest der »Schmetterlingsinsel« sollte griechisch werden. Wir wollen in 4 Stunden erkunden, was hinter dieser Grenze (die dann doch nicht eingerichtet wurde) zu entdecken ist: Wunderbare Sandstrände, zu deren Erkundung man gutes Schuhwerk braucht.

■ 8,5 km, Höhenunterschied 45m, leicht

RGZ Falls kein Bus fahrt, gelangt man mit dem Taxi für etwa
zehn Euro nach **Análipsi.** (Beim Stavrós-Kirchlein wird
0.00 die »Grenze« überquert.) Vom **Hafen** 1 aus marschiert
man über den kleinen Hügel zur nächsten Bucht, der Skinóndas-Bucht, und streunt am Strand entlang zum Denkmal auf der Landspitze. Es erinnert an den französischen Kapitän Bisson und seine Mannschaft, deren Schiff im griechischen Freiheitskrieg von den Türken 1827 versenkt wurde.

0.15 Ein Küstenpfad führt weiter zur frühchristlichen **Karéklis-Basilika** (**P1**: N36°34,594'/E26°23,743') mit einem Bodenmosaik mit zwei Delfinen. Davor liegen flache Inseln, im Hintergrund erstrahlt die Chóra.

Am Strand entlang, später neben dem Zaun eines Ferienhauses, geht man weiter bis zu einem leeren, goldgelben Sandstrand mit zwei Tamarisken. Das offene Meer ist nicht zu sehen.

Von dort geht es pfadlos durch Wacholderbüsche erst hin-

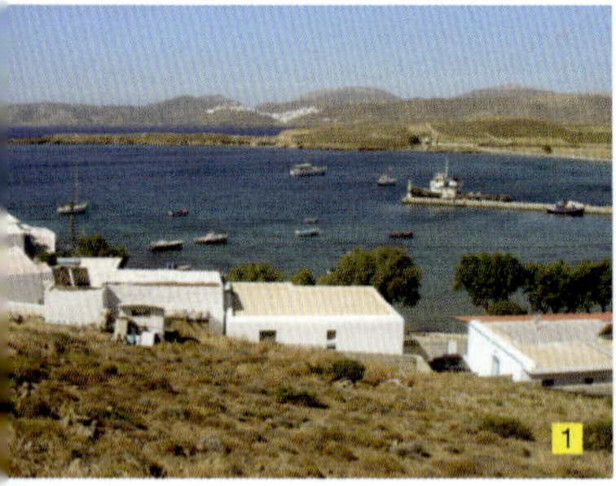

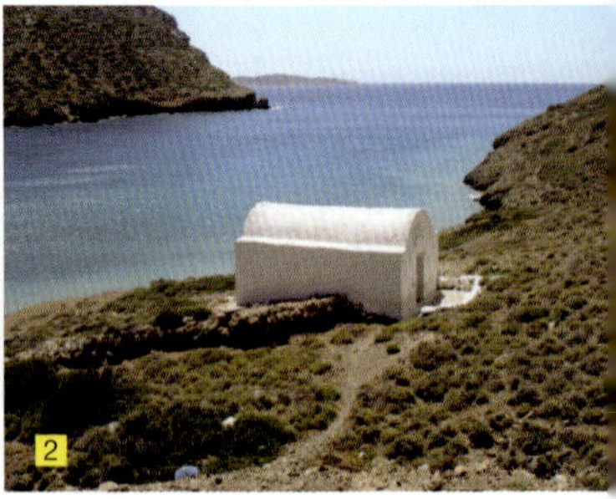

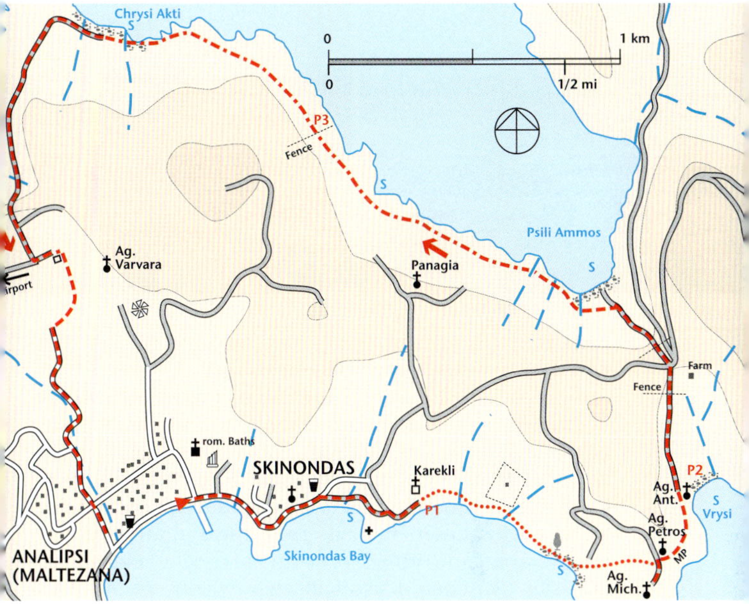

0.35 auf zur Petrós-Kapelle im Sattel und von dort zur **Michaelskapelle** auf dem Küstenhügel, von wo aus sich ein toller Blick bietet.

Zurück wandert man zehn Meter unterhalb des Zaunes der unteren Kapelle auf einem Pfad hinab in die nächste Bucht. Nach einem Gatter erreicht man die Küstenkapelle
0.45 **Ágios Antónios** (**P2:** N36°34,595'/E26°24,225') an der Vrysi-Bay [2]. Hier könnte man baden, aber es kommt noch besser.

Auf einem Fahrweg zieht man bergan, überquert nach ei-
0.50 nem Gatter die Piste im **Sattel** (45m) und geht gegenüber wieder abwärts. Nach ein paar Metern öffnet man links das Gittertor und wandert hinab zum weiten Sandstrand
1.00 **Psilí Ámmos.** Oberhalb der rötlichen Strandfelsen gibt es einen deutlichen Ziegenpfad nach Westen [3], auf dem man auch eine winzige Sandbucht passiert.
1.15 Ein **Steilstück** der Küste kann man auf einem Pfad ober-
1.25 halb umgehen. Nach einem **Gatter** (**P3:** N36°35,383'/ E26°23,443') muss man sich pfadlos durch knöchelhohes
1.40 Gestrüpp kämpfen. Am sehr schönen Strand von **Chrysí**

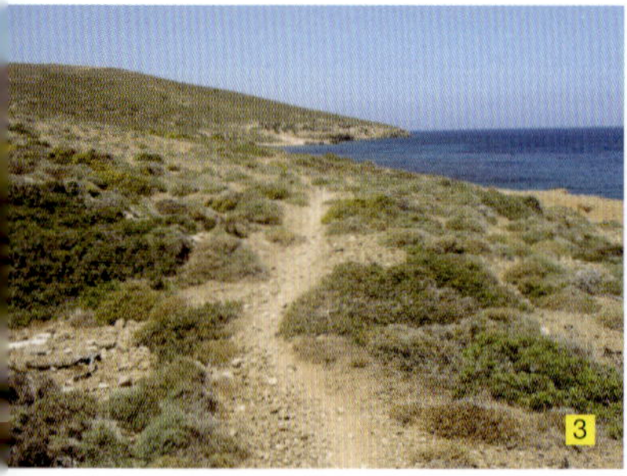

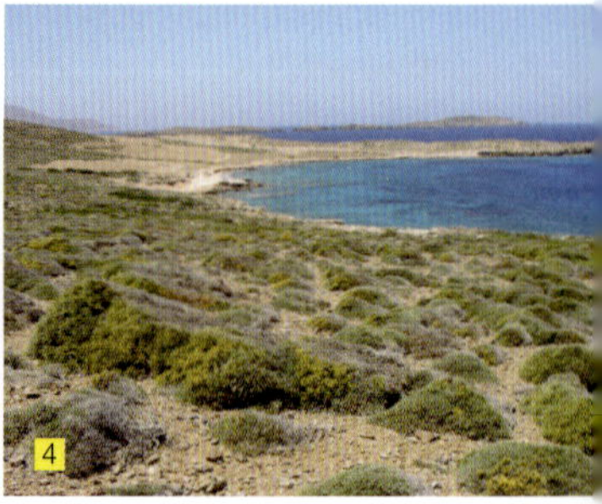

Aktí wartet wiederum feiner brauner Sand 4. Den kennen die Mietwagenfahrer allerdings auch ...
Auf deren Reifenspuren geht es über einen Höhenrücken bis zu einer Gabelung. Der längere und einfachere Weg führt nach rechts und am Flugplatz vorbei. Die Alternative führt 80m nach links zu einer Hausruine (re.) und dann rechts hinab in einen abgesenkten, allerdings teilweise zugewachsenen Pfad. Dort muss man zwei Maschendrahtzäune öffnen, bis man auf einem Feldweg lan-
2.10 det, der zwischen Kartoffelbeeten wieder in **Análipsi** (Italienisch: *Maltezána*) landet.

Nach der Einkehr sollte man sich etwas Zeit nehmen und die berühmten *Bodenmosaiken der Tierkreiszeichen* in den römischen Bädern anschauen!

▷ **Vertrieb von Inselkarten:**
GeoBuch, Rosental 6, 80331 München, T. 089-265030
www.geobuch.de

Landkartenhaus, Schiffstraße 6, 79098 Freiburg,
T. 0761-23908
www.das-landkartenhaus.de

Foúrni

Das Landschaftsbild der Foúrni-Inseln wirkt kahl, mit wenig Bäumen auf einem Untergrund von Schiefer und dem berühmten weißen Marmor. Zusammen mit Astipálea und Sími zählen sie zu den zerklüftetsten Inseln der östlichen Ägäis.
Die Schiffsverbindungen von Athen, Ikaría und Sámos wurden wesentlich verbessert, trotzdem kann man die Inseln immer noch als »Geheimtipp« bezeichnen.
Zum Wandern eignet sich die Skaï-Terrain-Karte Nr. 333/ M. 1:25.000, die in der Apotheke verkauft wird.

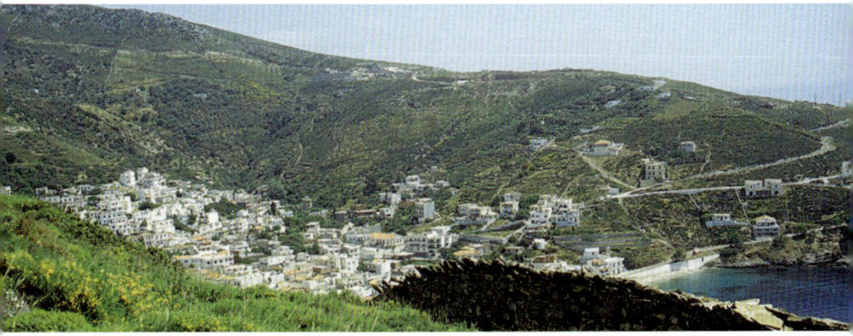

43 Um die Várdia

Die 4- bis 5-stündige Wanderung führt um einen pyramidenförmig aussehenden Berg, die Várdia, herum. Sie erfordert etwas Spürsinn und Kondition und führt durch nahezu unbewohnte Küstenstreifen – Proviant und Wasser sind deshalb mitzunehmen. Außerdem sind lange Hosen ratsam. Belohnt wird man mit weiten Ausblicken über den zerklüfteten Foúrni-Archipel.

■ 7 km, Höhenunterschied 180m, mittelschwer

RGZ Vom **Brunnen am Hafen** von Foúrni geht man auf der
0.00 schönen Allee landeinwärts zur Platía, einem beschaulichen Platz mit Cafés, Lädchen und einem hellenistischen Sarkophag. Direkt hinter dem Kriegerdenkmal/vor dem Campanile, biegt man nach links ab und geht im

0.05 Trockenbett bergan. In der **Rechtskurve** geht man beim
Wasserbecken geradeaus und nach 10m rechts hinauf.
Bald erscheint links oben das erste Ziel, eine Kirche. Un-
0.15 terhalb eines **Bildstocks** geht man rechts und erreicht auf
einem schönen Marmorpfad problemlos die windumtoste
0.20 **Panagía-Kirche**, die Kirche der Gottesmutter [1].

Man sieht die Kantoúni-Bucht und weit hinten das Hügeldorf Chrysomiliá. Ganz in der Ferne erscheint der Kérkis, der höchste Berg auf Sámos.

Für Interessierte: Der alte Eselspfad **nach Chrysomiliá** zweigt von der Straße unterhalb der Panagía nach 80m Anstieg links ab und verläuft anfangs am Hang entlang. Später muss man drei Stunden die schattenlose Straße benutzen. Möglich wäre es auch, die Inselfähre *Panagia Theotokos* für die Rückfahrt zu nehmen.

So schwer wollen wir es uns heute nicht machen. Wir ge-
hen die Straße links abwärts und nehmen nach der ersten
0.30 Kehre links eine **Nebenstraße** hinab. 100 m nach deren
erster Rechtskehre führt ein Pfad (**P1:** N37°35,128'/E26°
29,315') links durch einen schattigen Wald hinab zur
0.40 **Evangelístra-Kapelle.** Ein stiller, schattiger Ort, an dem
man ein paar Minuten verweilen möchte.

Geht man 20m zurück, führen Stufen hinab in einen Oli-
venhain. Vorbei an einer Quelle geht's zum Meer. In **Kou-
mará** biegt man vor einem Garten nach links, passiert bei
0.45 einem Haus (li.) ein Drahtgatter und kommt zur **Mole.**
Dort geht es durch ein *schwer erkennbares Gatter* im Bau-
stahlmattenzaun aufwärts zu einem Küstenpfad. Die erste
Bucht ist wegen der Bienenkörbe zum Verweilen nicht ge-
1.00 rade geeignet. Bei der **Vassíli-Ambele-Bucht** [2] kann man
einen größeren Abstand zu den Bienenkörben halten.

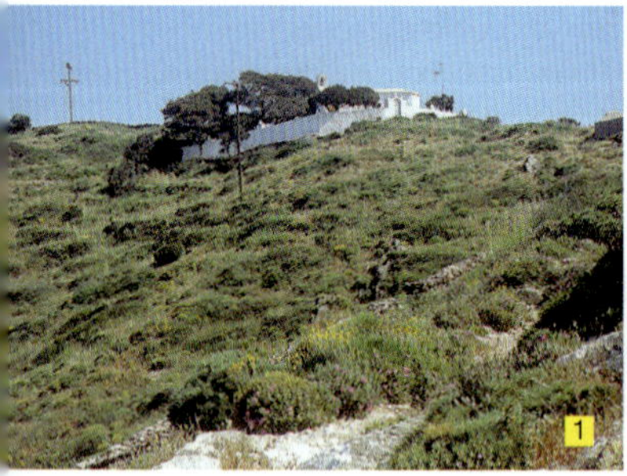

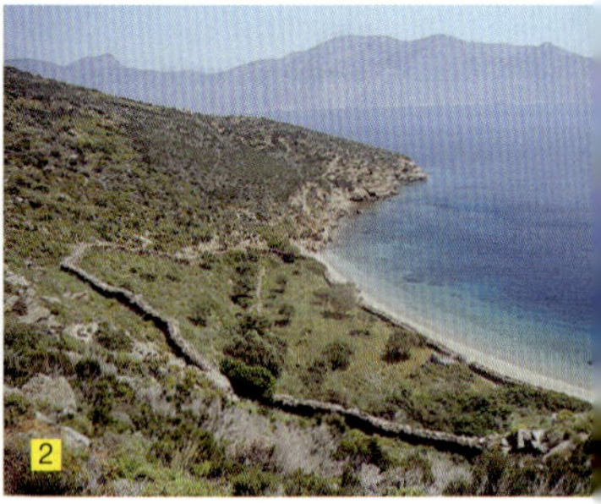

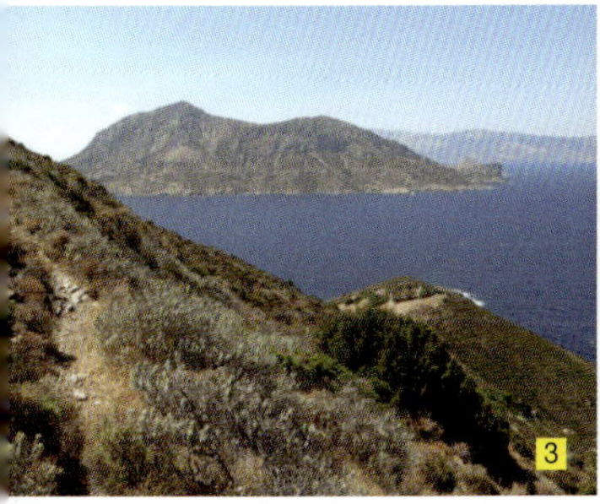 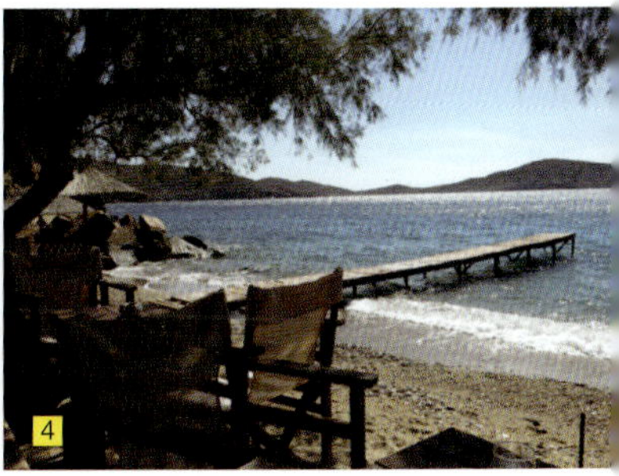

Der Pfad führt in derselben Richtung weiter und trifft auf
1.05 eine Feldmauer mit einem **Türchen** (re.) (**P2:** N37°35,801/
E25°29,201'). Weiter unten könnte man in der Sklíthros-
Bucht nochmals ins Wasser hüpfen.
Gegenüber vom Türchen steigt man einen undeutlichen
Pfad an. Die Abzweigung nach rechts übergeht man und
hält sich eher halblinks auf Ziegenpfaden, die später deut-
licher zu erkennen sind. Zwischen Bäumen hindurch
1.25 kommt man zur unteren **Mauerecke** eines Olivenhains
(**P3:** N37°35,623'/E26°29,103', 125m). Dort läuft ein Pfad
erst unterhalb der Mauer entlang und ab der Ecke links
1.30 daneben durch die Felsen aufwärts. Hat man die **Ruinen**
eines Hirtenstalles durchquert, eröffnet sich der Blick auf
die andere Inselseite.
30m unterhalb finden wir einen etwas undeutlichen
Trampelpfad und folgen ihm nach links zu einem Gatter
(**P4:** N37°35,552'/E26°29,027', 150m). Nach einem weite-
ren Gatter sieht man gegenüber die Schwesterinsel Thý-
1.40 mena [3]. Später erreicht man die untere **Mauer** eines
Olivengartens (**P5:** N37°35,268'/E26°28,939'), mit schat-
★ tigem Picknickplatz und Blick nach Ikaría. Der Pfad führt
in derselben Höhe weiter und trifft auf eine lange, im obe-
ren Teil ausgerundete Mauer. Hier wandert man rechts
2.00 hinab zum Stumpf einer **Windmühle.**
Dort links gehend, kommt man an der (meist unbenutz-
2.05 ten) Mole vorbei zum Strand von **Psilí Ámmos** mit witzi-
ger Bar [4]. Stufen führen hinauf zur Nikolaus-Kapelle, wo
2.15 nach 50m links der Fußweg nach **Foúrni** abzweigt.

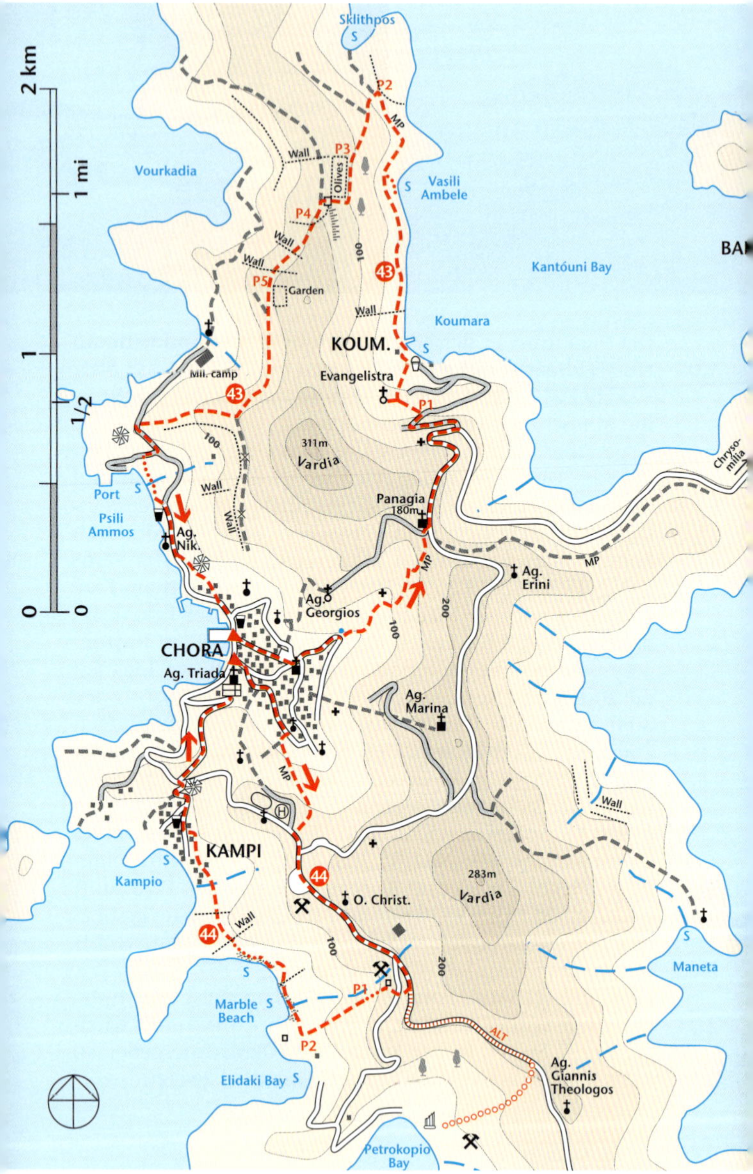

Sklithpos
Vourkadia
Vasili Ambele
Kantóuni Bay
Koumara
KOUM.
Evangelistra
Mil. camp
311m
Vardia
Port
Psili Ammos
Ag. Nik.
Panagia 180m
Ag. Erini
Ag. Georgios
CHORA
Ag. Triada
Ag. Marina
KAMPI
Kampio
283m
Vardia
O. Christ.
Maneta
Marble Beach
Elidaki Bay
Ag. Giannis Theologos
Petrokopio Bay
Chrysomilia
Wall
Olives
Garden

44 Ein antiker Steinbruch

Auf einem alten Eselspfad verlässt man das Hafenstädtchen und genießt oben den grandiosen Blick über den Foúrni-Archipel. Nach dem Besuch eines verlassenen Steinbruchs hat man drei Strände zur Auswahl. Für diese schöne Wanderung sind lange Hosen und 3 Stunden Zeit notwendig, an der Felsküste auch etwas Trittsicherheit.

■ 5,5 km, Höhenunterschied 120m, mittelschwer

▷ *Karte siehe vorige Seite*

RGZ Vom **Hafenbrunnen** geht man nach Süden und bei der
0.00 Winterbrücke, vor »Toula's studio«, auf dem betonierten
Bachbett landeinwärts. Nach etwa 80m geht es bei der Ga-
belung nach rechts. Eine quer verlaufende, niedrige
0.03 **Brücke** lässt man hinter sich und zieht im Bachbett bis
zum Ende weiter. Dort steht links oberhalb eine kleine Ka-
0.07 pelle. Über die **Brücke** beim früheren Kafeníon (re.) ge-
langt man zu einem ansteigenden Fußpfad, den Wasser-
leitungen begleiten. Diese verlässt man nach 20m bei der
Gabelung nach links.

Ein von Gartenmauern gesäumter, markierter Eselsweg führt uns ziemlich steil aufwärts. Ganz oben an der Straße endet die griechische Idylle abrupt. Rechts liegt der Helikopterplatz, links verunstaltet ein Bauunternehmer ungehindert die Landschaft. Nichts wie weiter!

Auf der Straße stiefelt man forsch 20m bergan und biegt an der Gabelung rechts ab, Richtung »Agios Giannis«. In Gehrichtung sieht man Pátmos mit der weißen Chóra als

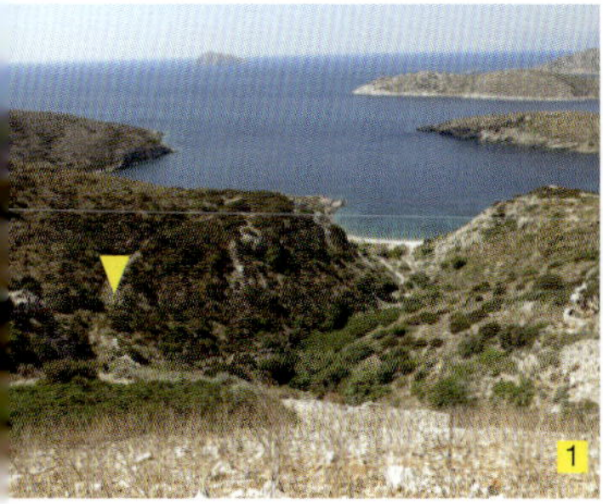

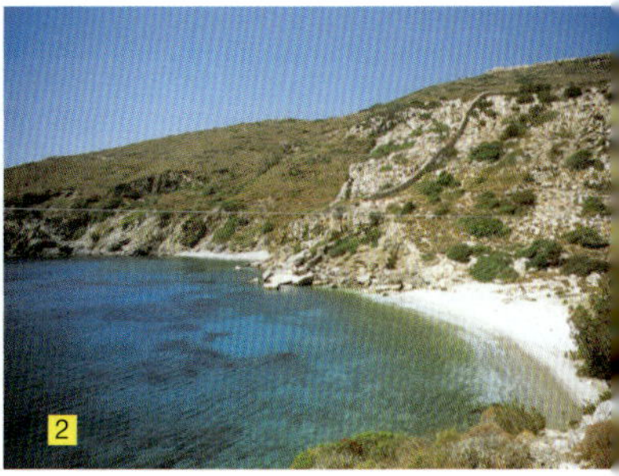

Sahnehäubchen, rechts die Schwesterinsel Thýmena und das dahinter liegende Ikaría.
Links vom Weg taucht eine **Kapelle** (160m) auf, kurz danach ein großes Lagergebäude für Möbel (li.). Von der Straße aus sieht man rechts unten schon den Steinbruch
0.25 und folgt dem **Schild** nach »Elidaki« rechts hinab.

Alternative: Will man weiter zum **antiken Petrokopió-Steinbruch**, geht man hier geradeaus auf der Straße weiter bis kurz vor die Kapelle Ágios Giannis Theologos und steigt dort *pfadlos* nach rechts zur Bucht hinab. Unterhalb des antiken Steinbruchs warten seit über 2000 Jahren roh behauene Säulen und ein Sarkophag auf die Abholung.

0.25 Beim Schild »Elidaki« liegen unterhalb der Straße verfallene Arbeiterunterkünfte. 200m nach der Abzweigung verlässt man die Straße durch eine Zauntür nach rechts und gelangt in einen verlassenen Bauernhof. Zuerst hält man sich halb rechts, umgeht den alten Hof unterhalb und trifft auf abgestufte Felsen.

Der Steinbruch wurde schon in der Antike genutzt und erst in unserer Zeit stillgelegt. Die Wände sind senkrecht abgetragen worden, am Boden liegt blendend weißer Marmor. Auf einer jetzt überwachsenen Rampe [1] *links über dem Tal wurde der weiße Stein zu den Schiffen hinuntergezogen.*

Pfadlos steigt man *vorsichtig* abwärts und gelangt zur
0.35 **Rampe** (**P1:** N37°33,923'/E26°29,142'), die in die Schluchtwand eingehauen worden ist. Längst ist sie von Phrýgana überwachsen – nur ein Trampelpfad ist noch offen. Etwa 50m oberhalb eines halbfertigen Hauses am Meer (**P2:** N37°33,830'/E26°28,909') wendet man sich nach rechts
0.45 und gelangt auf einem schmalen Pfad zum **Marmorstrand** [2]. Blendend weiße Mamorkiesel bieten ein hartes aber edles Lager. Wer es weicher, aber ebenfalls ohne Bäume mag, klettert nach den Felsen an der gegenüberliegen-
0.50 den Seite über eine Mauer und kommt zu einem **Sand-**
★ **strand.** Beide Strände sind wenig besucht.
Anfangs direkt am Meer entlang, dann über einen Hügel,
1.05 gelangt man zur **Bucht von Kampío** mit Tavernen, Tamarisken und Sonnenanbetern.
Stufen führen, an einem schönen Gartenlokal vorbei, hinauf zu zwei Windmühlen. Von dort leitet ein Platten-
1.20 weg hinab nach **Foúrni.**

㊺ Ein Besuch auf Thýmena

Die Rundwanderung auf Foúrnis Schwesterinsel erfordert knappe 3 Stunden Zeit, so dass man statt der »Panagía Theotokos« um 7.00 Uhr auch die Barke »Spiraidoula« um 14.00 Uhr nehmen könnte und in beiden Fällen um 18.00 Uhr zurückfährt. Die Tour verläuft meist auf Feldwegen und ein kürzeres Stück auf einem Trampelpfad. Am Weg liegt eine Strandtaverne.

■ 4 km, Höhenunterschied 110m, leicht

RGZ Von der **Mole von Thýmena** steigt man die Stufen links
0.00 hinauf und wendet sich vor dem Kafeníon auf weiteren
Stufen nach links. Man steigt die Stufen weiter aufwärts
und wendet sich kurz nach dem Kinderspielplatz (re.)
scharf nach rechts. Auf einer Terrasse sind Schule, Kran-
kenstation und die Georgskirche aufgereiht.
Hinter der Kirche geht es nach links und auf Stufen hinauf
0.04 zu einer **Platane**, die einen lauschigen Platz beschattet.
Hier dann nach links (auf Stufen natürlich), sofort nach
rechts und aufwärts durch eine Rechtskehre. Vor der dor-
!! tigen hohen Betonwand verschwindet man *links in einer
schmalen Gasse,* nimmt nochmals Stufen nach rechts,
dann nach links und erreicht einen Betonweg.
0.10 Auf ihm stiefelt man hinauf zu der **Einmündung** in ei-
nen ebenen Fahrweg (**P1:** N37°34,776'/E26°27,038'). Die-
sen geht man nach rechts und biegt nach 30m links in ei-
nen ansteigenden Feldweg ab. Er führt in eine Senke mit
Olivenbäumen. 60m vor dem Insel-Sportplatz liegt links
eine Art Parkplatz [1] (**P2:** N37°34,565'/E26°26,865'). Hin

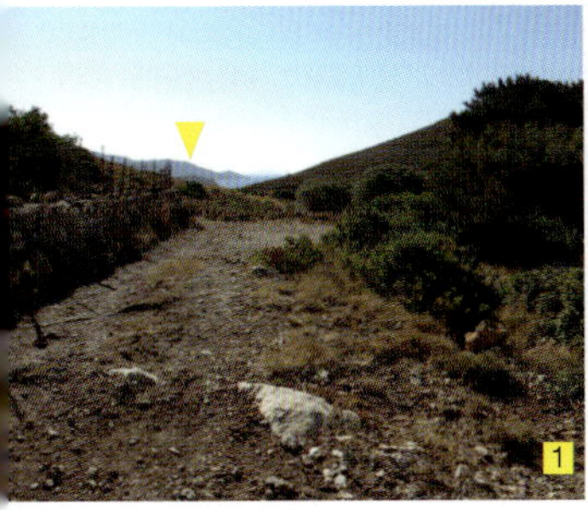

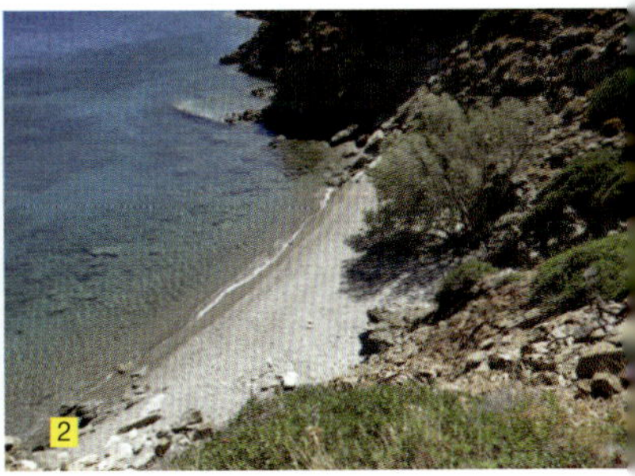

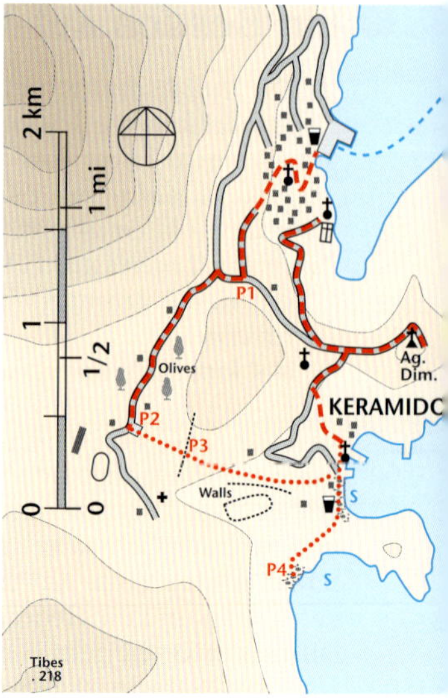

ter der Stahlmattentür
beginnt ein Trampel-
pfad, der (ein kurzes
Stück oberhalb von
Bienenstöcken) zu ei-
0.20 ner **Lattentür** führt
(**P3:** N37°34,496'/E26°
26,949').
Von hier wendet man
sich in Richtung Talbo-
den, kommt zwischen
zwei Felsbrocken hin-
0.35 durch, streift an einer
Mauer entlang und
landet im Trockenbett.
Nach einem Gatter
stellt sich ein Zaun in
den Weg, den man
links umgeht. Auch
weiterhin hält man
sich eher links, bis zum Sandstrand von **Keramidoú.** Hier
warten Tamarisken und eine Taverne.

Wer's einsamer mag, geht vor der Taverne entlang zu ei-
nem Pfad, der über eine Höhe und nach acht Minuten zu
einer kleinen Sandbucht – aber mit großer Tamariske –
★ führt ② (**P4:** N37°34,342'/E26°27,130'). Hat man Trink-
wasser dabei, fehlt jetzt nichts mehr zum Glück.

Zurück in Keramidoú, steigt man am Strandende unter-
0.50 halb der kleinen Kapelle die **Betonstufen** hinauf zum
Fahrweg, wandert rechts weiter und steigt später bei der
1.05 Gabelung rechts hinauf zur **Gipfelkirche** des Ágios
Dimítrios. Die dort versammelten Heiligen schauen ins
leere Kircheninnere, außen könnten sie sich am weiten
Panorama des Foúrni-Archipels bis hin zum langgestreck-
ten Agathoníssi erfreuen.
1.20 Den Weg hinab zur **Mole** kann man nicht verfehlen.

▷ Die Familie Markakis vom Kafeníon unter den Tamaris-
ken am Hafen der Chóra vermietet sehr schöne Zimmer,
teilweise mit Vorgärtchen. Tel. 22750-51268
www.fourni-patrasrooms.gr patrasrooms@hotmail.com

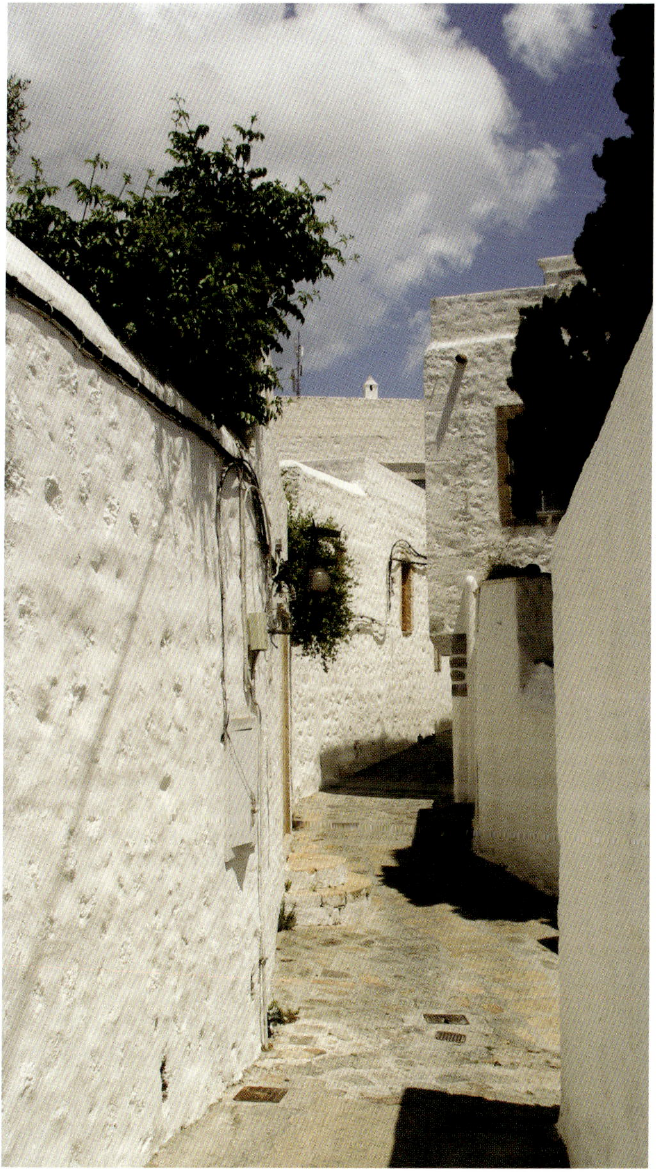

Léros

Für die Insel spielt der Tourismus kaum eine Rolle. Außer in Alínda gibt es kaum Hotels, die Zahl der Restaurants ist, abgesehen von Pantéli, ebenfalls begrenzt.
Die drei Hügelketten der relativ ebenen Insel sind durch flachere Landengen miteinander verbunden. Die höchste Erhebung, der Klidí, erreicht lediglich eine Höhe von 323 Metern. Beim Wandern im einfachen Gelände findet man kaum alte Pfade. Von Skaï-Terrain gibt es die Karte Nr. 336 im Maßstab 1:25.000.

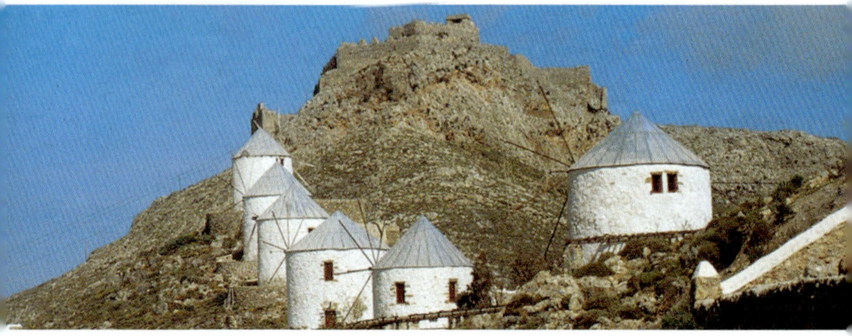

46 Über der Bucht von Agía Marína

Eine kleine Tour für Leute, die querfeldein wandern möchten. Meist pfadlos geht es durch niedrigen Bewuchs zu einer einsamen Badebucht. Ohne Besuch des Krifós-Strandes braucht man 2 Stunden. Man könnte erkunden, ob ein Boot zum Krifós-Strand fährt.

■ ***6 km, Höhenunterschied 70 m, leicht***

RGZ Am östlichen **Ortsende** vom Ferienort **Alínda** steigt die
0.00 Straße leicht an. Links steht ein zinnenbekröntes Türmchen, ein militärischer Unterstand. Unter Eukalyptusbäumen, vorbei an einer grauen Marienkapelle, wandert man
0.10 auf der Straße zum **Dio Liskaria-Strand**.
Beim Ortsschild »Krifós« am Ende des großen Strandlokales steigt man auf einem Trampelpfad unterhalb einer
0.15 Mauer bergan und passiert nach einem **Kreuz** (li.) eine

Felsenscharte. Oben hält man sich auf Ziegenpfaden rechts und findet bei zwei Markierungsfahnen einen Durchgang durch einen Zaun. In größerem Abstand zum Meer stapft man über einen Höhenrücken und sieht später ei-
0.25 ne **Höhle** am Wasser. Weiter vorne blickt man hinab zur **Bucht von Krifós** (**P1**: N37°10,299'/E26°50,932')

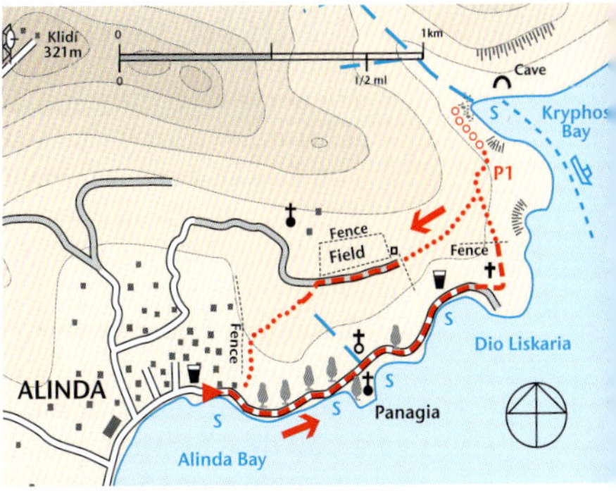

Wer trittsicher ist, kann in 10 Minuten zum Baden hinabsteigen. Vielleicht gibt es ein Boot zur Abholung!

In dieser idyllischen Bucht sind im November 1943 die deutschen Truppen unbemerkt gelandet und konnten von hier aus die Insel erobern. Sie waren hier vor der schweren italienischen Artillerie auf dem Berg Klidí sicher. (s. a. Seite 159)

Man steigt höher, hält sich dabei links und kommt um einen Bergsporn des Klidí herum. Weiter geht es zwischen den Felsen horizontal in Richtung der Windräder. Vor der
0.40 Umzäunung eines Feldes stehen **Ruinen**, unterhalb derer
sich ein Durchgang findet. Der niedrige Zaun nach 10m lässt sich dann leicht übersteigen. Unterhalb des eingezäunten Feldes wandert man auf einem Feldweg über das Plateau, das einen weiten Blick über die Bucht zur Kreuzritterburg von Plátanos bietet.

Den Bienenstöcken weicht man pfadlos nach links hinab aus und lässt später den langen Zaun oberhalb der Ortschaft rechts liegen. Nachdem man ihn am Ende umgan-
1.05 gen hat, erreicht man wieder die **Straße nach Alínda.**

47 Die Bucht von Lakkí

Diese abwechslungsreiche Rundwanderung führt in 4 Stunden durch die Küstenlandschaft an der Bucht von Lakkí. Baden kann man an mehreren Stellen, Einkehren nur in Merikía. Der pfadlose Abschnitt am Meer entlang erfordert feste Schuhe und lange Hosen!
■ 8,5 km, Höhenunterschied 95m, leicht

RGZ Vom **Schiffsanleger** in **Lakkí** aus wandert man am Was-
0.00 ser [1], ab dem Strandlokal »Koulouki« auf der Straße, später oberhalb eines Seglerschuppens entlang.

Auf der anderen Seite der Bucht sieht man die Anlagen der italienischen Marine aus der Vorkriegszeit: Links steht das terrassierte Stabsgebäude. Die Offizierswohnungen sind nicht sichtbar, sie liegen links zwischen den Bäumen und beherbergen heute eine psychiatrische Klinik. Rechts vom Stabsgebäude stehen der alte Kran, mit dem die Wasserflugzeuge auf die Schiffe gehievt wurden und noch weiter rechts die große Kaserne für die Mannschaften.

Unter Eukalyptusbäumen gelangt man hinab zur kleinen
0.15 Siedlung **Merikía.** Der Hügel hinter dem Ort ist völlig untertunnelt. Im beeindruckenden **War Tunnel** (200m rechts im Hinterland) kann man einen Teil der italienischen Befestigungen besuchen.

Hinter Merikía geht es auf der Straße am Meer entlang zu einer Wegabzweigung, die man übergeht. Im folgenden kleinen Tal sind in den früheren italienischen Lagergebäuden Ställe untergebracht. Weiter landeinwärts folgt
0.25 die teilweise ausgemalte Doppelkapelle **Ágios Spirídon**

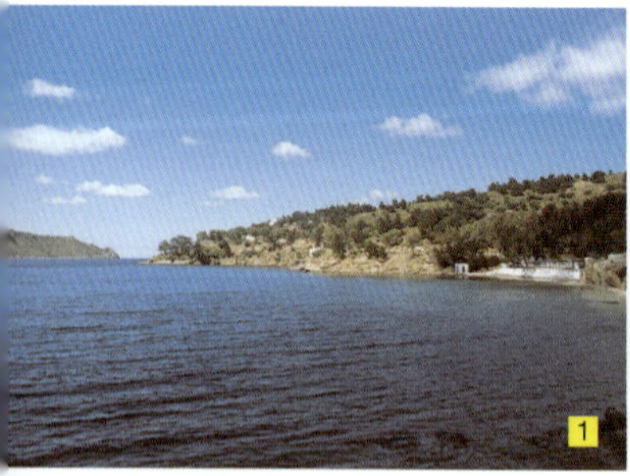

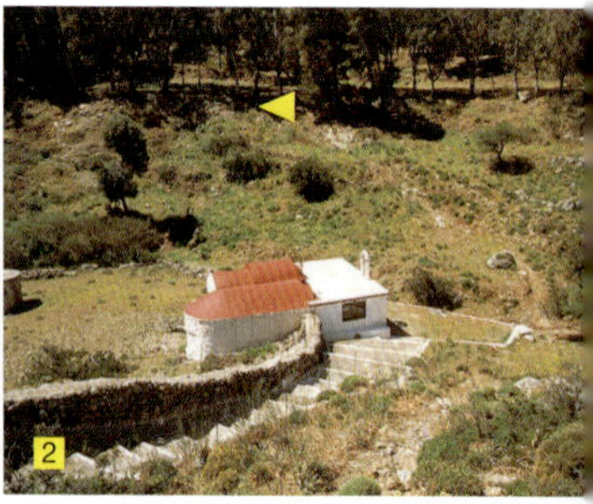

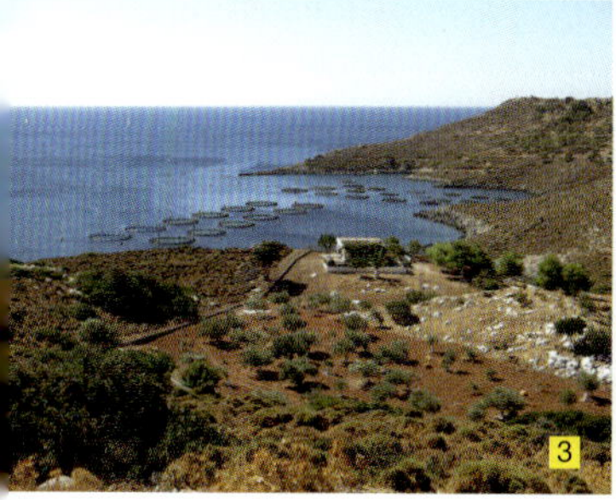

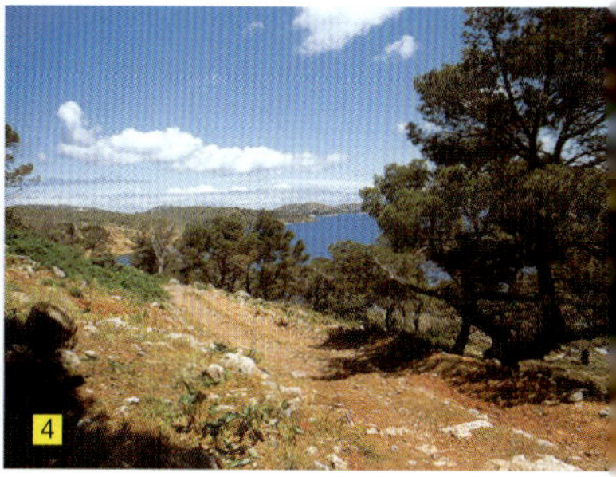

[2], zu der man über eine Treppe hinabsteigt. Auf der anderen Seite streift man pfadlos durch die Bäume hinauf zur Straße, die vor dem Meer eine Rechtskurve beschreibt.

0.40 Hinter der folgenden **Anhöhe** verschließt ein Tor den Weg hinab in eine Senke mit Haus [3].

Abkürzung: Man kann pfadlos nach links an den langen Strand hinabgelangen und der Beschreibung ab RGZ 1.25 folgen.

Bleibt man auf der Straße, passiert man kurz danach einen
0.50 kleinen Altar (li.). Bei der später folgenden **Abzweigung** nimmt man den links abwärts führenden Fahrweg nach Katsoúni, der bald durch eine Gruppe von Kiefern führt [4]. Nun erst erfasst man die ganze Weite der Bucht.

Sie war der wichtigste ägäische Kriegshafen Italiens. An dieser Engstelle war sie durch Unterwasser-Netze gegen U-Boote gesichert.

Nach dem Seitenwechsel Italiens im September 1943 wurde Léros kurzzeitig von den Briten besetzt, bevor es von deutschen Truppen im November erobert wurde

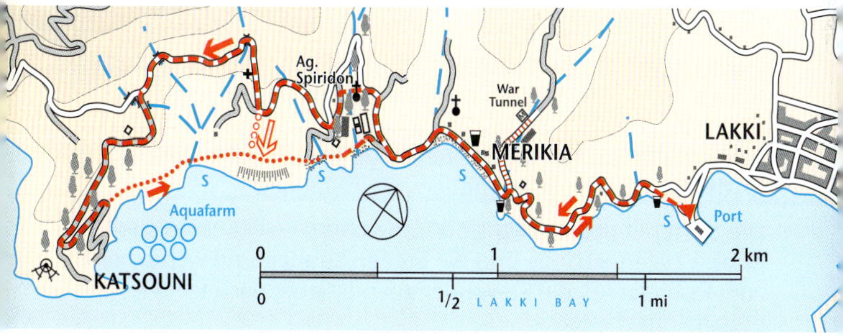

(s.S.157). Bei den fünftägigen heftigen Kämpfen mussten mehr als eintausend italienische, deutsche und britische Soldaten ihr Leben lassen.

1.10 In der letzten **Rechtskurve** verlässt man die Serpentinen
und geht auf Ziegenpfaden ziemlich nah am Wasser ent-
1.25 lang bis zu einem **langen Kiesstrand.** Dann geht es in
Richtung der Häuser landeinwärts und auf Ziegenpfaden,
etwas stachlig, oben über die Küstenfelsen zu einer kleine-
1.40 ren **Badebucht.** Von dort führt ein Pfad am Felsabhang
1.45 hinüber zu den **Ställen** bei der Spirídon-Kapelle. Der
Fahrweg führt, vorbei an der Strandtaverne »Tantis«, wie-
2.10 der zum **Pier von Lakkí.**

Kolonialarchitektur in Lakkí

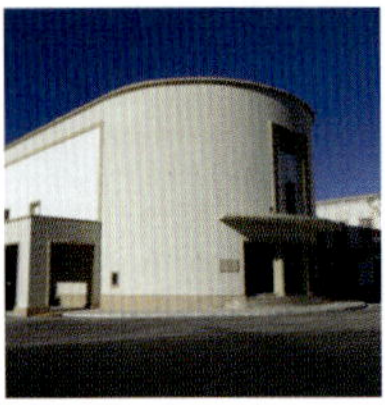

Mit der Stadt, die damals »Portolago« hieß, setzte das faschistische Italien in seinen »Ägäischen Besitzungen« ein bewusstes Zeichen der Moderne. Damals lebten hier 6.000 Menschen. Der Städtebau hat imperialen Anspruch, geprägt von breiten Straßen und Sichtachsen. Die Einzelbauten junger italienischer Architekten bieten teilweise gute Beispiele für die »architettura razionale« der Zwanziger Jahre unter Verwendung von Backstein und runden Formen. Natürlich ist die Anlage als »Kolonialarchitektur« zu betrachten. Im Vergleich zu dem, was zeitgleich im faschistischen Deutschland gebaut wurde, verdient die Qualität dieser Architektur jedoch hohen Respekt. Einige der Gebäude wurden mittlerweile restauriert.

Die Stadt mit heute etwa 1.500 Einwohnern wirkt etwas steril. Die noblen Hafengebäude und die breiten Straßen sind wenig belebt, zum Essen fahren die Bewohner abends lieber nach Pantéli. Dort ist es halt »griechischer«.

Lipsí

Der gleichnamige Hauptort dieser unbewaldeten Insel legt sich um das Hafenbecken und ist eingerahmt von Kapellen auf den umliegenden Hügeln. Die Besucher erwartet ursprüngliches Inselleben. Ein Minibus fährt vom Park in der Unterstadt zu den größeren Stränden.
Beim Wandern auf der relativ flachen Insel hat man kaum Orientierungsprobleme. Die Karte Nr. 334 vom Terrain Verlag beschreibt auch Lipsí.
Taxi: 0030 6942 40 96 77

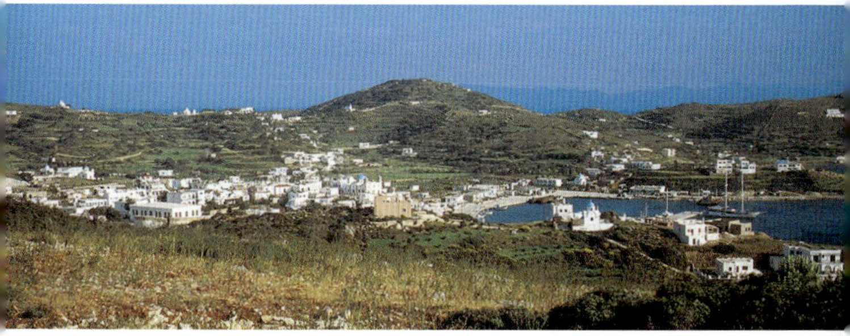

48 Eremitagen

Die 4- bis 5-stündige, meist schattenlose Wanderung führt mit weitem Meeresblick zu zwei Erimitíria, alten Einsiedeleien. Für den Rückweg gibt es zwei Varianten. Proviant sollte man mitnehmen. Die Terrain-Karte weist den Pfad zwischen RGZ 0.15 und 0.35 versehentlich als Fahrweg aus.
■ 11 km, Höhenunterschied 145m, mittelschwer

RGZ Von der **Anlegestelle in Lipsí-Stadt** aus findet sich leicht
0.00 die Straße nach Nordwesten, erst am Ortsstrand entlang, dann oberhalb des folgenden Strandes unter der Hügelkirche. Die Straße steigt nach rechts anfangs leicht an und
0.15 erreicht die **Einmündung** in die Umgehungsstraße. (Bis hierher könnte man auch den Minibus nehmen.)
Links von der Einmündung laufen neben einer Mauer Fahrspuren aufwärts. Nach etwa 70m verlassen wir sie nach links und finden geradeaus einen Pfad. Wir bleiben

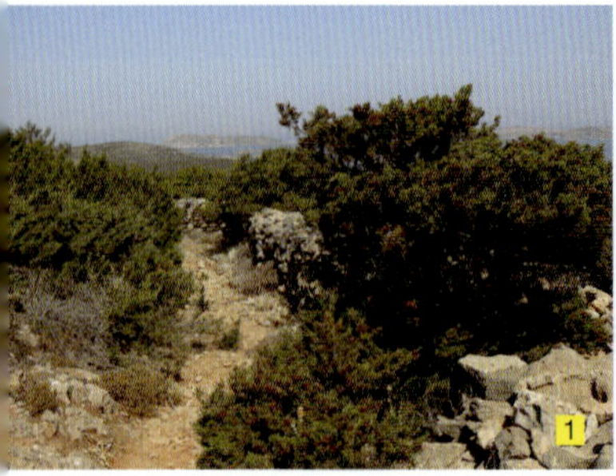

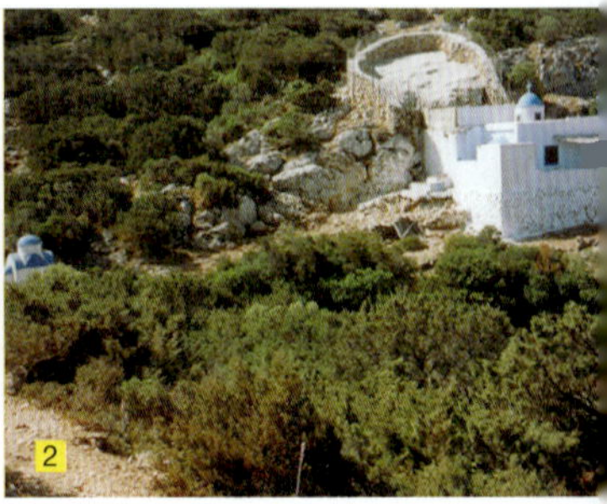

noch 30m neben der Mauer bevor der Pfad nach rechts
0.20 schwenkt. Er führt später durch einen **Mauerdurchgang**
und auf der Höhe dann durch freies Gelände. Schon vor
0.30 einem **Gatter** gelangt man durch mannshohe Macchia [1]
und sieht dann eine große Kirche. Zuvor kommt man an
0.35 der **Stavrós-Kapelle** [2] vorbei. Im putzigen Nebenbau, in
dem man eher den Wachhund vermutet, ist im Fels am Boden das Kreuz zu sehen, das der Kapelle den Namen gab: Stavrós. Vor der Kapelle gibt es einen romantischen Picknickplatz. Ein Eremit errichtete hier um 1700 ein Kreuz, um die Geister des Dickichts zu verbannen.
0.40 Schnell ist man bei der **großen Kirche**, die »**Fünf Märtyrer**« heißt und im Jahr 2000 errichtet wurde. Von hier aus führt uns ein Betonweg erst links hinauf und gleich darauf zum Meer hinab. In der ersten Linkskehre zweigt rechts ein breiter, anfangs ebener Pfad ab. Am Abhang entlang führt
1.00 er nach einer Kehre zur »oberen« Klause **Apáno Kímissi.**
★ *Gebaut wurde sie um 1600 von patmischen Mönchen. Die 15m lange Wohnkapelle wird nach zwölf Jahren Leerstand seit 2012 vom Mönch Vassíli bewohnt. Er wurde in Melbourne geboren und lebt jetzt hier und in Pátmos. Wie seine Gäste findet er diesen Platz einfach himmlisch. »Kímissi« bedeutet übrigens »Himmelfahrt«.*
Hinab wandert man auf einem bequemen Plattenweg [3].
Nach dem verdienten Sprung ins Wasser schaut man sich
1.15 die 400 Jahre alte **Einsiedelei Kato Kímissi**, die »untere« Himmelfahrtskapelle, an [4]. Innen steht das Foto von Mönch Philíppos, der hier 30 Jahre lang lebte. Die untere Klause ist das Eremiten-Winterquartier.
Es folgen die Qualen: Auf der Betonstraße hinauf zu den
1.30 »**Fünf Märtyrern**«!

Alternative: Wer den weiter unten beschriebenen, nicht ganz einfachen pfadlosen Abstieg umgehen will, geht auf der Straße meerwärts. In der Inselkarte ist sie versehentlich als Pfad eingetragen. Am Meer geht man links nach **Platís Gialós** mit Strandtaverne und Bushaltestelle. RGZ dorthin 30 Minuten.

Oder man benutzt ab der Stavrós-Kapelle den Hinweg.

1.30 300m nach der großen Kirche nimmt man den Sandweg nach rechts und lässt die Stavrós-Kapelle links liegen. Auf
1.40 dem Fahrweg wandert man aufwärts und bei der **Gabelung** *etwa 50m* nach rechts. (Links stehen die Antennen.) Beim schwarzen Wassertank in der Rechtskurve verlässt man den Weg meerwärts. Auf felsigem, niedrig bewachsenem Untergrund steigt man pfadlos in Richtung des runden Ziegenpferches auf einem Höhenrücken hinab. Zwischendurch sollte man den Ausblick auf den Schwarm der vorgelagerten Inseln bis hinüber nach Léros genießen. Auf Höhe des Pferches (oder 30m unterhalb) lässt sich der Zaun öffnen und durchqueren.

Von dort peilen wir die Küstenkapelle an und können dabei Ziegenpfade benutzen. Vor dem abgezäunten Bereich weiter unten geht man links, durchquert ein Trockenbett
2.10 und erreicht die **Kapelle Metamórphosi Sotíos.**

Auf der Betonstraße marschiert man links zu einer schattigen Badebucht. In der Küstensenke wurde eine antike Töpferei ausgegraben. Danach kommt man wieder am Ba-
2.25 destrand von Lipsí vorbei und zur **Hafenpromenade** mit ausreichendem Angebot an Lokalen.

▷ Die Taverne »Manoli's« im oberen Dorf ist abends zu empfehlen.

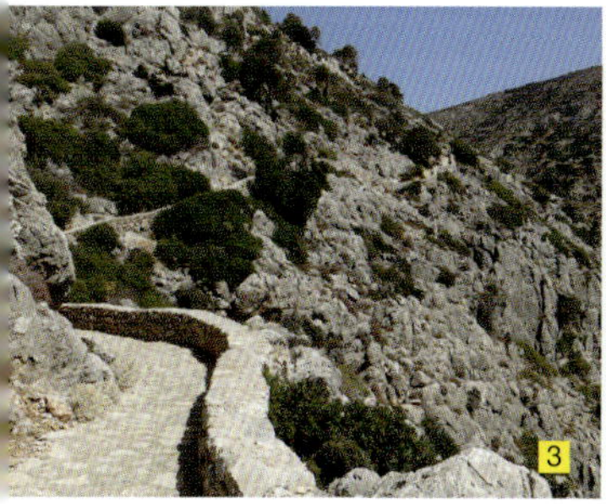

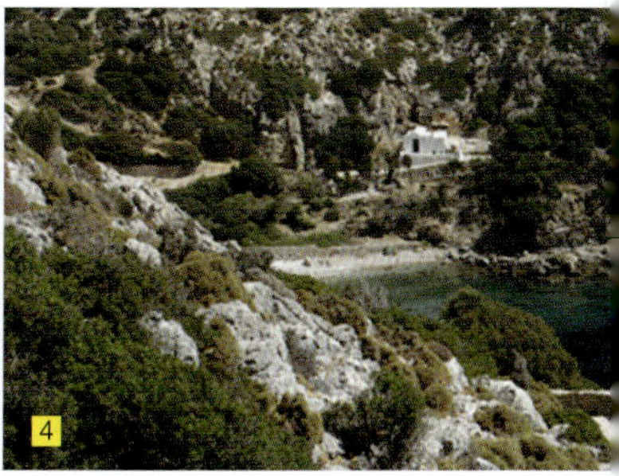

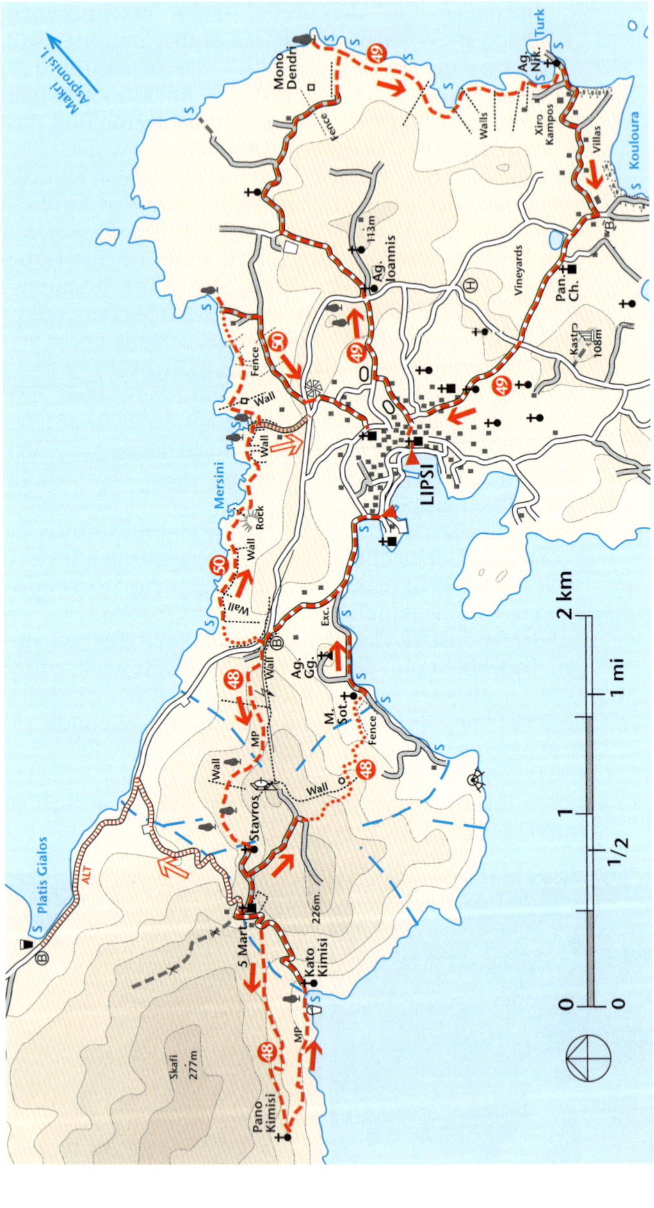
Makri
Asproniisi I.
Mono Dendri
Fence
Walls
Ag. Nik.
Turk
Xiro Kampos
Villas
Kouloura
113m
Ag. Ioannis
Vineyards
Pan. Ch.
Kastro
108m
Fence
Wall
Mersini
Rock
LIPSI
Exc.
Ag. Gg.
M. Sot.
Fence
MP
Stavros
226m.
Platis Gialos
ALT
5 Mart.
Kato Kimisi
Skafi
277m
Pano Kimisi
2 km
1 mi
1
1/2
0
0

49 Baumstark

Diese 3½-stündige Küstenwanderung zeigt die grandiose Westhälfte von Lipsí. Sie verläuft anfangs und gegen Ende auf der Straße, sonst auf Feldwegen und gut erkennbaren Trampelpfaden. Tavernen oder Brunnen gibt es nicht.
■ 8,5 km, Höhenunterschied 60m, leicht

▷ *Karte siehe links*

RGZ Vom **Platz hinter der Hauptkirche** (Statue von 1821)
0.00 geht man in die Gasse mit dem Postamt, wendet sich nach 20m bei der Bäckerei nach rechts, gleich danach nach links und gelangt auf Treppen mit Geländern hinab zum Kindergarten mit dem rührenden Denkmal. Davor folgt man der Straße nach links.

0.05 An der Gabelung bei der **Kirche** (li.) biegt man nach rechts ein. Nach den Stützmauern des Sportplatzes (li.), geht es aufwärts, die Senke zur Rechten [1]. Die Pflastersteine des früheren Kalderími wurden im neuen Straßenbelag wiederbelebt. Geht doch!

0.15 Oben steht rechts die **Kapelle Ágios Ioánnis.** Geht man die Asphaltstraße oberhalb einer Senke mit Zypressen (li.) geradeaus weiter, sieht man die Insel Arkí. Hinter der Kup-
0.20 pe liegt links die neue **Mülldeponie.**
Wenn man sie passiert hat, führt vor einem verkrüppelten Ölbaum (li.) unser Feldweg nach rechts. Mit Blick auf die »weißen Inseln«, die *Voría Aspronisía,* kommt man an ei-
0.25 ner **Kapelle** aus Bruchstein (li.) vorbei. An der Linksabzweigung 200m später wandert man geradeaus, an einem

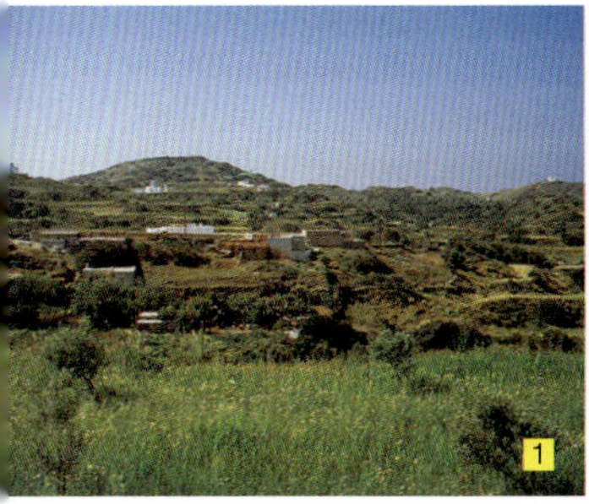

1

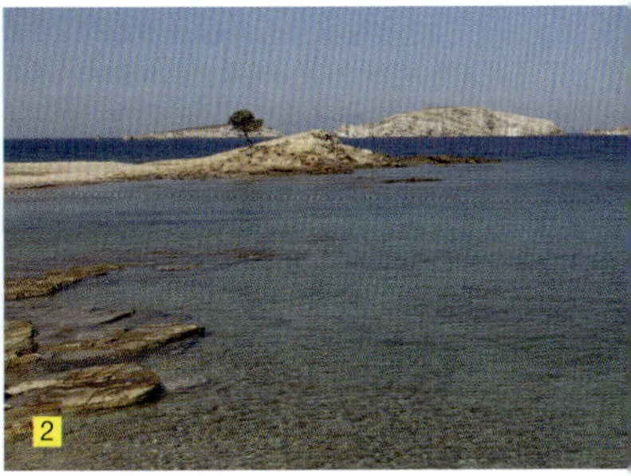

2

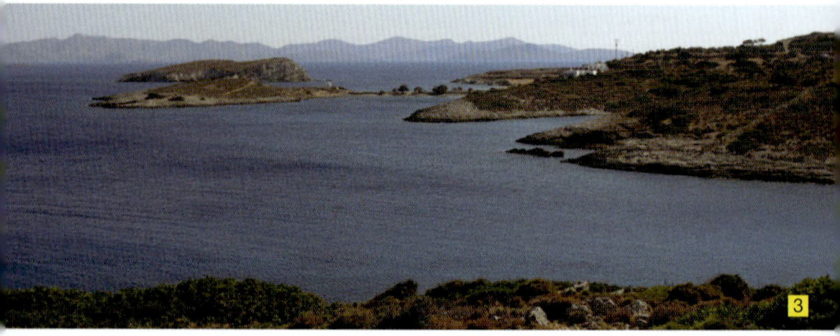

0.30 Haus (li.) vorbei und durch ein **Gatter.** Hinter einer Senke
endet der Feldweg nach einem Linksschwenk. Auf einem
Pfad geht es hinab zum Meer und bei einer Gabelung
0.40 nach links zur **Halbinsel Monodendrí** [2]. Ein einzeln stehender Baum hat ihr den Namen gegeben. Er hält sich wacker auf dem Fels und trotzt Wind und Wellen. Man geht das kurze Stück zur Gabelung zurück.

★ Ein breiter Ziegenweg läuft direkt am Hangabbruch, parallel zum Meer nach Süden, mehrmals von Holzgattern unterbrochen. Auf einer Halbinsel wird eine Kapelle sichtbar
0.55 [3]. Man passiert einen **größeren Kiesstrand** mit Gatter
1.05 und erreicht einen kleineren Strand. Vor einem **Ferienhaus** steht eine Mauer, die man schikanös unten am Wasser umgehen muss. Am Strand gehend kommt man zur
1.10 winzigen und überdekorierten **Strandkapelle Ágios Nikoláos** auf der Halbinsel. Auch hier liegt eine kleine Badebucht.

In der Mitte des großen Tourkomnía-Strandes mit mehreren Ferienhäusern steigt ein Feldweg landeinwärts an und verläuft später oberhalb des Kouloúra-Strandes. Dazwischen stehen allerdings die Zäune der neuen Traumvillen.

1.20 An der **Betonstraße** (Busstopp) geht es rechts und bei der Gabelung links in eine mit Reben bewachsene Senke, die von der filigranen Kirche **Panagía tou Chárou** (li.) dominiert wird. Hier feiern die Inselbewohner im August ihr riesiges Marien-Fest.

1.35 Die Straße führt über den **Höhenrücken** und wieder zum
1.40 **Ortsrand**, wo uns später Mutter und Kind vor dem Kindergarten wieder empfangen.

⑤⓪ Die Nordküste

Die Wanderung entlang der felsigen Nordküste dauert 3 Stunden und verläuft auf leicht zu findenden Pfaden. Die Stimmung ist eindrucksvoll; zum Baden ist diese Küste allerdings nicht besonders geeignet.
■ 5 km, Höhenunterschied 60m, leicht

▷ *Karte siehe Seite 164*

RGZ Um eine Viertelstunde reine Gehzeit einzusparen, könnte
man mit dem Minibus bis zur Kreuzung mit der **Umge-**
0.15 **hungsstraße** (griech.: »Diastavrosi«) fahren. Dort kreuzt
eine Elektroleitung die Straße. Ansonsten benutzt man
die Beschreibung von ㊽.
Von der Einmündung geht man 30m nach links und dort
durch das Gatter. Eher pfadlos geht es zuerst links, dann
0.25 über kleine Getreideterrassen hinab zur **Kiesbucht.** Leider
ist sie oft verschmutzt. Die Nordwinde geben den Inseln
zurück, was von dort ins Meer geworfen wird …
Fast direkt am Meer durchquert man den ersten von mehreren Mauerdurchgängen an der felsigen Küste, die ziem-
0.35 lich unwirklich anmutet [1]. Nach einem **Gatter** direkt unter einem Felsen wird der Pfad flacher und entfernt sich
vom Meer. Ein Ferienhaus mit ansteigendem Weg zu einer
Windmühle wird sichtbar [2]. Links im Meer liegt Arkí, dahinter erhebt sich der Berg *Kérkis* auf Samos.
Ein Gatter an einer kleinen, kreisrunden Bucht wird passiert. Im glasklaren Wasser tummeln sich Seeigel – das ist
0.50 nichts für uns. Bei einem **Strand** mit Tamarisken könnten
auf einem Fahrweg müde Wanderer (oder solche mit Kon-

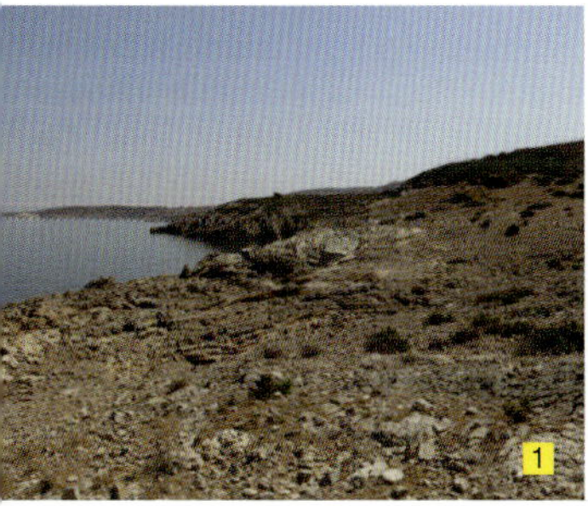

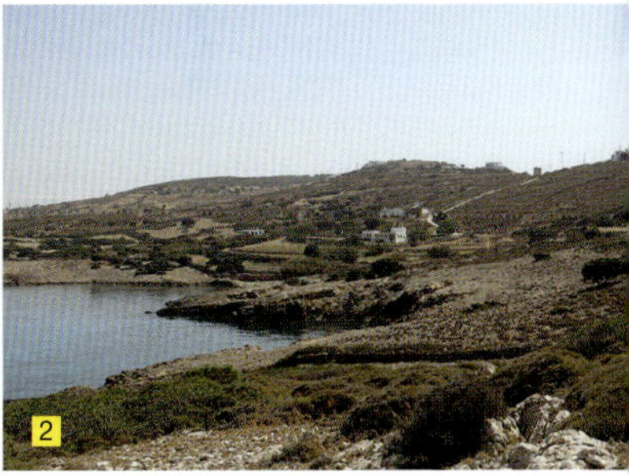

fektionsgröße XXL, s.u.) zur Windmühle hinauf abkürzen.

Die Drahtigen durchschreiten 30m landeinwärts das Gatter nach links, halten sich dann auf steinigem Terrain in Meeresnähe und schlüpfen dann flink durch den 45cm schmalen Mauerdurchgang (s.o.).

Vor dem Ferienhaus auf der Kuppe könnte der Bereich zwischen Metallzaun und Meer Probleme bereiten: Hier macht sich Wacholdergestrüpp breit. Wenn die Stelle gemeistert ist, gelangt man unterhalb des Ferienhauses ent-
1.10 lang zu einem **Strand** mit schattenspendenden Büschen. Hier kann man baden (muss aber vielleicht vorher ein paar Plastikbeutel wegräumen). Seeigel sind aber nicht zu sehen.

Auf dem Fahrweg neben dem Ferienhaus entfernen wir uns dann vom Meer, biegen nach 150m rechts ab, passieren drei Weidetore und treffen oben auf den Stumpf der
1.25 **Windmühle.**
1.30 Dort schwenkt man links hinab nach **Lipsí**, rechts von einer hohen bunten Lotusblüte, die sich ein fernöstlich inspirierter Insulaner in den Garten gestellt hat.

Übersicht

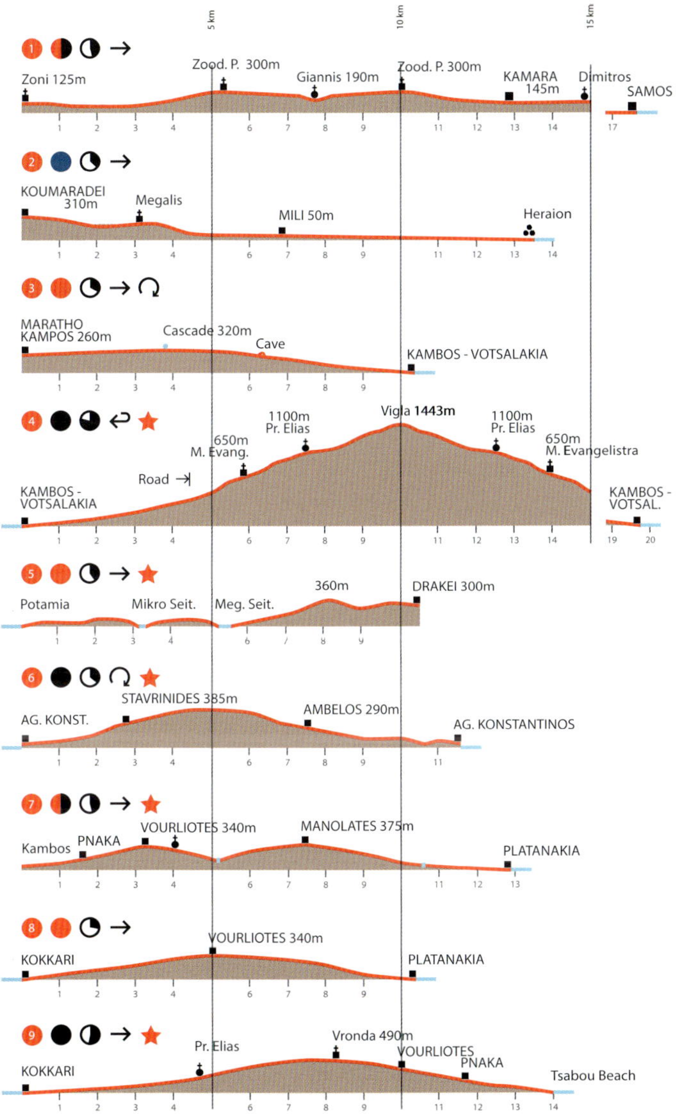
5 km
10 km
15 km
1
Zoni 125m
Zood. P. 300m
Giannis 190m
Zood. P. 300m
KAMARA
145m
Dimitros
SAMOS
2
KOUMARADEI
310m
Megalis
MILI 50m
Heraion
3
MARATHO
KAMPOS 260m
Cascade 320m
Cave
KAMBOS - VOTSALAKIA
4
KAMBOS -
VOTSALAKIA
Road
650m
M. Evang.
1100m
Pr. Elias
Vigla 1443m
1100m
Pr. Elias
650m
M. Evangelistra
KAMBOS -
VOTSAL.
5
Potamia
Mikro Seit.
Meg. Seit.
360m
DRAKEI 300m
6
AG. KONST.
STAVRINIDES 385m
AMBELOS 290m
AG. KONSTANTINOS
7
Kambos
PNAKA
VOURLIOTES 340m
MANOLATES 375m
PLATANAKIA
8
KOKKARI
VOURLIOTES 340m
PLATANAKIA
9
KOKKARI
Pr. Elias
Vronda 490m
VOURLIOTES
PNAKA
Tsabou Beach

Pátmos

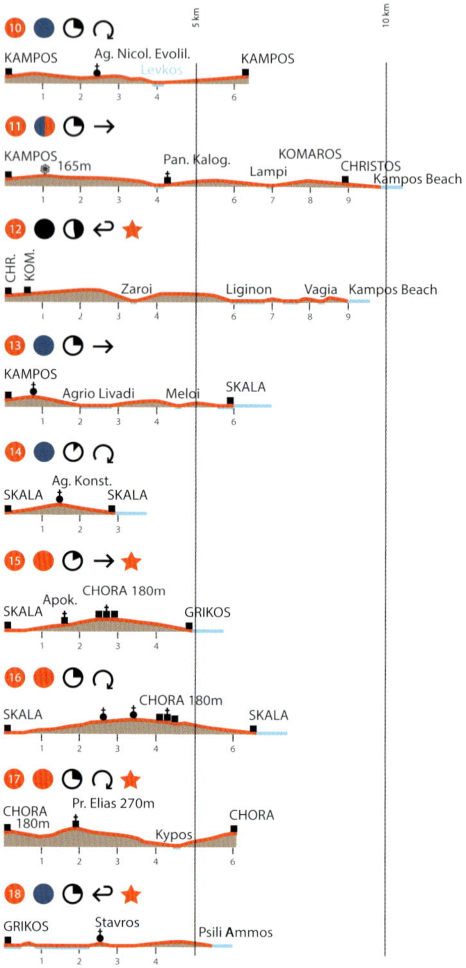

Leicht Mittelschwer Schwer Zeit (Std.) besonders empfohlene Wanderung

→ one way route Rundweg Rückweg = Hinweg

Steigungen 100% überhöht

Ikaría

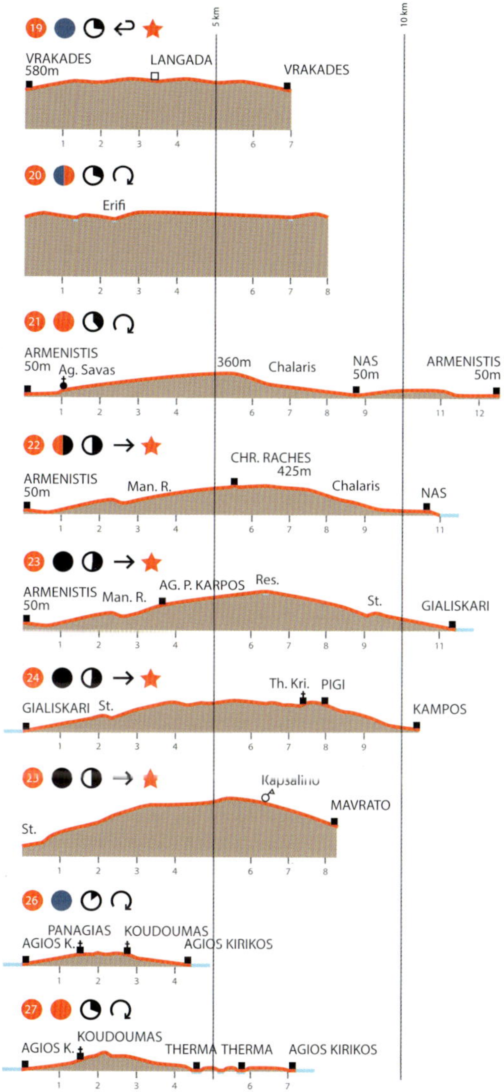
5 km
10 km
19
VRAKADES 580m
LANGADA
VRAKADES
20
Erifi
21
ARMENISTIS 50m
Ag. Savas
360m
Chalaris
NAS 50m
ARMENISTIS 50m
22
CHR. RACHES 425m
ARMENISTIS 50m
Man. R.
Chalaris
NAS
23
ARMENISTIS 50m
Man. R.
AG. P. KARPOS
Res.
St.
GIALISKARI
24
Th. Kri.
PIGI
GIALISKARI
St.
KAMPOS
25
MAVRATO
St.
26
PANAGIAS
KOUDOUMAS
AGIOS K.
AGIOS KIRIKOS
27
KOUDOUMAS
AGIOS K.
THERMA
THERMA
AGIOS KIRIKOS

Kálymnos

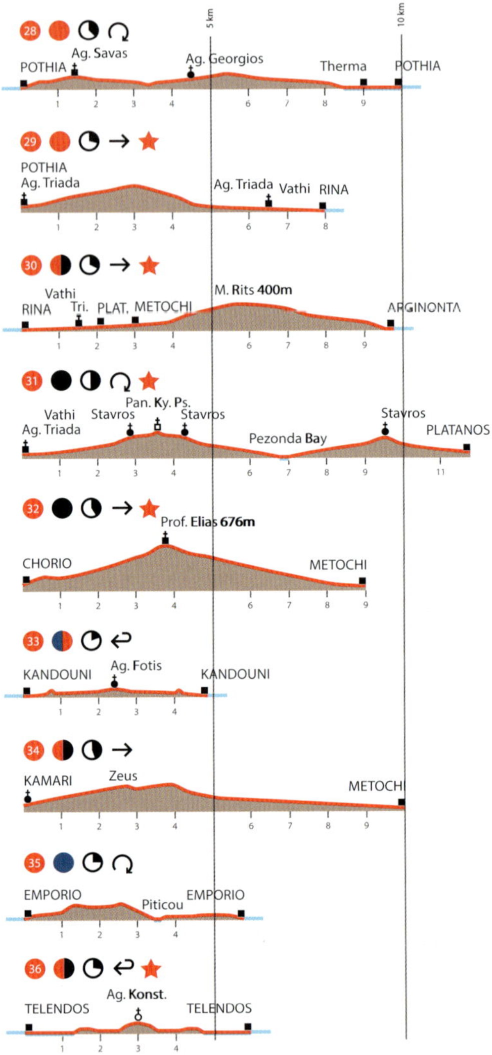

5 km
10 km
28
POTHIA
Ag. Savas
Ag. Georgios
Therma
POTHIA
29
POTHIA
Ag. Triada
Ag. Triada
Vathi
RINA
30
Vathi
RINA
Tri.
PLAT.
METOCHI
M. Rits 400m
ARGINONTA
31
Vathi
Ag. Triada
Stavros
Pan. Ky. Ps.
Stavros
Pezonda Bay
Stavros
PLATANOS
32
Prof. Elias 676m
CHORIO
METOCHI
33
KANDOUNI
Ag. Fotis
KANDOUNI
34
KAMARI
Zeus
METOCHI
35
EMPORIO
Piticou
EMPORIO
36
TELENDOS
Ag. Konst.
TELENDOS